스무디 한 잔 마시며 끝내는 React Native

React Native로 실전 스마트폰 앱 만들기

react-native run-android

react-native init project

react-native start

npm run ios

npm run android

react-native run-ios

스무디 한 잔
마시며 끝내는
React
Native

React Native로
스마트폰 앱
만들기

npm run android

pod install

김정헌 지음

서문

본 책은 리액트(Reactjs) 개발자, 자바스크립트(Javascript) 개발자, 그리고 앱을 개발해 보고 싶은 웹 개발자를 대상으로 하고 있다. 리액트 네이티브(React Native)는 자바스크립트, 특히 리액트를 사용하여 iOS, 안드로이드 앱을 동시에 개발할 수 있는 오픈소스(Opensource)이다.

이 책은 리액트 네이티브로 앱을 개발하는 방법을 좀 더 쉽게 이해할 수 있도록 6개에 예제를 준비하였다. 책에서 제공하는 6개의 예제를 통해 앱을 개발하기 위한 기초 이론부터 실전에서 사용할 수 있는 방법까지 학습이 가능하도록 구성되어 있다.

사전 지식

이 책은 리액트 네이티브에 관한 책으로 리액트에 관한 책이 아니다. 따라서 리액트에 관한 설명을 자세히 다루지 않는다. 하지만, 리액트를 모른다고 이 책을 공부할 수 없는 것은 아니다. 이 책은 리액트 네이티브로 앱을 개발할 때 사용하는 리액트의 필수 개념을 설명하고 있다. 그래서 리액트를 모르는 개발자도 이 책을 통해 앱을 개발할 수 있도록 구성되어 있다.

또한 ES6 문법에 관한 자세한 설명도 다루지 않는다. 이 책을 보는 여러분이 이미 최신 자바스크립트에 익숙하다는 전제로 진행된다. 이 책에서는 주로 ES6의 화살표 함수, const, let 등을 주로 다루고 있다. 그러므로 이 부분에 대해 정확히 모르고 있다면 인터넷에서 자료를 찾아 공부한 후 이 책을 공부하길 권장한다.

책의 구성

이 책은 총 11장으로 구성되어 있으며, 리액트 네이티브로 앱을 개발하는 방법부터 개발된 앱을 스토어에 배포하는 방법까지 앱 개발에 대한 전반적인 내용을 다루고 있다.

1장에서는 리액트 네이티브가 무언인지, 장점과 단점을 살펴보며 리액트 네이티브의 기술성에 대해 알아볼 예정이다.

2장에서는 리액트 네이티브를 개발하기 위해 맥(Mac)과 윈도우(Windows)에 개발 환경을 설정하는 방법에 대해 자세히 다루고 있다.

3장에서는 2장에서 구성한 개발 환경을 사용하여 리액트 네이티브 프로젝트로 생성하고 실행함으로써 리액트 네이티브로 앱을 생성하는 방법에 대해 알아본다. 또한, 실전 개발에서 많이 사용되는 라이브러리들을 추가하는 방법도 소개하고 있다.

4장에서는 간단한 카운터 앱을 제작해 봄으로써 리액트의 주요 개념인 Props와 State를 설명하고 있다. 리액트 네이티브는 리액트에서 파생되었기 때문에, 리액트의 주요 개념을 대부분 계승하고 있다. 따라서 리액트의 주요 개념인 Props와 State도 리액트 네이티브에서 앱을 개발하는데 빼놓을 수 없는 주요 개념이다.

5장에서는 4장에서 만든 카운터 앱을 클래스 컴포넌트로 개발하는 방법을 소개한다. 최근 리액트, 리액트 네이티브는 클래스 컴포넌트에서 함수형 컴포넌트로 전환하게 되었다. 따라서 최신 리액트, 리액트 네이티브로 프로젝트를 생성하면 함수형 클래스로 구성된 프로젝트를 확인할 수 있다. 하지만, 리액트, 리액트 네이티브는 긴 시간 동안 클래스 컴포넌트를 사용해 왔다. 따라서 인터넷에서 자료를 검색하면 아직도 클래스 컴포넌트로 제작된 예제나 라이브러리를 많이 찾아볼 수 있다. 이런 예제, 라이브러리들을 봐도 이해할 수 있게 하기 위해 이 책에서는 클래스 컴포넌트에 대해 소개하고 있다.

6장에서는 리액트에서 Props와 State 이외에도 데이터를 다루기 위한 중요 개념인 Context에 대해 알아본다. 또한 리액트 네이티브에서 데이터를 앱 내에 저장하기 위한 Asynstorage도 살펴봄으로써 앱 내에서의 데이터 흐름에 대한 방법을 설명하고 있다.

7장에서는 외부 API를 사용한 날씨 앱을 제작해 봄으로써, 앱 내에 데이터를 저장한 6장과는 다르게 앱 외부에 저장된 데이터를 불러오는 방법에 대해 다루고 있다. 또한, 네이티브 기능인 위치 정보를 습득하는 방법에 대해 알아봄으로써, 리액트 네이티브에서 네이티브 기능을 사용하는 방법에 대해서도 학습할 수 있도록 구성하고 있다.

8장에서는 영화 소개 앱을 제작해 봄으로써 리액트 네이티브에서의 내비게이션 기능에 대해 자세히 설명하고 있다. 또한 앱 아이콘, 앱 스플래시 이미지 등을 생성하는 방법에 대해서도 다루고 있어, 좀 더 쉽게 앱 리소스를 활용하는 방법을 소개하고 있다.

9장에서는 SNS 앱의 클론 앱을 제작해 봄으로써 지금까지 배운 내용을 복습하도록 구성하였다. 이 앱을 제작해 봄으로써 실전에서 사용되는 앱에 대한 구성과 개발에 대해 조금이나마 이해할 수 있도록 구성하였다.

10장과 11장은 리액트 네이티브로 제작한 앱을 앱 스토어와 구글 플레이 스토어에 배포하는 방법을 아주 자세히 다루고 있다. 이 10장과 11장을 통해서, 리액트 네이티브로 제작한 앱을 앱 스토어에 쉽게 배포할 수 있도록 구성하였다.

감사의 글

이 책의 집필과 출판을 할 수 있도록 기회를 주신 김용기님과 비제이퍼블릭에 감사의 인사를 드리고 싶습니다. 또한 책을 집필하는 동안 응원해 준 와이프와 아들에게 감사의 인사를 남깁니다.

– マホちゃん、ハルくん、応援してくれてありがとうございます！愛してます。–

마호, 하루, 응원해줘서 고마워, 사랑해

저자 소개

김정헌(Kim JeongHean)

한국의 중소기업에서 MFC를 사용한 윈도우 프로그램 개발을 시작으로 안드로이드, iOS, 웹 개발자로 활동을 하였다. 그 후, 웹 프로그래머로서 호주에서 활동하였으며, 현재는 일본 기업에서 풀스택 엔지니어로서 리액트, 리액트 네이티브를 사용한 서비스를 개발 중이다.

업무 이외에도 리액트 네이티브를 사용한 앱을 개발하고 있으며, 그동안 겪었던 일을 블로그로 게재하고 있다.

- 블로그: https://dev-yakuza.github.io/ko/
- 저자 앱 리스트: https://dev-yakuza.github.io/app/list/ko/

목차

리액트 네이티브란?

리액트 네이티브란?

이번 장에서는 리액트 네이티브(React Native)가 무엇인지, 어떻게 시작하고 만들었는지 살펴본다. 또한 리액트 네이티브의 장점과 단점을 알아보고 리액트 네이티브를 사용하여 만든 앱들을 통해 리액트 네이티브의 기술성에 대해 설명한다.

›› 1.1 리액트 네이티브란?

리액트 네이티브는 페이스북(Facebook)이 만든 오픈소스 모바일 애플리케이션 프레임워크(Opensource Mobile Application Frameworks)이다. 간단히 말하면, 모바일 크로스 플랫폼(Cross Platform)으로서 하나의 프로그래밍 언어(Javascript, 자바스크립트)로 iOS와 안드로이드(Android) 모바일 앱을 동시에 개발할 수 있는 오픈소스(Opensource)이다.

보통 하나의 서비스를 모바일 앱으로 제공하기 위해서는 iOS와 안드로이드 OS(Operating System)에 맞게 개발한다. 각 OS에서 동작하는 앱을 만들려면 OS에 맞는 프로그래밍 언어로 개발한다. iOS인 경우는 오브젝티브-C (Objective-C) 또는 스위프트(Swift)를 이용해 개발한다. 안드로이드인 경우는 자바(Java)와 코틀린(Kotlin)을 사용해 개발한다. 이렇게 각 OS에서 적합한 프로그래밍 언어로 OS에 맞게 제작한 모바일 앱을 네이티브 앱(Native App)이라고 한다.

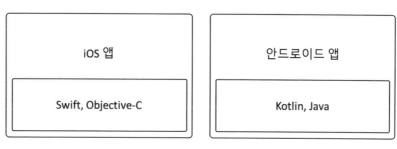

[그림 1-1] 네이티브 앱의 구조

각 OS에 맞는 프로그래밍 언어는 OS에 맞게 최적화가 되었다. 그러므로 모든 네이티브 기능(위치 정보, 사진, 파일 읽기 쓰기 등)에 접근할 수 있고 모바일 성능을 최대한으로 활용할 수 있다.

이렇게 iOS와 안드로이드를 따로 개발하면, 하나의 서비스를 제공하기 위해서 개발 리소스(개발자)가 많이 필요하고, 유지보수 비용이 많이 든다. 이런 개발 리소스와 유지보수의 문제를 해결하기 위해 하이브리드 웹앱(Hybrid WebApp)이 등장한다.

하이브리드 웹앱은 모바일 웹 브라우저(Web Browser) 위에서 동작하며, 이 웹 브라우저를 네이티브 기능으로 감싸서 앱을 제공한다. 다시 말해 UI 부분은 웹 브라우저로 제공하고, 사진, 위치 정보, 파일 저장 등 네이티브 기능을 웹 브라우저에서 접근할 수 있게 만들어서 제공한다.

UI를 담당하는 부분이 웹 브라우저이기 때문에 기존의 웹 기술(HTML, CSS, Javascript)을 사용하여 앱을 제작할 수 있다.

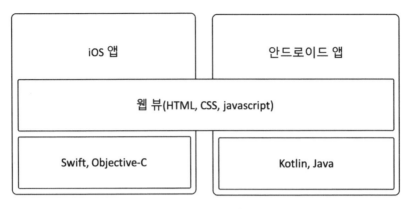

[그림 1-2] 하이브리드 웹앱의 구조

초창기에 하이브리드 웹앱이 나왔을 때, 기존의 웹 기술로 iOS, 안드로이드 앱을 개발할 수 있다는 점 때문에 인기가 많았다. 많은 웹 개발자들이 앱을 만들 수 있다는 사실에 하이브리드 웹앱에 뛰어들었다. 하지만 하이브리드 웹앱은 모바일 웹 브라우저를 사용하기 때문에 웹 브라우저의 성능 이상으로는 발휘할 수 없었다. 많은 하이브리드 웹앱들이 출시되었지만, 기존의 네이티브 앱보다 성능이 떨어지는 성능 문제(Performance Issue) 때문에 하이브리드 웹앱은 큰 성공을 거두지 못한다. 하이브리드 웹앱으로는 폰갭(PhoneGap), 코르도바(Cordova), 아이오닉(Ionic) 등이 있다.

2015년 2월, 페이스북(Facebook)은 React.js Conf에서 최초로 리액트 네이티브(React Native)를 발표한다. 그해 3월 오픈소스로 공개한다. 리액트 네이티브는 기존에 있는 하이브리드 웹앱의 성능 문제를 해결하기 위해서 웹 브라우저가 아닌 네이티브 브릿지(Native Bridge)를 사용한다.

[그림 1-3] 리액트 네이티브 앱 구조

리액트 네이티브(자바스크립트)가 구동되는 자바스크립트 스레드(Javascrtip Thread)는 네이티브 브릿지를 통해 네이티브 스레드(Native Thread)와 통신하면서 기존의 하이브리드 웹앱과는 다르게 성능을 최적화시켰다.

이와 같이 하이브리드 웹앱과 다르게 웹 뷰를 사용하지 않고 네이티브와 통신하는 방식의 앱을 하이리드 앱(Hybrid App)이라고 한다. 하이브리드 앱(Hybrid App)에는 자마린(Xamarin), 네이티브 스크립트(Native Script), 플루터(Flutter) 등이 있다.

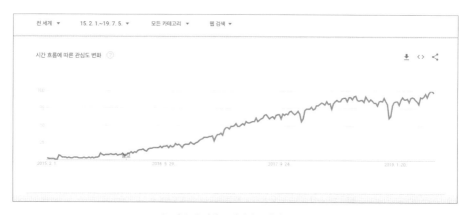

[그림 1-4] 리액트 네이티브 검색 트렌드

하이브리드 웹앱과 달리 모바일 웹 브라우저를 사용하지 않고 직접 네이티브와 연동하는 하이브리드 앱 방식은 리액트 네이티브가 처음은 아니다. 하지만 리액트 네이티브가 다른 하이브리드 앱 플랫폼과는 달리 해외에서 주목받는 이유는 리액트(Reactjs)와 그 개발 생태계를 그대로 계승하고 있기 때문이다. 리액트로 웹 애플리케이션(Web Application)을 개발할 수 있다면, 리액트 네이티브로 모바일 앱을 개발할 수 있다. 따라서 많은 리액트 개발자들이 리액트 네이티브에 관심을 두었다. 이런 점은 해외에서 리액트 네이티브의 인기와 성공에 크게 작용했다.

►►1.2 리액트 네이티브의 이점

리액트 네이티브는 네이티브로 앱을 제작하는 방법과 비교하면 어떤 장점이 있을까? 어떤 점 때문에 해외에서는 리액트 네이티브에 관심을 보이는지 지금부터 리액트 네이티브의 장점을 살펴보자.

1) 소스코드의 공유와 재사용

리액트 네이티브는 페이스북의 리액트에서 파생되었다. 그로 인해 리액트의 기술과 방식을 그대로 사용했다. 따라서 웹의 프론트엔드(Frontend)로 리액트를 사용하고 앱 개발에 리액트 네이티브를 사용한다면, 80~90% 이상 서로의 소스코드를 재사용, 공유할 수 있다.

또한 리액트는 컴포넌트(Component) 기반 개발 방식을 사용한다. 리액트 개발자들은 기본적으로 컴포넌트를 개발하여 활용하며 HOC(High-Order Component)와 같이 컴포넌트를 최대한 재사용하는 방식을 선호한다. 이런 특성 때문에 리액트로 개발된 애플리케이션에서는 컴포넌트를 재사용하는 비율이 높다. 이런 재사용률이 높은 리액트에서 파생된 리액트 네이티브도 동일하다. 리액트 네이티브도 컴포넌트를 기반으로 개발하며 이 컴포넌트를 활용함으로써 소스코드의 재사용률을 극대화시켰다.

마지막으로 크로스 플랫폼(Cross Platform)인 리액트 네이티브는 iOS와 안드로이드 앱을 같은 소스코드로 개발한다. 이로 인해 두 OS 앱은 하나의 소스코드를 공유함으로써 개발을 효율적으로 할 수 있다.

2) 러닝 커브

리액트, 리액트 네이티브는 자바스크립트를 기반으로 한다. 따라서 자바스크립트를 이미 접하고 있는 웹 개발자나 노드(nodejs) 개발자, 자바스크립트 개발자들은 쉽게 배울 수 있다. jsx(Javascript XML)라는 조금 독특한 문법을 익혀야 하지만, 결국 자바스크립트와 HTML의 조합이므로 크게 어렵지 않게 진입할 수 있다.

이 책을 읽고 있는 여러분이 리액트 개발자라면, 이미 리액트 네이티브를 개발할 수 있다. 앞으로 예제를 살펴보면 여러분이 웹 애플리케이션을 개발할 때와 동일한 과정임을 확인할 수 있다.

이처럼 자바스크립트를 기반으로 하는 리액트 네이티브는 다른 언어를 기반으로 하는 크로스 플랫폼(자마린-C#, 플루터-Dart)보다 러닝 커브(Learning Curve)와 진입 장벽이 낮다.

3) 생산성

소스코드 공유와 재사용 부분에서도 말했지만, 리액트 네이티브는 컴포넌트를 기반으로 개발하며 컴포넌트를 최대한 활용하는 방식을 선호한다. 한번 개발한 컴포넌트는 여러 부분에서 활용되며 소스코드의 재사용률과 공유율을 상승시켜, 생산성을 향상시킨다.

또한 리액트 네이티브는 크로스 플랫폼이다. 크로스 플랫폼의 가장 큰 장점은 하나의 언어로 iOS, 안드로이드용 앱을 개발할 수 있다. 따라서 모바일 앱을 각 OS에 맞게 개발하는 네이티브 앱 방식보다 하나의 언어로 동시에 개발하는 하이브리드 앱 방식인 리액트 네이티브는 생산성이 뛰어나다.

마지막으로, 리액트 네이티브는 자바스크립트로 모바일 앱을 개발한다. 이에 따라, 모바일 앱 디버깅 기능이 아닌 웹 브라우저의 자바스크립트 디버깅 기능을 사용한다. 웹 프론트엔드(FrontEnd)에서 자주 사용되는 핫 리로딩(Hot Reloading) 기능을 모바일 앱 개발에서 사용한다. 소스코드를 수정하면 다시 빌드하여 확인하는 네이티브 앱 방식과는 다르게, 핫 리로딩을 사용할 수 있는 리액트 네이티브는 소스코드 수정 후 다시 빌드하지 않고, 실시간으로 수정 내용 확인이 가능하다. 이처럼 리액트 네이티브는 모바일 웹 개발과 같은 방식을 적용하여, 간편한 디버깅과 빌드가 필요 없이 바로 결과를 확인할 수 있는 핫 리로딩 기능 등으로 개발 생산성을 향상시켰다.

| 참고 | 리액트 네이티브 버전 0.60.2 부터는 Fast refresh가 적용되었다. Fast refresh는 함수형 컴포넌트를 위한 핫 리로딩이라고 생각하면 된다. 이전에는 개발자 메뉴를 통해 핫 리로딩 기능을 활성화 시켜야만 했지만, 0.60.2 버전 이후부터는 기본적으로 Fast refresh가 적용되어 있어, 소스 코드를 저장만 하면 화면을 자동으로 갱신해 준다.

4) 일관성

네이티브 앱 방식으로 모바일 앱을 개발하면 iOS는 오브젝티브-C와 스위프트, 안드로이드는 자바와 코틀린으로 개발한다. 이 때문에 개발 방법론, 프로그래밍 방식 등은 각 OS, 각 프로그래밍 언어에 맞추어 개발할 수밖에 없다.

하지만 리액트 네이티브로 모바일 앱을 개발하면, iOS와 안드로이드별 개발 방식, 개발 언어 등을 따로따로 정할 필요가 없다. 리액트에서 사용되는 개발 방식만 정하면 iOS와 안드로이드 앱을 일관성 있게 개발할 수 있다.

5) 비용

하나의 서비스를 모바일 앱으로 제공하기 위해서는 반드시 iOS와 안드로이드, 두 OS를 고려해야 한다. 따라서 이 두 OS에 맞는 앱을 개발하기 위해서는 기본적으로 iOS 개발자와 안드로이드 개발자가 필요하다. 이렇게 두 앱을 개발하다 보면 테스트도, 버그도 각각 발생하게 되고 그에 따른 유지보수 비용도 증가하게 된다

하지만 리액트 네이티브는 하나의 언어로 iOS, 안드로이드용 앱을 동시에 개발할 수 있으므로 개발 리소스(개발자)가 네이티브 앱을 개발할 때보다 적게 든다. 또한 하나의 언어로 두 OS 앱을 개발하므로 버그가 발생해도 하나의 소스코드만 수정하면 해결된다. 이는 곧, 유지보수 비용이 네이티브 앱 개발보다 적게 든다는 의미이다.

또한, iOS와 안드로이드로 앱을 네이티브 방식으로 개발할 때는 서로의 배포(Deploy) 타이밍을 맞춰야 하기 때문에 배포하기가 쉽지 않다. iOS는 문제가 없어 배포 준비가 끝나도, 안드로이드에서 문제가 생기면 해결될 때까지 배포를 중단하는 경우가 발생한다. 하지만 리액트 네이티브는 하나의 언어로 개발하기 때문에 서로의 배포 타이밍을 고려할 필요가 없다. 그 때문에 빠르게 개발, 수정, 배포를 할 수 있다는 장점이 있다.

6) 오픈소스

리액트 네이티브는 MIT 라이선스를 가지고 있는 오픈소스이다. 누구나 수정, 배포가 가능하며, 상업적으로 이용해도 문제가 없다. 그로 인해 오픈소스 개발자 커뮤니티가 활성화가 되었으며, 리액트 네이티브가 기본적으로 제공하지 않는, 많은 네이티브 기능들이 오픈소스로 개발되어 있다.

이는 곧 생산성, 비용과 연결된다. 이미 개발된 오픈소스를 적용하면, 처음부터 만들어야 하는 시간과 비용을 절약해주고 생산성을 향상시켜 준다. 오픈소스에 문제가 있으면, 많은 개발자들이 협업하여 해결하기 때문에, 문제를 해결하기 위한 리소스, 비용도 감소하게 된다.

▸▸1.3 리액트 네이티브의 단점

이렇게 장점만 살펴보면, 앱 개발에 최고의 솔루션(Solution)처럼 보인다. 하지만 장점이 있으면 단점이 있기 마련이다. 이번엔 리액트 네이티브의 단점에 대해 살펴보자.

1) 러닝 커브

리액트 네이티브는 자바스크립트를 기반으로 한다. 웹 개발자, 노드 개발자와 같이 자바스크립트 개발자라면 누구나 쉽게 배운다는 장점이 있다. 하지만 jsx라는 리액트 고유의 방식과 리액트에만 존재하는 개념과 개발 방식(Hooks, Props, State 등)을 공부해야 하는 러닝 커브가 존재한다.

또한 리액트 네이티브는 이런 러닝 커브가 존재하는 리액트뿐만 아니라, 네이티브 부분도 어느 정도 이해해야 한다. 예를 들어 모바일 앱의 메모리 문제와 같은 경우, 리액트 네이티브만으로는 해결할 수 없다. 네이티브의 디버깅(Debugging) 기능을 사용하여 메모리 누수(Memory Leak) 등을 확인할 수 있어야 한다. 따라서 네이티브만 집중하여 공부하는 것보다 러닝 커브가 더 클 수 있다.

2) 성능 문제

리액트 네이티브는 네이티브 앱 개발 방식이 아니다. 네이티브 브릿지를 사용하여 자바스크립트 스레드와 네이티브 스레드를 연결시켜 동작하는 하이브리드 앱 방식이다. 그래서 각 OS에 최적화된 네이티브 개발 방식보다는 성능이 떨어질 수 있다.

자바스크립트 스레드와 네이티브 스레드는 5ms 주기로 네이티브 브릿지를 통해 통신한다. 이로 인해 자바스크립트 스레드 쪽에서 5ms보다 시간이 걸리는 처리를 할 때 성능 저하를 경험할 수 있다. 애니메이션인 경우도, 60 프레임까지는 자연스럽게 동작한다. 하지만 60 프레임을 초과하는 애니메이션을 사용하는 경우 성능 저하를 경험할 수 있다.

3) 오픈소스

리액트 네이티브가 오픈소스인 점은 장점이자 단점이다. 여러분이 리액트 네이티브에서 기본적으로 제공하지 않는 네이티브 기능들을 사용하는 앱을 개발하는 경우, 오픈소스에 의존하게 될 가능성이 크다. 이는 생산성이 향상되지만, 반대로 오픈소스에 버그가 있는 경우, 이 버그가 수정될 때까지 기다려야 하는 경우가 발생한다. 물론, 오픈소스이므로 개발자가 소스코드를 분석하여 버그가 발생하는 부분을 수정할 수도 있지만, 생산성 저하와 스트레스가 발생할 수 있다.

또한 네이티브의 기능을 사용하는 오픈소스에서 문제가 발생하고, 네이티브를 전혀할 줄 모르는 리액트 네이티브 개발자라면 이 부분에서 큰 곤란을 겪을 수 있다. 리액트 네이티브 부분의 문제인지 네이티브 부분의 문제인지에 대한 판단이 어려울 수 있기 때문이다.

4) 네이티브 기능 개발

리액트 네이티브는 오픈소스이고 개발자 커뮤니티가 잘 형성되어 있어 대부분의 네이티브 기능들이 오픈소스로 잘 개발되어 있다. 하지만 여러분이 개발하는 앱 서비스가 특별한 네이티브 기능을 가지고 있어(특정 개발사의 비공개 SDK와의 연동 등), 오픈소스가 존재하지 않는 경우, iOS와 안드로이드의 네이티브 부분을 개별적으로 개발해야 하는 문제가 발생한다.

리액트 네이티브는 네이티브 기능 개발을 위해, 네이티브 브릿지를 개발하는 가이드를 제공하고 있다. 그 가이드를 따라 개발하면 쉽게 리액트 네이티브용 네이티브 모듈을 개발할 수 있다. 그러나 결국 iOS와 안드로이드의 네이티브 부분을 개발해야 하는 것은 변하지 않는다.

따라서, 이런 독특한 네이티브 기능을 많이 가지는 서비스라면, 리액트 네이티브 개발자, iOS 개발자, 안드로이드 개발자가 필요하고 네이티브 앱으로 개발할 때보다 개발 리소스와 유지보수 비용이 더 발생한다.

5) 업데이트

이전에는 리액트 네이티브의 코어 부분이 2주에 한 번 업데이트(Breaking Changes)되었다. 그래서 잘 동작하던 기능이 업데이트 때문에 갑자기 동작하지 않는 문제가 발생할 때가 많았다. 또한 네이티브 기능을 오픈소스화한 라이브러리들도 이 업데이트 주기에 맞춰 수정한다. 이 오픈소스들을 사용하여 개발된 앱 서비스들도 다시 수정, 배포해야 하는 문제가 있었다.

지금은 리액트 네이티브가 성숙기에 접어든 기술로 안정화가 되었다. 하지만 여전히 자주 업데이트가 진행되고 있다. 따라서 잘 동작하던 기능이 업데이트로 인해 갑자기 동작하지 않는 문제가 발생할 수도 있다. 또한 네이티브 기능을 오픈소스에 의존하여 개발한 경우, 오픈소스들의 버전이 업데이트가 될 때까지 기다려야 하는 문제가 발생한다.

또한 각 OS(iOS와 안드로이드)가 새로운 버전을 발표하면, 네이티브 앱 개발은 그에 맞춰 개발하지만, 리액트 네이티브는 각 OS의 새로운 버전에 맞는 리액트 네이티브 버전을 기다려야 한다. 그 업데이트가 오픈소스로 개발한 네이티브 기능에 영향이 있는 경우, 오픈소스의 버전 업데이트도 기다려야 할 수도 있다.

≫1.4 요약

이번 장에서는 리액트 네이티브가 무엇인지에 대해서 살펴보았다. 또한 장점과 단점에 대해서 살펴보았다. 단점을 보면 '왜 리액트 네이티브를 사용해야 하는가, 지금 당장의 생산성과 비용 때문에 더 큰 문제를 안고 가는 게 아닌가' 하는 생각이 든다.

하지만, 리액트 네이티브로 개발된 앱들을 보면 '이 기술이 불완전한 기술만은 아니구나'라는 생각이 들 것이다. 그래서 리액트 네이티브로 개발된 앱들을 소개하면서 이번 장을 마무리하려고 한다.

리액트 네이티브로 개발된 대표적인 앱은 페이스북, 인스타그램, 핀터레스트, 스카이프 등이 있다. 좀 더 많은 앱들을 확인하고 싶다면 리액트 네이티브 공식 사이트에서 제공하는 앱 리스트를 통해 확인한다.

- 리액트 네이티브 공식 사이트 앱 리스트: https://facebook.github.io/react-native/showcase

위의 링크에는 누구나 알 수 있는 기업들의 앱들이 나열되어 있다. 이 밖에도 리액트 네이티브로 개발된 앱을 소개하는 해외 사이트가 있다.

- 리액트 네이티브로 만든 앱을 소개하는 사이트 : https://madewithreactnative.com/

마지막으로 저자가 개발한 토이 프로젝트의 앱 리스트를 확인할 수 있는 링크이다.

- 저자의 앱 리스트: https://dev-yakuza.github.io/app/list/ko/

이 링크들에서 소개된 앱 이외에도 많은 앱들이 리액트 네이티브로 개발되었고, 개발되고 있다. 여러분이 자바스크립트 개발자 또는 리액트 개발자라면, 리액트 네이티브를 통해 앱을 개발해 보기를 권장한다.

또한 빠르게 서비스를 개발해야 하는 스타트업이나 동시에 많은 앱을 운영하는 기업들은 리액트 네이티브의 도입을 고려해볼 것을 권장한다.

개발 환경 설정

CHAPTER **2**

개발 환경 설정

이번 장에서는 리액트 네이티브를 사용하여 모바일 앱을 개발하기 위해, 맥(macOS)
과 윈도우(Windows)의 개발 환경을 설정하는 방법에 대해서 알아본다.

›2.1 맥 개발 환경 설정

맥에서 리액트 네이티브를 개발하기 위해서는 노드(Node), 왓치맨(Watchman),
Xcode 등을 설치해야 한다. 리액트 네이티브의 맥 개발 환경 설정을 각 단계별로 진
행하여 확인해 보자.

1) 홈브루 설치

홈브루(Homebrew)는 맥에서 패키지를 설치하고 관리할 수 있는 맥용 패키지 관리자
이다. 홈브루를 통해 맥에 필요한 패키지를 간단하게 설치할 수 있다. 우선 자신의 맥
에 홈브루가 설치되어 있는지 [터미널]을 열고 다음 명령어를 입력하여 확인한다.

```
brew --version
```

명령어를 실행하여 아래와 같은 결과를 얻었다면 홈브루가 설치된 것이므로, 다음 단계로 넘어간다.

```
Homebrew 2.1.7
Homebrew/homebrew-core (git revision f487; last commit 2019-07-20)
```

만약 홈브루에 버전이 표시되지 않는다면 홈브루를 설치할 필요가 있다. 다음 링크를 사용하여 홈브루 사이트로 이동한다

- 홈브루 사이트: https://brew.sh/

홈브루 사이트로 이동하면, [그림2-1]과 같이 "Install Homebrew" 항목 밑에 홈브루 설치 명령어를 확인할 수 있다.

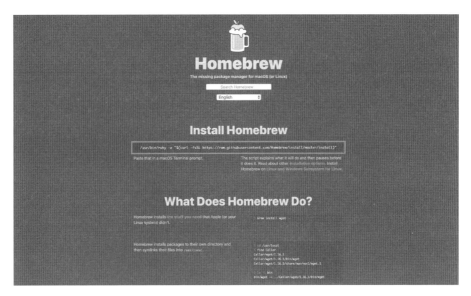

[그림 2-1] 홈브루 설치

맥에서 [터미널]을 실행하고 해당 명령어를 실행하여 홈브루를 설치한다.

```
/usr/bin/ruby -e "$(curl -fsSL https://raw.githubusercontent.com/
Homebrew/install/master/install)"
```

설치가 완료되면, 홈브루가 제대로 설치되었는지 다음 명령어를 실행하여 확인한다.

```
brew --version
```

문제 없이 홈브루를 설치하였다면 다음과 같이 홈브루의 버전을 확인할 수 있다.

```
Homebrew 2.1.7
Homebrew/homebrew-core (git revision f487; last commit 2019-07-20)
```

2) 노드 설치

리액트 네이티브는 자바스크립트를 기반으로 동작하므로 노드의 설치가 필요하다. 홈브루를 통해 노드를 설치해 보자.

[터미널]을 열고 다음 명령어를 실행하여 노드를 설치한다.

```
brew install node@12
```

설치가 완료되면 다음 명령어로 노드가 제대로 설치되었는지 확인한다.

```
node --version
```

노드가 제대로 설치되었다면, 다음과 같이 노드의 버전을 확인할 수 있다.

```
v12.6.0
```

또한 노드를 설치하면, 노드의 패키지를 관리하는 노드 패키지 매니저(npm, Node Package Manager)도 같이 설치된다. 노드 패키지 매니저도 잘 설치되었는지 확인하기 위해 다음 명령어를 [터미널]에서 실행한다.

```
npm --versrion
```

노드 패키지 매니저가 잘 설치되었다면, 다음과 같이 버전을 확인할 수 있다.

```
6.9.0
```

| 참고 | 최신 노드 버전인 node 13 버전을 사용하면 안드로이드 실행시 문제가 발생하였기 때문에, 이 책에서는 brew isntall node@12로 node 12 버전을 사용하도록 하였다.

3) 왓치맨 설치

왓치맨은 특정 디렉토리나 파일을 감시하다가, 변경이 발생하면, 특정 동작을 실행(Trigger)하도록 하는 역할을 한다. 리액트 네이티브는 소스코드의 변경이 발생하면 자동적으로 빌드하고 디바이스(Device) 또는 시뮬레이터(Simulator)에 업로드하기 위해 왓치맨을 사용한다.

[터미널]을 열고 다음 명령어로 왓치맨을 설치한다.

```
brew install watchman
```

설치가 완료되면 다음 명령어로 왓치맨이 제대로 설치되었는지 확인한다.

```
watchman -version
```

왓치맨이 제대로 설치되었다면, 다음과 같이 왓치맨의 버전을 확인할 수 있다.

```
4.9.0
```

4) 리액트 네이티브 CLI 설치

리액트 네이티브를 시작하는 방법은 엑스포 CLI(Expo Command Line Interface)와 리액트 네이티브 CLI(React Native Command Line Interface), 두 가지 방법이 있다. 엑스포 CLI는 리액트 네이티브에서 자주 사용되는 오픈소스 네이티브 모듈(위치 정보, 사진, 센서 등)을 패키지로 묶어서 제공한다.

엑스포 CLI를 통해 개발하면, 실제 서비스에 불필요한 네이티브 모듈도 포함되어 파일 사이즈가 커지는 문제와 엑스포 CLI에서 제공하지 않는 네이티브 모듈을 사용하기 위해 거쳐야 하는 점이 불편하다.

이 책에서는 리액트 네이티브 CLI를 사용하여 진행하며, 앞으로 계속 리액트 네이티브로 모바일 앱을 개발할 예정이라면 리액트 네이티브 CLI를 사용하여 개발하기를 권장한다.

다음 노드 패키지 매니저(npm) 명령어를 사용하여 리액트 네이티브 CLI를 설치한다.

```
npm install -g react-native-cli
```

설치가 완료되면 다음 명령어로 리액트 네이티브 CLI가 제대로 설치되었는지 확인한다.

```
react-native --version
```

문제가 없이 설치되었다면, 다음과 같이 리액트 네이티브 CLI의 버전을 확인할 수 있다.

```
react-native-cli: 2.0.1
react-native: n/a - not inside a React Native project
```

5) Xcode 설치

iOS 모바일 앱을 개발하기 위해서는 맥 OS와 iOS 개발 툴인 Xcode가 필요하다. 맥에 설치되어 있는 앱 스토어(App Store)를 실행하고 Xcode를 검색하여 설치한다.

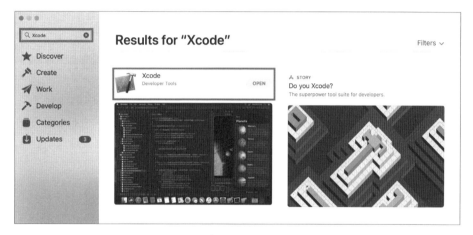

[그림 2-2] Xcode 설치

또는 아래의 링크를 브라우저로 열어서 앱 스토어를 실행하여 다운로드할 수 있다.

- Xcode 다운로드 링크: https://apps.apple.com/us/app/xcode/id4977998 35?mt=12

설치가 완료되면, Xcode의 Command Line Tools를 설정할 필요가 있다. [그림 2-3] 과 같이 Xcode를 실행하고 왼쪽 상단의 Xcode 메뉴를 선택하고 Preferences... 메뉴 를 선택한다.

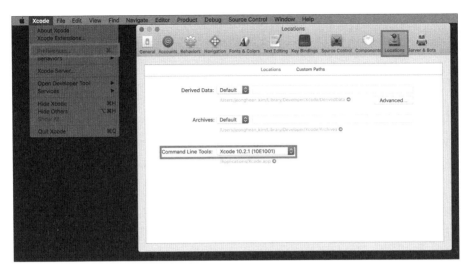

[그림 2-3] Xcode Command Line Tools 설정

설정 화면이 표시되면 Locations를 선택하고 Command Line Tools가 설정되어 있는지 확인한다. 설정되어 있지 않다면, 드롭다운 메뉴를 선택하여 리스트에서 가장 최신 버전을 선택하여 Command Line Tools를 설정한다.

6) 코코아포드 설치

코코아포드(Cocoapods)는 iOS 개발에 사용되는 의존성 관리자이다. 오브젝티브-C나 스위프트로 iOS를 개발할 때, 사용되는 라이브러리를 설치하거나 관리할 때 사용된다. 노드와 노드 패키지 관리자 관계와 비슷한 관계이다.

다음 명령어를 사용하여 코코아포드를 설치한다.

```
sudo gem install cocoapods
```

설치가 완료되면 다음 명령어를 실행하여 코코아포드가 잘 설치되었는지 확인한다.

```
pod --version
```

문제가 없이 설치되었다면, 다음과 같이 코코아포드의 버전을 확인할 수 있다.

```
1.7.5
```

6) 자바 개발 킷 설치

안드로이드를 개발하기 위해서는 안드로이드의 개발 언어인 자바가 필요하다. 자바로 개발하기 위해서는 자바 개발 킷(JDK, Java Development Kit)을 설치할 필요가 있다. 다음 홈브루 명령어들을 통해 자바 개발 킷을 설치한다.

```
brew tap AdoptOpenJDK/openjdk
```

명령어 실행이 완료되면, 다음 홈브루 명령어로 자바 개발 킷을 설치한다.

```
brew cask install adoptopenjdk8
```

설치가 완료되면 [터미널]을 열고 다음 명령어로 실행하여 자바가 잘 설치되었는지 확인한다.

```
java -version
```

설치가 잘 되었다면 다음과 같이 자바의 버전을 확인할 수 있다.

```
openjdk version "1.8.0_222"
OpenJDK Runtime Environment (AdoptOpenJDK)(build 1.8.0_222-b10)
OpenJDK 64-Bit Server VM (AdoptOpenJDK)(build 25.222-b10, mixed mode)
```

자바 개발 킷을 설치하면 자바 이외에도 자바를 컴파일하기 위한 자바 컴파일러(Java Compiler)도 설치된다. 자바 컴파일러가 잘 설치되었는지 확인하기 위해 다음 명령어를 [터미널]에서 실행한다.

```
javac -version
```

자바 컴파일러가 잘 설치되었다면 다음과 같이 자바 컴파일러의 버전을 확인할 수 있다.

```
javac 1.8.0_222
```

7) 안드로이드 스튜디오 설치

iOS 모바일 앱을 개발하기 위해서 iOS 개발 툴인 Xcode가 필요하듯이, 안드로이드 모바일 앱을 개발하기 위해서는 안드로이드 개발 툴인 안드로이드 스튜디오(Android Studio)가 필요하다. 안드로이드 스튜디오를 설치하는 방법에 대해서 알아보자.

다음 링크를 통해 안드로이드 스튜디오 다운로드 사이트로 이동한다.

- 안드로이드 스튜디오 다운로드 사이트: https://developer.android.com/studio/index.html

안드로이드 스튜디오 다운로드 사이트로 이동하여 [그림2-4]와 같이 DOWNLOAD ANDROID STUDIO 버튼을 통해 설치 파일을 다운로드 받는다.

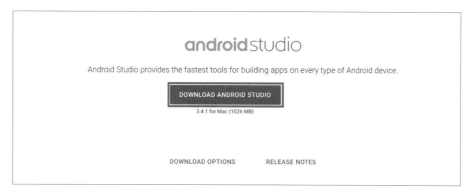

[그림 2-4] 안드로이드 스튜디오 다운로드

DOWNLOAD ANDROID STUDIO 버튼을 눌러 파일을 다운로드 받았다면, 다운로드 받은 파일을 실행한다. 다운로드 받은 설치 파일을 실행하면 [그림 2-5]와 같은 화면을 볼 수 있다.

[그림 2-5] 안드로이드 설치 파일 실행

왼쪽에 있는 Android Studio 아이콘을 드래그하여 오른쪽에 있는 Applications 폴더에 넣는다. 복사가 완료되면 오른쪽의 Applications 폴더를 더블 클릭하여 폴더를 실행한다.

[그림 2-6] Applications 폴더

Applications 폴더를 실행하면 [그림2-6]과 같이 우리가 방금 복사한 Android Studio 를 찾을 수 있다. Android Studio를 더블 클릭하여 실행한다.

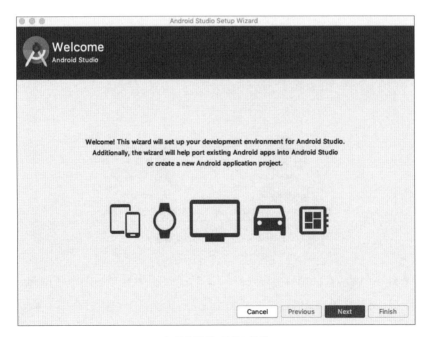

[그림 2-7] 안드로이드 설치

Android Studio를 더블 클릭하면 [그림 2-7]과 같은 화면을 확인할 수 있다. Next 버튼을 눌러 다음 화면으로 이동한다. 다음 화면으로 이동하면 [그림 2-8]과 같이 설치 타입을 설정하는 화면을 확인할 수 있다.

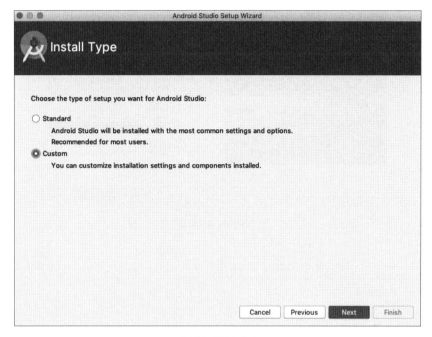

[그림 2-8] 설치 타입

우리는 설치 타입 옵션으로 Custom을 선택하고 Next를 눌러 진행한다. Next를 눌러 진행하면 [그림 2-9]와 같이 안드로이드 스튜디오의 테마를 설정하는 화면을 볼 수 있다.

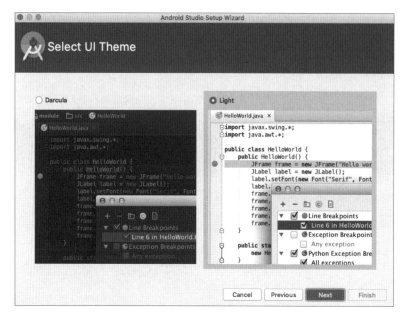

[그림 2-9] 테마 설정

자신이 좋아하는 테마를 선택하고 Next 버튼을 누른다. 이 책에서는 Light 테마를 선택하고 진행했다.

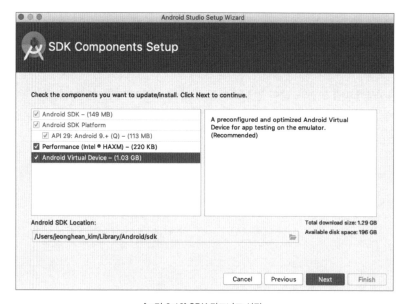

[그림 2-10] SDK 컴포넌트 설정

다음으로 [그림 2-10]과 같이 SDK 컴포넌트 설정 화면을 확인할 수 있다. Performance (Intel® HAXM)과 Android Virtual Device를 선택하고 Next 버튼을 눌러 설치를 진행한다. 여기에서 Android SDK 설치 위치에 한글로 된 폴더가 포함되지 않도록 주의하여 진행한다.

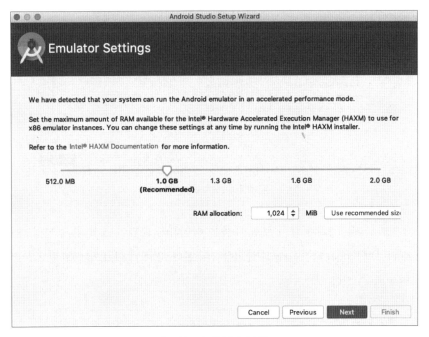

[그림 2-11] 에뮬레이터 설정

[그림 2-11]은 안드로이드 앱 개발을 진행할 때, 필요한 에뮬레이터를 설정하는 화면이다. 특별히 수정할 것 없이, 기본으로 설정된 상태에서 Next를 눌러 설치를 진행한다.

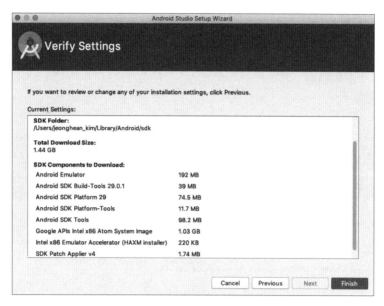

[그림 2-12] 설치 옵션 확인

마지막으로 [그림 2-12]와 같이 설정 내용을 확인하는 화면이 표시된다. 설정 내용에 문제가 없다면 Finish 버튼을 눌러 설치를 진행한다. 설치가 완료되면 [그림 2-13]과 같은 화면을 볼 수 있다.

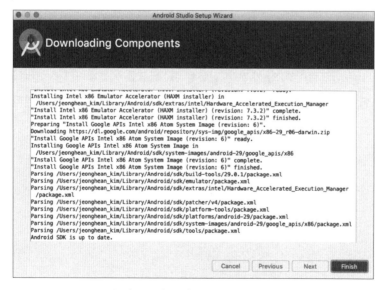

[그림 2-13] 안드로이드 스튜디오 설치 완료

안드로이드 앱 개발에 필요한 내용이 모두 다운로드 되었다면, Finish를 눌러 다음으로 진행한다. 아무 문제가 없이 안드로이드 스튜디오를 설치하였다면 [그림 2-14]와 같이 안드로이드 스튜디오가 실행되는 것을 확인할 수 있다.

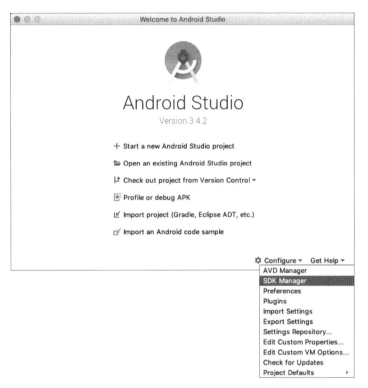

[그림 2-14] 안드로이드 스튜디오 SDK Manager

안드로이드 스튜디오가 실행되었다면, [그림 2-14]와 같이 오른쪽 하단의 Configure를 선택하고 SDK Manager를 선택한다. SDK Manager를 선택하면 [그림 2-15]와 같이 안드로이드 SDK 설정 화면을 볼 수 있다.

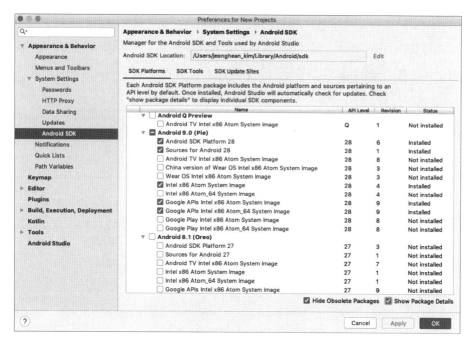

[그림 2-15] 안드로이드 SDK 설정

[그림 2-15]와 같이 안드로이드 SDK를 설정하는 화면에서 오른쪽 하단의 Show Package Details를 선택한다. 그리고 자신이 타깃으로 개발할 SDK 버전을 선택하고 다운로드한다.

리액트 네이티브 공식 사이트에서는 Android 9.0 (Pie) 설치를 안내하고 있으므로, 이 책에서도 안드로이드 9.0을 다운로드하여 진행한다. Android 9.0 (Pie) 하위에서 다음 리스트들을 선택하고 OK 눌러 안드로이드 SDK를 설치한다.

```
Android SDK Platform 28
Intel x86 Atom System Image
Google APIs Intel x86 Atom System Image
Google APIs Intel x86 Atom_64 System Image
```

마지막으로 안드로이드 스튜디오의 환경 변수를 설정해야 한다. "~/.zshrc" 파일을 열고 아래의 내용을 추가한 후 저장한다. (bash를 사용하는 사용자는 "~/.bash_profile" 파일을 열고 아래의 내용을 추가한 후 저장한다.)

```
export ANDROID_HOME=자신의 안드로이드SDK 위치/Android/sdk
export PATH=$PATH:$ANDROID_HOME/emulator
export PATH=$PATH:$ANDROID_HOME/tools
export PATH=$PATH:$ANDROID_HOME/tools/bin
export PATH =$PATH:$ANDROID_HOME/platform-tools
```

ANDROID_HOME에 자신이 설치한 안드로이드 SDK의 위치를 설정한다. 위치를 잘 모르는 경우, 안드로이드 스튜디오를 실행하고 오른쪽 하단의 Configure > SDK Manager를 선택하여 실행한다. SDK Manager가 실행되면, [그림2-15]와 같은 화면이 보이는데, 상단의 Android SDK Location에서 안드로이드 SDK의 위치를 확인할 수 있다.

환경 변수를 설정하였다면, [터미널]을 열고 다음 명령어를 실행한다.

```
adb
```

환경 변수가 잘 설정되었다면 다음과 같은 결과를 확인할 수 있다.

```
Android Debug Bridge version 1.0.41
Version 29.0.1-5644136
Installed as /Users/jeonghean_kim/Library/Android/sdk/platform-tools/adb
```

| 참고 | macOS Catalina(version 10.15)부터 zsh이 기본 터미널 쉘로 지정되었다. macOS Catalina를 사용하시는 분들은 ~/.zshrc 파일을 열어서 수정하기 바란다. 아직 macOS를 업데이트하지 않으신 분들은 bash가 기본 쉘이다. macOS Catalina 하위 버전을 사용하시는 분들은 ~/.bash_profile 파일을 수정하길 바란다.

➡️2.2 윈도우 개발 환경 설정

윈도우(Windows)에서 리액트 네이티브를 개발하기 위해서는 노드, 파이썬(Python), 안드로이드 스튜디오 등을 설치해야 한다.

리액트 네이티브는 크로스 플랫폼으로 안드로이드 앱과 iOS 앱을 동시에 개발할 수 있다. 하지만, 최종적으로 iOS, 안드로이드 앱을 배포할 때는 각각 개발 툴을 이용하여 빌드하고 배포한다. 따라서 iOS 앱을 빌드, 배포하기 위해서는 맥 OS의 Xcode 툴이 반드시 필요하며, 맥 OS에서만 사용할 수 있다. 그러므로 윈도우를 사용해서 개발하는 경우, iOS 모바일 앱은 빌드, 배포할 수 없다.

1) 초코렛티 설치

맥에 홈브루라는 패키지 매니저가 있다면, 윈도우즈에는 초코렛티(Chocolatey)가 있다. 윈도우즈 패키지 매니저인 초코렛티를 설치하는 방법에 대해서 알아보자.

아래의 링크를 통해 초코렛티 홈페이지로 이동한다.

- 초코렛티 다운로드 페이지: https://chocolatey.org/

초코렛티 홈페이지로 이동하면 [그림 2-16]과 같은 화면을 볼 수 있다. "Get Started" 버튼을 눌러 설치 페이지로 이동한다.

[그림 2-16] 초코렛티 다운로드 사이트

초코렛티 설치 페이지로 이동하면 [그림 2-17]과 같은 화면을 볼 수 있다. Now run the following command: 하단에 있는 명령어를 복사한다.

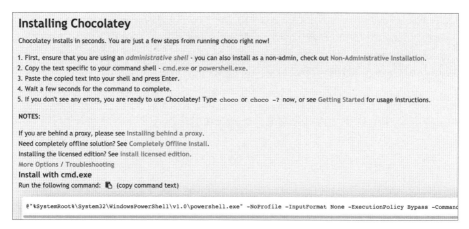

Installing Chocolatey

Chocolatey installs in seconds. You are just a few steps from running choco right now!

1. First, ensure that you are using an *administrative shell* - you can also install as a non-admin, check out Non-Administrative Installation.
2. Copy the text specific to your command shell - cmd.exe or powershell.exe.
3. Paste the copied text into your shell and press Enter.
4. Wait a few seconds for the command to complete.
5. If you don't see any errors, you are ready to use Chocolatey! Type choco or choco -? now, or see Getting Started for usage instructions.

NOTES:

If you are behind a proxy, please see Installing behind a proxy.
Need completely offline solution? See Completely Offline Install.
Installing the licensed edition? See install licensed edition.
More Options / Troubleshooting
Install with cmd.exe
Run the following command: 📋 (copy command text)

@"%SystemRoot%\System32\WindowsPowerShell\v1.0\powershell.exe" -NoProfile -InputFormat None -ExecutionPolicy Bypass -Command

[그림 2-17] 초코렛티 설치

초코렛티를 설치하기 위해서는 명령 프롬프트(cmd)를 관리자 권한으로 실행할 필요가 있다. [그림 2-18]과 같이 [명령 프롬프트]를 검색하고, 검색 결과 오른쪽에 있는 관리자 권한 실행을 눌러 [명령어 프롬프트]를 관리자 권한으로 실행한다.

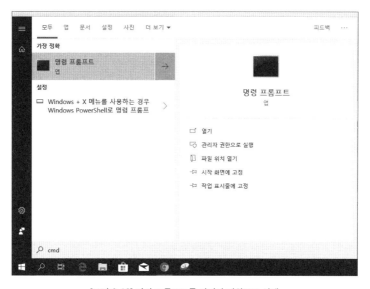

[그림 2-18] 명령 프롬프트를 관리자 권한으로 실행

이제 초코렛티 사이트에서 복사한 명령어를 [명령어 프롬프트]에서 실행하여 초코렛티를 설치한다.

```
Set-ExecutionPolicy Bypass -Scope Process -Force; [System.Net.Servic
ePointManager]::SecurityProtocol = [System.Net.ServicePointManager]:
:SecurityProtocol -bor 3072; iex ((New-Object System.Net.WebClient).
DownloadString('https://chocolatey.org/install.ps1'))
```

설치가 완료되면, 다음 명령어를 실행시켜 초코렛티가 잘 설치되었는지 확인한다.

```
choco -version
```

문제가 없이 잘 설치되었다면 다음과 같이 초코렛티의 버전을 확인할 수 있다.

```
0.10.15
```

2) 노드 설치

맥 환경 설정에서도 설명했지만 리액트 네이티브는 자바스크립트를 기반으로 동작한다. 따라서 자바스크립트 런타임(Javascript Runtime)인 노드가 필요하다. 여기에서는 윈도우 패키지 매니저인 초코렛티를 사용하여 윈도우에 노드를 설치하는 방법에 대해서 알아본다.

윈도우의 [명령 프롬프트]를 관리자 권한으로 실행시키고 다음 명령어를 실행시켜 노드를 설치한다.

```
choco install nodejs-lts
```

설치가 완료되면, [명령 프롬프트]를 종료시킨 후, 다시 실행시킨다. 명령 프롬프트가 다시 실행되면, 다음 명령어를 [명령 프롬프트]에서 실행하여 노드가 잘 설치되었는지 확인한다.

```
node --version
```

설치가 되었다면 다음과 같이 노드의 버전을 확인할 수 있다.

```
v12.6.0
```

노드를 설치하면 노드 패키지 매니저(npm, Node Package, Manager)도 같이 설치된다. 노드 패키지 매니저가 잘 설치되었는지 확인하기 위해 다음 명령어를 실행시킨다.

```
npm --version
```

노드 패키지 매니저가 잘 설치되었다면, 다음과 같이 노드 패키지 매니저의 버전을 확인할 수 있다.

```
6.10.0
```

3) 파이썬 설치

리액트 네이티브의 빌드 시스템은 파이썬에 의존하고 있다. 맥은 기본적으로 파이썬이 있기 때문에 설치하지 않았지만, 윈도우에서는 기본적으로 설치되어 있지 않기 때문에 파이썬을 설치할 필요가 있다.

[명령 프롬프트]를 관리자 권한으로 실행시킨 후, 다음과 같이 초코렛티 명령어를 실행시켜 윈도우에 파이썬을 설치한다.

```
choco install -y python2
```

설치가 완료되면, 파이썬을 사용하기 위해 컴퓨터를 재부팅해야 한다. 컴퓨터를 재부팅한 후, [명령 프롬프트]를 실행시킨다. [명령 프롬프트]가 실행되면, 다음 명령어로 파이썬이 윈도우에 잘 설치되었는지 확인한다.

```
python --version
```

파이썬이 정상적으로 설치되었다면 다음과 같이 버전 정보를 확인할 수 있다.

```
2.7.16
```

4) 자바 개발 킷 설치

윈도우에서는 iOS 모바일 앱은 개발할 수 없으나, 안드로이드 모바일 앱은 개발할 수 있다. [명령 프롬프트]를 관리자 권한으로 실행시키고, 다음 명령어로 안드로이드 모바일 앱 개발에 필요한 자바 개발 킷을 설치한다.

```
choco install -y jdk8
```

설치가 완료되면, [명령 프롬프트]를 종료시킨 후, 다시 실행시킨다. [명령 프롬프트]가 실행되면, 다음 명령어로 자바가 잘 설치되었는지 확인한다.

```
java -version
```

자바가 잘 설치되었다면 다음과 같이 자바의 버전을 확인할 수 있다.

```
java version "1.8.0_211"
```

```
Java(TM) SE Runtime Environment (build 1.8.0_211-b12)
Java HotSpot(TM) 64-Bit Server VM (build 25.211-b12, mixed mode)
```

또한 다음 명령어로 자바 개발에 필요한 자바 컴파일러가 잘 설치되었는지 확인한다.

```
javac -version
```

잘 설치되었다면 다음과 같이 자바 컴파일러의 버전을 확인할 수 있다.

```
javac 1.8.0_211
```

5) 리액트 네이티브 CLI 설치

리액트 네이티브 CLI를 설치하기 위해, 다음의 노드 패키지 매니저(npm) 명령어를 [명령 프롬프트]에서 실행시킨다.

```
npm install -g react-native-cli
```

설치가 완료되면 다음 명령어로 리액트 네이티브 CLI가 제대로 설치되었는지 확인한다.

```
react-native --version
```

설치하였다면, 다음과 같이 리액트 네이티브 CLI의 버전을 확인할 수 있다.

```
react-native-cli: 2.0.1
react-native: n/a - not inside a React Native project
```

6) 안드로이드 스튜디오 설치

윈도우에서 리액트 네이티브로 안드로이드 모바일 앱을 개발하기 위해 안드로이드 스튜디오를 설치해 보자. 아래의 링크를 통해 안드로이드 스튜디오 다운로드 페이지로 이동한다.

- 안드로이드 스튜디오 다운로드 페이지: https://developer.android.com/studio/index.html

안드로이드 스튜디오 다운로드 페이지로 이동하였다면, [그림 2-19]와 같은 화면을 볼수 있다. DOWNLAOD ANDROID STUDIO 버튼을 눌러 안드로이드 스튜디오를 다운로드한다.

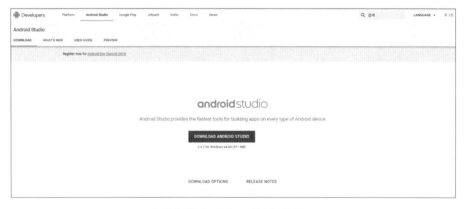

[그림 2-19] 안드로이드 스튜디오 다운로드

다운로드가 완료되면, 다운로드한 파일을 실행시켜, 안드로이드 스튜디오의 설치를 진행한다. 다운로드한 파일을 실행시키면 [그림 2-20]과 같은 화면을 볼 수 있다.

[그림 2-20] 안드로이드 스튜디오 설치

Next 버튼을 눌러 안드로이드 설치를 진행한다. 안드로이드 설치를 진행하면 [그림 2-21]과 같이 안드로이드 스튜디오의 컴포넌트 설치 화면을 볼 수 있다.

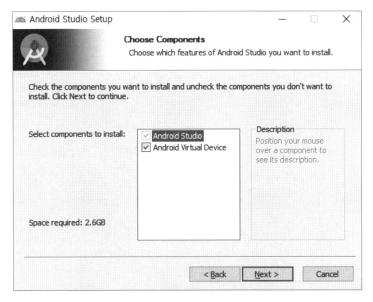

[그림 2-21] 안드로이드 스튜디오 컴포넌트 설치

[그림 2-21]과 같이 안드로이드 스튜디오의 컴포넌트 설치 화면이 나오면 Android Virtual Device를 선택하고 Next 버튼을 눌러 다음으로 진행한다.

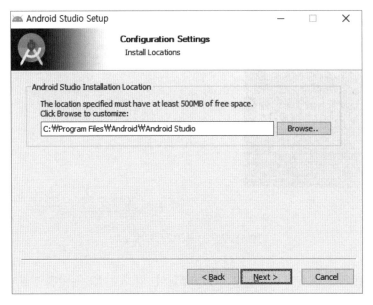

[그림 2-22] 안드로이드 스튜디오 설치 위치

[그림 2-22]와 같이 안드로이드 스튜디오 설치 위치가 나오면, 원하는 설치 위치를 정하고 Next를 눌러 다음으로 진행한다. 설치 위치에 한글이 포함된 폴더를 지정하지 않도록 주의한다. 특별히 문제가 없다면, 기본 설정을 유지하고 다음으로 진행한다.

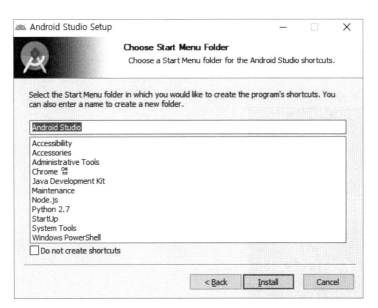

[그림 2-23] 안드로이드 스튜디오 메뉴 설정

[그림 2-23]과 같이 안드로이드 스튜디오 메뉴 설정이 나오면 Install 버튼을 눌러 안드로이드 스튜디오 설치를 진행한다.

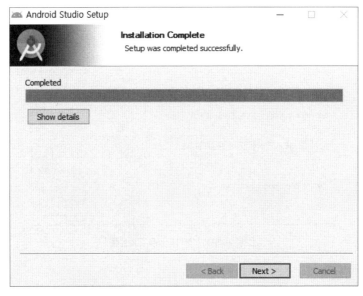

[그림 2-24-a] 안드로이드 스튜디오 설치 완료

안드로이드 스튜디오 설치가 완료되면 [그림 2-24-a]와 같은 화면을 볼 수 있다. Next 버튼을 눌러 다음으로 진행한다.

[그림 2-24-b] 안드로이드 스튜디오 설치 완료 및 실행

안드로이드 스튜디오 설치가 완료되었다. Start Android Studio 옵션을 설정한 상태로, Finish 버튼을 눌러, 안드로이드 스튜디오 설치를 완료하고 안드로이드 스튜디오를 실행하자.

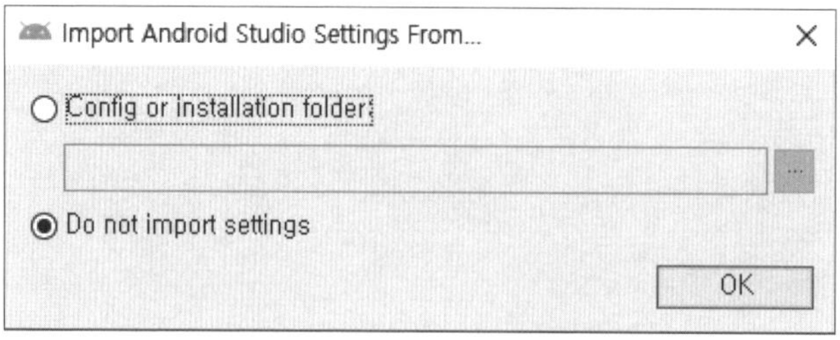

[그림 2-25] 안드로이드 스튜디오 설정

안드로이드 스튜디오가 자동으로 시작되면 [그림 2-25]와 같이 기존의 안드로이드 스튜디오 설정을 불러올지 선택하는 화면이 나온다. 우리는 처음으로 개발 환경을 설정했으므로, Do not import settings를 선택하고 OK를 눌러 다음으로 진행한다.

[그림 2-26] 안드로이드 스튜디오 설정 위저드

안드로이드 스튜디오를 설정하기 위한 설정 위저드(Setup Wizard)가 [그림 2-26]과 같이 화면에 표시된다. Next를 눌러 안드로이드 스튜디오의 설치 타입 화면으로 이동한다.

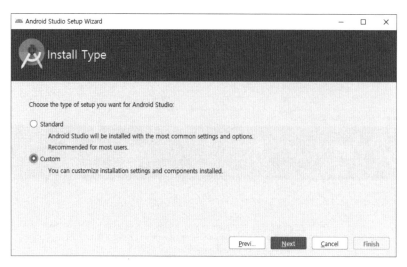

[그림 2-27] 설치 타입

우리는 설치 타입 옵션으로 Custom을 선택하고 Next를 눌러 진행한다. Next를 눌러 진행하면 [그림 2-28]과 같이 안드로이드 스튜디오의 테마를 설정하는 화면을 볼 수 있다.

[그림 2-28] 테마 설정

자신이 좋아하는 테마를 선택하고 Next 버튼을 누른다. 이 책에서는 Light 테마를 선택하고 진행했다.

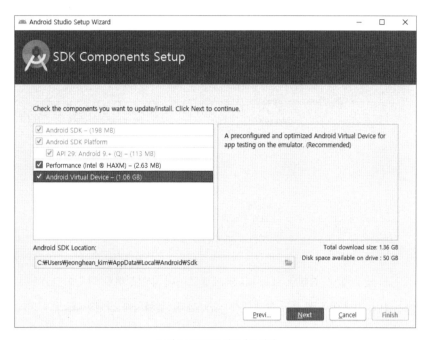

[그림 2-29] SDK 컴포넌트 설정

다음으로 SDK 컴포넌트 설정 화면을 확인할 수 있다. Performance (Intel® HAXM)와 Android Virtual Device를 선택하고 Next 버튼을 눌러 설치를 진행한다. 여기에서 Android SDK 설치 위치에 한글로 된 폴더가 포함되지 않도록 주의하여 진행한다.

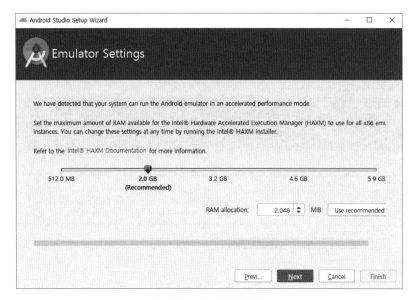

[그림 2-30] 에뮬레이터 설정

안드로이드 앱 개발을 진행할 때, 필요한 에뮬레이터를 설정하는 화면이다. 특별히 수정할 것 없이, 기본으로 설정된 상태에서 Next를 눌러 설치를 진행한다.

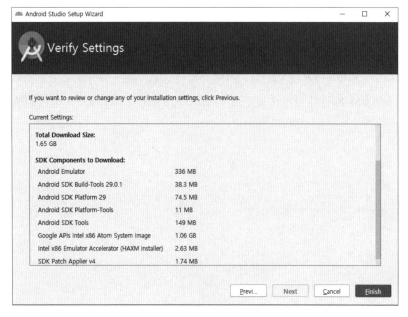

[그림 2-31] 설치 옵션 확인

마지막으로 우리가 설정한 내용을 확인하는 화면이다. 설정 내용에 문제가 없다면 Finish 버튼을 눌러 설치를 진행한다. 설치가 완료되면 [그림 2-32]와 같은 화면을 볼 수 있다.

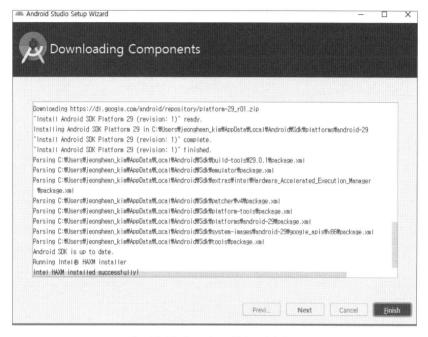

[그림 2-32] 안드로이드 스튜디오 설치 완료

안드로이드 앱 개발에 필요한 내용이 모두 다운로드 되었다면, Finish를 눌러 다음으로 진행한다. 아무 문제가 없이 안드로이드 스튜디오를 설치하였다면 [그림 2-33]과 같이 안드로이드 스튜디오가 실행된다.

[그림 2-33] 안드로이드 스튜디오 SDK Manager

안드로이드 스튜디오가 실행되면, 오른쪽 하단의 Configure를 선택하고 SDK Manager를 선택한다. SDK Manager를 선택하면 [그림 2-34]와 같이 안드로이드 SDK 설정 화면을 볼 수 있다.

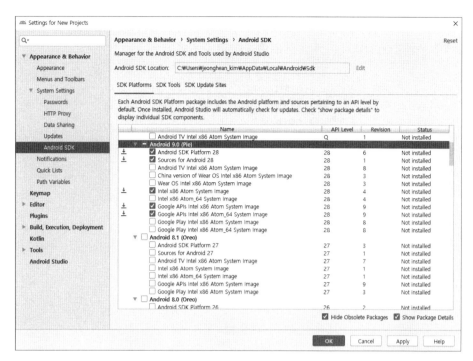

[그림 2-34] 안드로이드 SDK 설정

[그림 2-34]와 같이 안드로이드 SDK를 설정하는 화면에서 오른쪽 하단의 Show Package Details를 선택한다. 그리고 자신이 타깃으로 개발할 SDK 버전을 선택하고 다운로드한다.

리액트 네이티브 공식 사이트에서는 Android 9.0 (Pie) 설치를 안내했다. 이 책에서도 안드로이드 9.0을 다운로드하여 진행한다. Android 9.0 (Pie) 하위에서 다음의 리스트들을 선택하고 OK를 눌러 안드로이드 SDK를 설치한다.

```
Android SDK Platform 28
Intel x86 Atom System Image
Google APIs Intel x86 Atom System Image
Google APIs Intel x86 Atom_64 System Image
```

마지막으로 안드로이드 스튜디오의 환경 변수를 설정한다. 파일 탐색기를 열고 [내 PC]를 우클릭하면 [그림 2-35]와 같은 메뉴를 볼 수 있다.

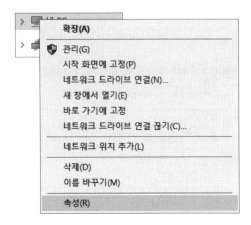

[그림 2-35] 내 PC 메뉴

[내 PC]의 메뉴에서 속성 메뉴를 선택한다. 속성 메뉴를 선택하면 [그림 2-36]과 같이 시스템 설정 화면을 볼 수 있다.

[그림 2-36] 시스템 설정

왼쪽 메뉴 중 고급 시스템 설정 메뉴를 선택한다. 고급 시스템 설정 메뉴를 선택하면 [그림 2-37]과 같이 시스템 속성 화면을 볼 수 있다.

[그림 2-37] 시스템 속성

시스템 속성 화면에서 고급 탭을 선택하고 하단에 있는 환경 변수 버튼을 눌러 환경 변수 설정 화면으로 이동한다.

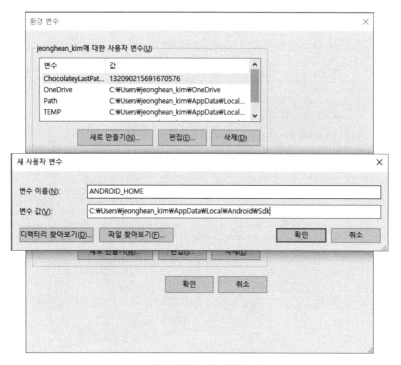

[그림 2-39] 환경 변수 설정 화면

[그림 2-39]와 같이 환경 변수 설정 화면이 표시되면 상단의 사용자 변수 섹션에 있는
새로 만들기 버튼을 누른다. 새로 만들기 버튼을 누르면 새 사용자 변수 추가 화면이
[그림 2-39]와 같이 표시된다.

새 사용자 변수 화면에서 변수 이름을 ANDROID_HOME으로, 변수값에는 자신이 설
치한 안드로이드 SDK의 위치를 입력한다. SDK의 위치를 잘 모르는 경우, 안드로이
드 스튜디오를 실행하고 오른쪽 하단의 Configure > SDK Manager를 선택하면 [그림
2-34]와 같은 화면을 볼 수 있다. 상단의 Android SDK Location에서 확인할 수 있다.
이 위치를 변수값에 할당하고 확인 버튼을 누른다.

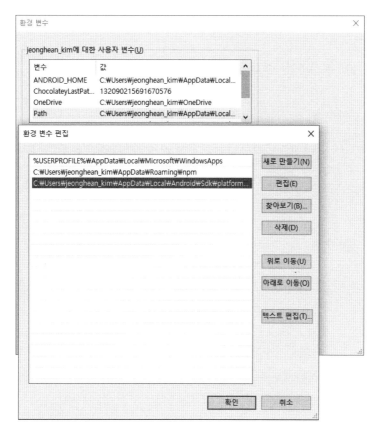

[그림 2-40] 환경 변수 편집

ANDROID_HOME의 환경 변수 설정이 끝났다면, 이제 안드로이드 스튜디오의 플랫폼 툴(Platform tools)의 위치를 설정한다.

사용자 변수 리스트에서 [그림 2-40]과 같이 Path를 선택하여 환경 변수 편집 화면으로 이동한다. 환경 변수 편집 화면 하단에 C:\Users\[사용자 이름]\AppData\Local\Android\Sdk\platform-tools와 같이 SDK가 설치된 폴더의 하위 폴더인 platform-tools를 설정한다.

이렇게 환경 변수를 설정하였다면, [명령 프롬프트]를 열고 다음 명령어를 실행해 본다.

```
adb
```

환경 변수가 잘 설정되었다면 다음과 같은 결과를 확인할 수 있다.

```
Android Debug Bridge version 1.0.41
Version 29.0.1-5644136
Installed as /Users/jeonghean_kim/Library/Android/sdk/platform-tools/adb
```

▸▸2.3 요약

이로써 맥과 윈도우에서 리액트 네이티브를 개발하기 위한 개발 환경 설정에 대해서 알아보았다.

안드로이드 앱뿐만 아니라 iOS 모바일 앱까지 개발, 배포하기 위해서는 맥이 반드시 필요하다. 이 책에서는 iOS와 안드로이드를 동시에 설명하기 위해 맥 OS를 기준으로 설명한다. 하지만 리액트 네이티브는 크로스 플랫폼으로 이 책에서 소개하는 소스코드는 맥과 윈도우 관계없이 모두 사용이 가능하다. 따라서 맥 OS가 아닌 분들도 이 책을 보면서 문제 없이 따라 할 수 있다.

iOS 모바일 앱 개발을 위해서는 Xcode라는 툴을 사용하여 오브젝티브-C 또는 스위프트로 개발하고 빌드, 배포하게 된다. 안드로이드 모바일 앱 역시 안드로이드 스튜디오라는 툴을 사용하여 자바 또는 코틀린으로 개발하게 된다. 리액트 네이티브는 자바스크립트이므로 Xcode, 안드로이드 스튜디오가 아닌 보통의 텍스트 에디터로도 개발이 가능하다. 즉, 자바스크립트 개발에 많이 사용되는 아톰(Atom)이나 비주얼 스튜디오 코드(VSCode, Visual Studio Code) 등으로 개발이 가능하다.

이 책에서는 비주얼 스튜디오 코드를 사용하고 있다. 하지만 여러분이 꼭 비주얼 스튜디오 코드를 사용해야 하는 것은 아니므로 기존에 사용하는 텍스트 에디터 또는

IDE(Integrated Development Environment, 통합 개발 환경)를 사용하길 바란다. 만약 사용하는 개발 툴이 없다면, 비주얼 스튜디오 코드를 사용해보는 것을 권장한다.

CHAPTER **3**

나의 첫 리액트 네이티브 앱

CHAPTER **3**

나의 첫 리액트 네이티브 앱

이번 장에서는 앞에서 설치한 리액트 네이티브 CLI를 사용하여 리액트 네이티브 앱을 생성해 본다. 또한 이 앱을 통해 리액트 네이티브의 컴포넌트(Component)와 스타일링 등 리액트 네이티브로 앱을 개발할 때 필요한 기초를 배워본다.

▶▶3.1 나의 첫 리액트 네이티브 앱

2장에서 우리는 리액트 네이티브 CLI를 사용하여 리액트 네이티브 앱을 개발할 준비를 했다. 이제 리액트 네이티브 CLI 명령어를 통해 리액트 네이티브 앱을 생성해 보고, 그 구조를 파악해 보자.

여기서 소개하는 소스코드는 아래의 깃헙 저장소에서 확인할 수 있다.

- 깃헙: https://github.com/bjpublic/Reactnative

> | 참고 |　예제 소스를 실행하기 위해서는 예제소스 폴더에서 npm install을 실행하여 필요한 라이브러리를 다운로드 받아야 한다. 또한 iOS인 경우는 cd ios로 iOS 폴더에 이동한 후, pod install로 iOS에 필요한 라이브러리를 설치해야 한다. 안드로이드 같은 경우 추가적인 라이브러리를 설치할 필요는 없다. 다만, 프로젝트가 잘 실행이 되지 않는다면, 안드로이드 스튜디오를 열고

android 폴더를 불러온 다음, 오른쪽 상단에 실행 버튼으로 한번 실행해 본다. 한번 실행이 잘 끝나면 npm run android 명령어로 앱을 실행시킬 수 있다.

1) 리액트 네이티브 프로젝트 생성

리액트 네이티브는 버전이 업데이트될 때, 문제를 일으킬 가능성이 있으므로, 리액트 네이티브로 프로젝트를 진행할 때는 버전을 고정하고 사용하기를 권장한다.

노드 패키지 매니저를 통해 설치하는 라이브러리, 모듈들의 버전을 고정하기 위해 다음의 명령어를 [터미널] 또는 [cmd]에서 실행한다.

```
npm config set save-exact=true
```

이제 리액트 네이티브 CLI를 사용하여 리액트 네이티브 프로젝트를 생성하기 위해 아래 명령어를 실행한다.

```
react-native init FirstApp
```

이 명령어를 실행하면 최신 리액트 네이티브 버전으로 프로젝트가 생성된다. 하지만, 이전 버전의 리액트 네이티브를 사용하고 싶거나, 이전에 만들었던, 리액트 네이티브 프로젝트와 동일한 버전으로 프로젝트를 생성하고 싶은 경우, 아래 명령어를 사용하여 특정 버전으로 리액트 네이티브 프로젝트를 생성할 수 있다.

```
react-native init -version 0.59.10 FirstApp
```

프로젝트 생성이 완료되었다면 아래 명령어로 iOS 시뮬레이터(Simulator)를 실행해 본다.

```
cd FirstApp
npm run ios
```

iOS용 빌드가 완료되고 시뮬레이터가 실행되면 [그림 3-1]과 같은 화면을 확인할 수 있다.

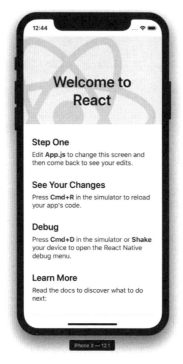

[그림 3-1] iOS 시뮬레이터

안드로이드에서 실행하고 싶은 경우 에뮬레이터(Emulator)를 실행하거나 안드로이드 단말기를 USB로 연결한 후 다음 명령어를 실행한다.

| 참고 | 안드로이드 단말기로 개발할 경우 개발자 모드 활성화와 USB 디버깅을 허용해야 한다.
이 부분에 대해서 잘 모르는 분은 11장 안드로이드 애플리케이션 배포하기를 참고하길 바란다.

```
npm run android
```

안드로이드용 빌드가 완료되면 [그림 3-2]와 같은 에뮬레이터 화면을 확인할 수 있다.

[그림 3-2] 안드로이드 에뮬레이터

성능이 좋은 컴퓨터가 아니라면, 안드로이드로 개발을 진행할 때는, 에뮬레이터보다는 실제 디바이스(Device)를 연결하여 사용하기를 권장한다.

| 참고 | npm run android 명령어를 실행하였을 때, 에러가 발생하는 경우, 안드로이드 스튜디오를 열고 프로젝트 폴더 하위의 android 폴더를 불러온 후, 오른쪽 상단에 실행 버튼을 눌러 프로젝트를 실행한다.

npm run ios 또는 npm run android 명령어를 실행하여 프로젝트를 실행하였을 때, [그림 3-3]과 같이 "No Bundle URL present." 에러 화면이 나올 때가 있다. 리액트 네이티브는 자바스크립트 소스코드를 빌드할 때, 노드 서버를 사용하는데, 노드 서버가 기동되기 전에 iOS 또는 안드로이드가 실행되어 발생하는 에러이다.

당황하지 말고, [3-3]과 같이 노드 서버가 기동된 후, 시뮬레이터(에뮬레이터) 하단의
"Reload" 버튼을 눌러 프로젝트를 다시 불러오면 해결된다.

[그림 3-3] 프로젝트 실행 에러

2) 폴더 및 파일

리액트 네이티브 CLI로 프로젝트를 생성하면 [그림 3-3]과 같은 파일, 폴더 구조를 확인
할 수 있다. 여기에서는 주로 사용되는 파일, 폴더만을 간단하게 살펴보도록 하겠다.

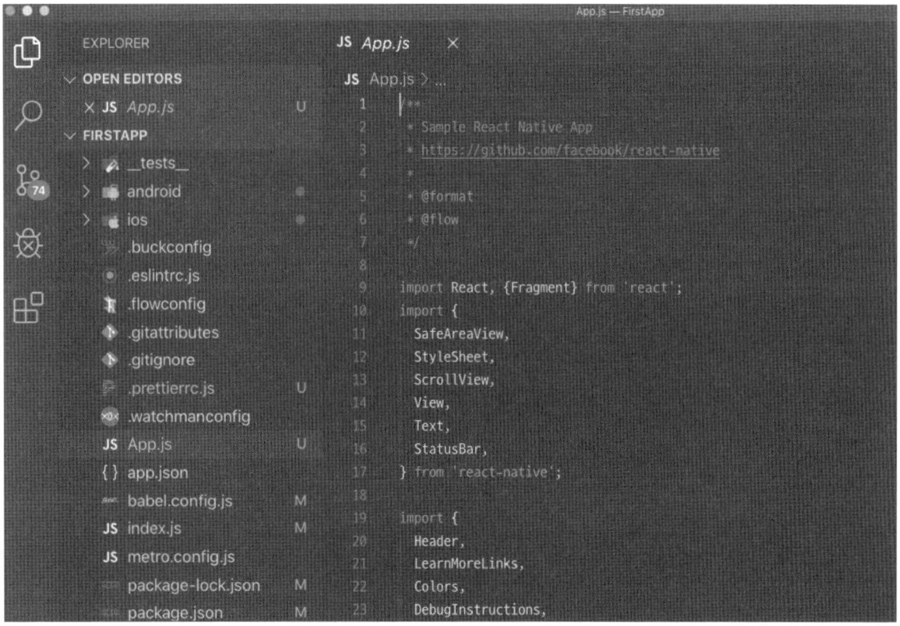

[그림 3-4] 리액트 네이티브 폴더 및 파일 구조

- ./index.js: 리액트 네이티브 프로젝트의 시작 파일이다. 이 파일을 시작으로 리액트 네이티브의 자바스크립트 코드가 번들링(Bundling)된다.

- ./App.js: [그림 3-1], [그림 3-2]에서 표시된 화면에 내용이 들어 있는 파일이다.

- ./android: 안드로이드 프로젝트가 담겨 있는 폴더이다.

- ./android/app/build.gradle: 안드로이드 앱을 빌드, 배포할 때 사용하는 파일이다.

- ./android/app/src/main/java/com/firstapp/MainActivity.java, MainApplication.java: 안드로이드 앱의 메인 파일이다.

- ./android/app/src/res/: 안드로이드 앱의 아이콘 또는 시작 화면(Launch Screen) 등의 리소스를 관리하는 폴더이다.

- ./ios: iOS 프로젝트가 담겨 있는 폴더이다.

- ./ios/FirstApp/AppDelegate.h, AppDelegate.m: iOS 앱의 메인 파일들이다.
- ./ios/FirstApp/Info.plist: iOS 프로젝트의 설정 파일이다.
- ./ios/FirstApp. xcworkspace: iOS의 프로젝트를 Xcode로 시작하기 위한 파일이다.
- ./ios/FirstApp/Podfile: iOS에서는 코코아포드라는 의존성 관리자 (Dependency Manager)를 사용하여 라이브러리를 관리한다. 오브젝티브-C, 스위프트에서 npm과 같은 역할을 한다. npm에서는 package.json를 사용하여 의존성을 관리하듯이 코코아포드에서는 Podfile을 사용하여 의존성을 관리한다.

여기서 소개한 파일, 폴더가 리액트 네이티브로 프로젝트를 진행할 때, 자주 수정하게 될 파일, 폴더들이다. 대부분은 자바스크립트 파일만을 만들고, 수정하지만, 네이티브 앱을 빌드, 배포할 때 또는 네이티브 기능을 가진 라이브러리와 연동할 때는 네이티브의 파일, 폴더들을 다루게 될 것이다.

3) 리액트 네이티브 컴포넌트

이제 리액트 네이티브의 자바스크립트 코드를 분석하여, 리액트 네이티브의 구조와 컴포넌트를 이해해 보자.

index.js를 열면 아래와 같은 소스코드 내용을 확인할 수 있다.

```
import {AppRegistry} from 'react-native';
import App from './App';
import {name as appName} from './app.json';

AppRegistry.registerComponent(appName, () => App);
```

리액트 네이티브는 AppRegistry.registerComponent를 사용하여 네이티브 브릿지에서 사용할 모듈을 지정한다. registerComponent 함수의 첫 번째 매개변수 (appName)의 모듈 이름을 지정하며 두 번째 매개변수에 처음으로 렌더링(화면에 표시)될 컴포넌트를 지정한다. appName은 기본적으로 프로젝트를 생성할 때 자동으로 생성, 연결되므로 크게 신경 쓰지 않아도 된다.

그럼 이제 첫 번째로 렌더링 되는 컴포넌트인 App.js을 자세히 살펴보도록 하자. App.js 파일을 열면 아래와 같은 소스코드를 확인할 수 있다.

```
import React, {Fragment} from 'react';
```

리액트 네이티브는 리액트에서 파생되었다. 따라서 리액트를 사용하기 위해 React를 불러올 필요가 있다. Fragment에 대해서는 뒤에서 자세히 설명하도록 하겠다.

```
import {
  SafeAreaView,
  StyleSheet,
  ScrollView,
  View,
  Text,
  StatusBar
} from 'react-native';
```

리액트는 HTML 태그를 사용하여 화면을 표시한다. 하지만 리액트 네이티브는 리액트와 다르게 HTML 태그를 사용하여 화면을 표시할 수 없다. 리액트 네이티브에서는 HTML 태그 대신 리액트 네이티브에서 정한 특별한 태그(컴포넌트)만 사용할 수 있다.

SafeAreaView는 아이폰X와 같은 노치 디자인(Notch Design)에서 상단에 상태 바 (Status Bar)와 하단에 홈 버튼의 영역을 제외한 영역에 콘텐츠를 표시할 때 사용하는 컴포넌트이다.

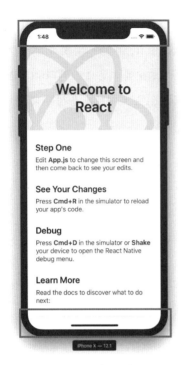 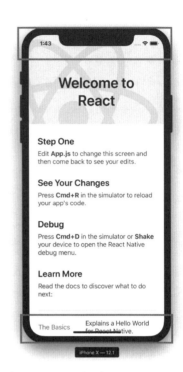

[그림 3-5] 왼쪽 SafeAreaView 컴포넌트, 오른쪽 View 컴포넌트

SafeAreaView를 사용하면 [그림 3-5]의 왼쪽과 같이 상태 바와 홈 버튼 영역에는 콘텐츠가 표시되지 않는다. 하지만 일반적으로 화면을 표시하기 위해 View 컴포넌트를 사용하면 [그림3-4]의 오른쪽과 같이 상태 바와 홈 버튼 영역까지 콘텐츠가 표시된다. 개발할 앱의 콘셉트에 따라 SafeAreaView를 사용할지 View를 사용할지 결정하여 사용하면 된다.

StyleSheet는 리액트 네이티브의 컴포넌트(태그)에 스타일을 적용할 때 사용한다. 리액트 네이티브에서 스타일을 적용하기 위해서는 인라인 스타일과 StyleSheet을 사용하는 방법이 있다. 스타일 적용에 관해서는 뒤에서 다시 자세히 다루도록 하겠다.

ScrollView는 화면 스크롤이 가능한 컴포넌트이다. 리액트 네이티브에서는 화면 스크롤이 가능한 컴포넌트로 FlatList, ScrollView, SectionList 등을 제공하고 있다. 스크롤 컴포넌트에 관해서는 예제를 통해 더욱 자세히 다루도록 하겠다.

리액트 네이티브에서는 View 컴포넌트를 사용하여 전체적인 레이아웃을 잡는다. 그리고 글자를 표시하기 위해서는 반드시 Text 컴포넌트를 사용해야 한다.

StatusBar는 화면에 표시되는 컴포넌트는 아니다. 상단에 있는 상태 바를 숨기거나, 색깔을 변경하는데 사용된다.

```
import {
  Header,
  LearnMoreLinks,
  Colors,
  DebugInstructions,
  ReloadInstructions,
} from 'react-native/Libraries/NewAppScreen';
```

리액트 네이티브가 0.60으로 업데이트 되면서 첫 시작 화면의 디자인이 변경되었다. react-native/Libraries/NewAppScreen은 새롭게 추가된 시작 화면에 대한 컴포넌트들이다. 이는 실제 개발에서는 사용하지 않으므로 무시해도 좋다.

```
const App = () => {
  return (
    <Fragment>
      <StatusBar barStyle="dark-content" />
      <SafeAreaView>
        <ScrollView
          contentInsetAdjustmentBehavior="automatic"
          style={styles.scrollView}>
          <Header />
          <View style={styles.body}>
            <View style={styles.sectionContainer}>
              <Text style={styles.sectionTitle}>Step One</Text>
              <Text style={styles.sectionDescription}>
                Edit <Text style={styles.highlight}>App.js</Text> to
                change this
                screen and then come back to see your edits.
              </Text>
```

```
            </View>
            <View style={styles.sectionContainer}>
              <Text style={styles.sectionTitle}>See Your Changes</Text>
              <Text style={styles.sectionDescription}>
                <ReloadInstructions />
              </Text>
            </View>
            <View style={styles.sectionContainer}>
              <Text style={styles.sectionTitle}>Debug</Text>
              <Text style={styles.sectionDescription}>
                <DebugInstructions />
              </Text>
            </View>
            <View style={styles.sectionContainer}>
              <Text style={styles.sectionTitle}>Learn More</Text>
              <Text style={styles.sectionDescription}>
                Read the docs to discover what to do next:
              </Text>
            </View>
            <LearnMoreLinks />
          </View>
        </ScrollView>
      </SafeAreaView>
    </Fragment>
  );
};
```

리액트 네이티브 0.60 버전부터 클래스 컴포넌트(Class Component)가 아닌 함수형 컴포넌트(Funtional Component)를 기본으로 사용한다. 클래스 컴포넌트와 함수형 컴포넌트에 관해서는 뒤의 예제에서 자세히 다루도록 하겠다.

리액트 네이티브 프로젝트를 생성할 때, 아래와 같이 리액트 네이티브의 버전을 명시하면 클래스 컴포넌트를 확인할 수 있다. 이 책에서는 0.60에서 표준으로 채택된 함수형 컴포넌트를 기준으로 설명하겠다.

```
react-native init -version 0.59.10 FirstApp
```

리액트 네이티브는 리액트 네이티브 컴포넌트를 반환(Retrun)하는 함수로 구성된다. 이때 반환하는 컴포넌트는 하나의 노드로 구성된다. 즉, 아래와 같이 하나의 노드가 아닌 여러 노드로 된 컴포넌트를 반환하는 것은 불가능하다.

```
const App = () => {
  return (
    <View></View>
    <View></View>
  );
};
```

하지만 이런 패턴이 많이 사용되면서 이 문제를 해결하고자 Fragment 기능이 추가되었다. Fragment는 실제로 렌더링(화면에 표시)은 되지 않지만 이런 복수 노드를 반환할 수 있도록 도와준다. 예제와 같이 Fragment 컴포넌트를 사용하면 에러 없이 복수 노드의 컴포넌트를 반환할 수 있다.

```
const App = () => {
  return (
    <Fragment>
      <View></View>
      <View></View>
    </Fragment>
  );
};
```

이와 같이 Fragment를 불러오고(Import) 반환하고자 하는 복수 노드의 컴포넌트를 감싸서 문제를 해결할 수 있다. 하지만, Fragment를 불러오지 않고 아래와 같이 Fragment의 단축 문법을 사용하여 문제를 해결할 수 있다.

```
const App = () => {
  return (
    <>
```

```
    <View></View>
    <View></View>
  </>
 );
};
```

리액트 네이티브에서의 화면 디자인은 HTML에서 인라인 스타일(Inline Style)과 유사한 형태를 띤다. 스타일에 대해서는 뒤에서 좀 더 자세히 살펴보도록 하겠다.

```
const App = () => {
  return (
    <View style={styles.container}>
      <Text style={styles.label}>This is a sample text.</Text>
    </View>
  );
};
```

이것으로 리액트 네이티브의 컴포넌트를 간략하게 살펴보았다. 리액트 네이티브에는 View, Text 컴포넌트 이외에도 Image, TextInput, Button, TouchableHighlight, Picker, Slider, Switch, FlatList, SectionList 등이 있다. 이 책에서는 되도록 많은 컴포넌트를 다룰 예정이지만, 이 책에서 다루지 못한 컴포넌트는 리액트 네이티브 공식 사이트를 참고하여 사용하는 방법을 확인하자.

- 리액트 네이티브 컴포넌트: https://facebook.github.io/react-native/docs/components-and-apis.html

4) 스타일링

리액트 네이티브에서 스타일을 사용하는 방법은 크게 두 가지가 있다. 앞에서 본 예제와 같이 StyleSheet.create 함수를 사용하여 스타일 객체를 만든 후, 스타일을 적용하고 싶은 부분에서 <View style={styles.container}>와 같이 스타일 객체를 할당하는 방법과 StyleSheet를 사용하지 않고 직접 스타일 객체를 인라인으로 넣는 방법이 있다. 앞에서 본 예제를 StyleSheet를 사용하지 않고 작성하면 아래와 같다.

```
const App = () => {
  return (
    <Fragment>
      <StatusBar barStyle="dark-content" />
      <SafeAreaView>
        <ScrollView
          contentInsetAdjustmentBehavior="automatic"
          style={{ backgroundColor: Colors.lighter }}>
          <Header />
          <View style={{ backgroundColor: Colors.white }}>
            <View
              style={{
                marginTop: 32,
                paddingHorizontal: 24,
              }}>
              <Text
                style={{
                  fontSize: 24,
                  fontWeight: '600',
                  color: Colors.black,
                }}>
                Step One
              </Text>
              <Text
                style={{
                  marginTop: 8,
                  fontSize: 18,
                  fontWeight: '400',
                  color: Colors.dark,
                }}>
                Edit{' '}
                <Text
                  style={{
                    fontWeight: '700',
                  }}>
```

```
                    App.js
            </Text>{' '}
            to change this screen and then come back to see your edits.
          </Text>
        </View>
        <View
          style={{
            marginTop: 32,
            paddingHorizontal: 24,
          }}>
          <Text
            style={{
              fontSize: 24,
              fontWeight: '600',
              color: Colors.black,
            }}>
            See Your Changes
          </Text>
          <Text
            style={{
              marginTop: 8,
              fontSize: 18,
              fontWeight: '400',
              color: Colors.dark,
            }}>
            <ReloadInstructions />
          </Text>
        </View>
        <View
          style={{
            marginTop: 32,
            paddingHorizontal: 24,
          }}>
          <Text
            style={{
              fontSize: 24,
              fontWeight: '600',
              color: Colors.black,
            }}>
```

```
          Debug
        </Text>
        <Text
          style={{
            marginTop: 8,
            fontSize: 18,
            fontWeight: '400',
            color: Colors.dark,
          }}>
          <DebugInstructions />
        </Text>
      </View>
      <View
        style={{
          marginTop: 32,
          paddingHorizontal: 24,
        }}>
        <Text
          style={{
            fontSize: 24,
            fontWeight: '600',
            color: Colors.black,
          }}>
          Learn More
        </Text>
        <Text
          style={{
            marginTop: 8,
            fontSize: 18,
            fontWeight: '400',
            color: Colors.dark,
          }}>
          Read the docs to discover what to do next:
        </Text>
      </View>
      <LearnMoreLinks />
    </View>
  </ScrollView>
</SafeAreaView>
```

```
    </Fragment>
  );
};
```

StyleSheet를 사용하면 이와 같이 반복되는 스타일을 관리할 수 있다. 하지만
StyleSheet를 사용하지 않아도 인라인 스타일로도 충분히 스타일링을 할 수 있다. 인
라인 스타일을 사용하면 컴포넌트 함수에서 변수값을 확인하고 동적으로 스타일을 적
용한다.

```
<Text style={{color: error ? 'red' : 'blue'}}>Test</Text>
```

리액트 네이티브 컴포넌트에 적용된 스타일은 웹 개발의 CSS와 유사한 문법을 사용
한다. 리액트 네이티브에서는 CSS에서 사용하는 거의 모든 요소를 사용할 수 있다. 하
지만, 리액트 네이티브에서의 스타일은 스타일 객체(자바스크립트 객체)이므로, CSS
에서 사용되는 요소를 카멜 표기법(Camel Case)을 사용해서 표기한다.

▸▸3.2 추가 라이브러리

여기에서는 리액트 네이티브로 개발할 시 도움이 되는 몇 가지 라이브러리를 소개하
려 한다. 이 추가적인 라이브러리는 필수가 아니지만, 리액트 네이티브를 개발할 때 큰
도움이 된다. 이 책에서는 추가적인 라이브러리가 적용된 상태에서 예제들을 진행할
예정이다.

1) 타입스크립트

리액트 네이티브는 자바스크립트이며, 자바스크립트는 동적 프로그래밍 언어
(Dynamic Programming Language)이다. 동적 프로그래밍 언어는 런타임 시 변수

의 타입이 결정된다. 이렇게 런타임 중 변수의 타입이 결정되면 변수의 타입 때문에 발생하는 버그와 에러는 자바스크립트를 실행해야 안다. 이런 문제를 해결하고자, 리액트, 리액트 네이티브에서는 플로우(Flow)라는 정적 타입 분석기를 기본적으로 사용한다.

플로우는 페이스북에서 만든 정적 타입 분석기로서, 리액트, 리액트 네이티브에서 변수에 타입을 미리 지정하여, 변수의 타입으로 발생하는 문제를 해결했다.

하지만 이 책에서는 정적 타입 분석기로 마이크로소프트(Microsoft)의 타입스크립트(Typescript)를 사용하려고 한다. 타입스크립트를 설명하기 위해서는 책 한 권은 필요하다. 이 책에서는 타입스크립트를 타입 체크에 사용하여 간단하게 타입스크립트를 도입하고자 한다. 타입스크립트에 대해 더 자세히 공부하고 싶다면 타입스크립트의 공식 사이트를 참고하기 바란다.

- 타입스크립트: https://www.typescriptlang.org/

이 책에서 플로우보다 타입스크립트를 권장하는 이유는, 타입스크립트는 자바스크립트 전반에 걸쳐 사용할 수 있기 때문이다. 따라서 플로우보다 좀 더 범용적으로 사용할 수 있다. 또한 많은 자바스크립트 라이브러리에서 이미 타입스크립트의 타입 정의 파일(DefinitelyTyped)을 제공한다. 우리는 타입 정의 파일을 통해 라이브러리를 사용하기 위한 올바른 데이터 타입, 매개변수를 쉽게 확인할 수 있다.

마지막으로, 텍스트 에디터에서의 지원이 좋다. 특히 마이크로소프트가 만든 VSCode 에디터는 기본적으로 타입스크립트를 지원하며, 개발 생산성에 크게 도움이 된다. 물론 아톰, WebStorm, Sublime Text 등 많은 에디터에서도 사용이 가능하다. 타입스크립트의 공식 사이트를 확인하여 자신의 에디터에 맞는 방법으로 에디터를 설정하길 바란다.

- 타입스크립트 에디터: https://github.com/Microsoft/TypeScript/wiki/TypeScript-Editor-Support

타입스크립트를 리액트 네이티브에 적용하기 위해서는 타입스크립트 라이브러리와 리액트 네이티브의 타입이 정의된 타입 정의 파일을 설치할 필요가 있다. 다음 명령어를 사용하여 타입스크립트와 타입 정의 파일을 설치한다.

```
npm install typescript @types/react @types/react-native --save-dev
```

- typescript: 타입스크립트 라이브러리
- @types/react: 리액트의 타입이 정의된 파일 정의 파일
- @types/react-native 리액트 네이티브의 타입이 정의된 파일 정의 파일

타입스크립트를 설정하기 위해 "tsconfig.json" 파일을 프로젝트 루트 폴더("./FirstApp/tsconfig.json")에 만들고 다음 내용을 추가한다.

```
{
  "compilerOptions": {
    "allowJs": true,
    "allowSyntheticDefaultImports": true,
    "esModuleInterop": true,
    "isolatedModules": true,
    "jsx": "react",
    "lib": ["es6"],
    "moduleResolution": "node",
    "noEmit": true,
    "strict": true,
    "target": "esnext"
  },
  "exclude": ["node_modules", "babel.config.js", "metro.config.js",
  "jest.config.js"]
}
```

이런 설정 과정이 번거롭다면, 리액트 네이티브 CLI 명령어를 사용하여, 타입스크립트용 리액트 네이티브 프로젝트를 생성할 수 있다.

```
react-native init FirstApp --template typescript
```

이렇게 타입스크립트 사용이 준비되었다면, 이제 리액트 네이티브를 타입스크립트 형식으로 코딩할 필요가 있다. App.js를 App.tsx로 변경하고 아래와 같이 수정한다.

```
...
interface Props {}
...
const App: () => React$Node = () => {
const App = ({}: Props) => {
  ...
};
...
```

리액트 네이티브에서 타입스크립트를 사용하는 방법에 대해서는 추후 공부할 예제를 통해 살펴보겠다.

2) Styled Components

리액트 네이티브의 스타일을 적용하는 방법으로 인라인과 StyleSheet를 사용하는 방법에 대해서 소개하였다. 이 책에서는 리액트 네이티브의 스타일을 적용하는 또 다른 방법인 Styled Components를 소개하려고 한다. Styled Components는 리액트와 리액트 네이티브의 스타일링 적용을 도와주는 오픈소스 라이브러리이다.

- Styled Components: https://www.styled-components.com/

이 책에서는 주로 Styled Components를 활용하여 스타일링을 할 예정이다. Styled Components 사용을 추천하는 이유는 다음과 같다.

첫째, 리액트와 리액트 네이티브에 동일한 스타일 코드를 적용할 수 있다.

둘째, 리액트 네이티브에서 스타일은 오브젝트 형식을 사용한다. 따라서 text-align을 textAlign으로 사용한다. 하지만 Styled Components를 사용하면 웹과 동일한 text-align 형식으로 사용할 수 있다.

셋째, 동적으로 변경하는 스타일을 관리하기 쉽게 해준다. Styled Components는 자체적으로 Props를 사용할 수 있으므로, 동적으로 변경해야 하는 스타일을 좀 더 잘 관리할 수 있다. Props에 관해서는 뒤의 예제에서 자세히 다루도록 하겠다.

하지만 장점이 있으면 단점도 있는 법이다. 단점으로는 빌드 후 배포할 때 파일 용량이 커진다는 점과 Styled Components에 적용되어 StyledSheet로 제작된 컴포넌트와 라이브러리, 예제 등을 제대로 이해가 안 되는 경우가 발생할 수 있다.

Styled Components를 사용하기 위해서는 라이브러리 설치가 필요하다. 다음 명령어로 Styled Components를 설치한다.

```
npm install --save styled-components
npm install --save-dev @types/styled-components
```

- styled-components: Styled Components 라이브러리
- @types/styled-components: 타입스크립트를 위한 Styled Components의 타입 정의 파일

설치가 완료되면 앞에서 만든 기본 리액트 네이티브 컴포넌트를 Styled Components를 활용하여 작성해 보자.

```
import React, { Fragment } from 'react';
import { StatusBar, SafeAreaView } from 'react-native';

import {
  Header,
  LearnMoreLinks,
```

```
  Colors,
  DebugInstructions,
  ReloadInstructions,
} from 'react-native/Libraries/NewAppScreen';

import Styled from 'styled-components/native';

const ScrollView = Styled.ScrollView`
  background-color: ${Colors.lighter};
`;

const Body = Styled.View`
  background-color: ${Colors.white};
`;

const SectionContainer = Styled.View`
  margin-top: 32px;
  padding-horizontal: 24px;
`;

const SectionDescription = Styled.Text`
  margin-top: 8px;
  font-size: 18px;
  font-weight: 400;
  color: ${Colors.dark};
`;

const HighLight = Styled.Text`
  font-weight: 700;
`;

interface Props {}

const App = ({ }: Props) => {
  return (
    <Fragment>
      <StatusBar barStyle="dark-content" />
      <SafeAreaView>
        <ScrollView contentInsetAdjustmentBehavior="automatic">
```

```
            <Header />
            <Body>
              <SectionContainer>
                <SectionDescription>Step One</SectionDescription>
                <SectionDescription>
                  Edit <HighLight>App.js</HighLight> to change this screen and
                  then come back to see your edits.
                </SectionDescription>
              </SectionContainer>
              <SectionContainer>
                <SectionDescription>See Your Changes</SectionDescription>
                <SectionDescription>
                  <ReloadInstructions />
                </SectionDescription>
              </SectionContainer>
              <SectionContainer>
                <SectionDescription>Debug</SectionDescription>
                <SectionDescription>
                  <DebugInstructions />
                </SectionDescription>
              </SectionContainer>
              <SectionContainer>
                <SectionDescription>Learn More</SectionDescription>
                <SectionDescription>
                  Read the docs to discover what to do next:
                </SectionDescription>
              </SectionContainer>
              <LearnMoreLinks />
            </Body>
          </ScrollView>
        </SafeAreaView>
      </Fragment>
  );
};
export default App;
```

Styled Components를 사용함으로써, 리액트 네이티브의 컴포넌트를 추가(import) 할 필요가 없어졌다. 그 대신 import Styled from 'styled-components/native';로

Styled Components를 추가했다.

Styled Components를 사용할 때는 Styled.View 또는 Styled.Text와 같이 Styled Components가 제공하는 컴포넌트를 사용한다.(리액트 네이티브가 제공하는 모든 컴포넌트를 제공한다.) 또한 자바스크립트의 멀티 라인 텍스트 기호(`)를 사용하여 해당 컴포넌트의 스타일링을 웹의 CSS 스타일 형식으로 작성하면 된다.

3) 절대 경로로 컴포넌트 추가

마지막으로 소개할 라이브러리는 "babel-plugin-root-import"이다. 리액트 네이티브는 컴포넌트를 추가할 때, 상대 경로를 이용한다.(import Button from '../../../Buttton') 이와 같이 상대 경로를 이용하면 경로가 길어지고 알기 어려워지는 문제점이 있다.

babel-plugin-root-import와 타입스크립트의 설정을 사용하면, 필요한 컴포넌트를 추가할 때 상대 경로가 아닌 절대 경로(import Button from '~/Buttton')를 사용할 수 있다.

babel-plugin-root-import를 사용하기 위해 다음 명령어로 라이브러리를 설치한다.

```
npm install --save-dev babel-plugin-root-import
```

라이브러리가 설치되었다면 babel.config.js 파일을 열고 다음과 같이 수정한다.

```
module.exports = {
  presets: ['module:metro-react-native-babel-preset'],
  plugins: [
    [
      'babel-plugin-root-import',
      {
        rootPathPrefix: '~',
```

```
      rootPathSuffix: 'src',
    },
  ],
 ],
};
```

그리고 타입스크립트의 설정에도 절대 경로 설정을 적용하기 위해 tsconfig.json을 열고 다음과 같이 수정한다.

```
{
  "compilerOptions": {
    ...
    "baseUrl": "./src",
    "paths": {
      "~/*": ["*"]
    }
  },
  "exclude": [
    ...
  ]
}
```

babel-plugin-root-import와 tsconfig.json을 수정하였다면, 이제 src 폴더를 생성하고 App.tsx를 해당 폴더로 이동시킨다. 파일을 이동시킨 후 index.js 파일을 열고 다음과 같이 수정한다.

```
...
import App from './App';
import App from '~/App';
...
```

앞에서 설정한 내용을 보면 알 수 있듯이 ~ 기호를 src 폴더와 매핑(Mapping) 시켰다. 앞으로 제작할 모든 앱에 소스코드는 src 폴더에서 관리할 예정이기 때문에 이와 같이 설정했다. 이제는 컴포넌트를 추가할 때, 상대 경로("../../Component")가 아닌 절대 경로("~/Component")를 사용할 수 있다.

▶▶3.3 개발자 메뉴

리액트 네이티브는 자바스크립트로 개발하게 되므로, 웹 개발과 매우 유사하다. 여기에서는 리액트 네이티브의 개발자 메뉴를 통해 자바스크립트를 디버깅(Debugging)하는 방법과 패스트 리프레쉬(Fast Refresh)에 관해서 살펴보기로 하겠다.

iOS 시뮬레이터에서 개발자 메뉴를 표시하기 위해서는 키보드의 "Cmd + D (⌘ + D)"를 누르면 [그림 3-6]과 같이 개발자 메뉴를 확인할 수 있다.

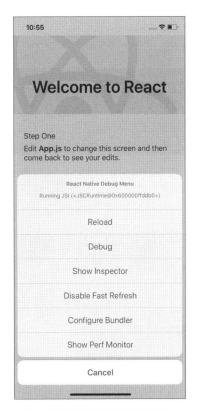

[그림 3-6] iOS 시뮬레이터 개발자 메뉴

안드로이드의 경우, 맥에서는 "Cmd + M (⌘ + M)"을 입력하면, 윈도우즈에서는 "Ctrl + M"을 입력하면 개발자 메뉴를 확인할 수 있다.

[그림 3-7] 안드로이드 에뮬레이터 개발자 메뉴

iOS와 안드로이드를 실제 단말기에서 테스트할 경우, 단말기 흔들기 이벤트(Shake Gesture)로 개발자 메뉴를 실행할 수 있다. 이 개발자 메뉴는 당연한 이야기이지만 개발할 때만, 활성화되며 앱을 배포하면 사용할 수 없다.

1) 자바스크립트 디버깅

리액트 네이티브는 자바스크립트로 개발하기 때문에, 네이티브 앱 개발과는 달리 Xcode나 안드로이드 스튜디오로 디버깅을 할 수 없다.(자바스크립트 개발이므로

Xcode나 안드로이드 스튜디오로 개발할 필요도 없다.) 리액트 네이티브에서는 개발자 메뉴의 Debug 메뉴를 사용하여 자바스크립트를 디버깅한다.

Debug 메뉴를 선택하면 [그림 3-7]과 같이 웹 브라우저가 열리면서 자바스크립트를 디버깅할 수 있다.

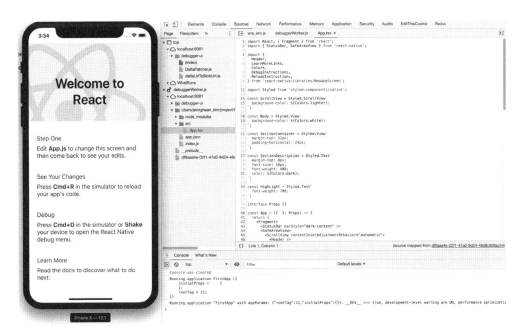

[그림 3-8] 리액트 네이티브 디버깅

리액트 네이티브의 자바스크립트 디버깅은, 웹 브라우저에서는 자바스크립트를 디버깅하는 것과 동일하다. console.log를 사용하여 웹 브라우저 콘솔에 내용을 출력할 수 있으며, 소스(Sources)에서 중단점(Breakpoint) 또는 소스코드의 debbuger;를 추가하여 자바스크립트를 디버깅할 수 있다.

2) 패스트 리프레쉬

리액트 네이티브는 리액트에서 파생되었기 때문에 리액트 개발과 유사하다. 따라서 리액트 네이티브에서도 리액트에서 지원하는 핫 리로딩(Hot Reloading)을 사용할 수 있다.

리액트 네이티브에서는 패스트 리프레시(Fast Refresh) 라는 명칭으로 핫 리로딩 기능이 구현되어 있다. 이 기능을 사용하기 위해 특별한 설정을 할 필요는 없다. 소스 코드를 수정하고 파일을 저장하면 [그림 3-9]와 같이 소스코드가 자동으로 적용되는 것을 확인할 수 있다.

패스트 리프레시로 소스코드가 자동적으로 적용되지만, 수동으로 다시 리로딩을 하고 싶은 경우가 생길 수 있다. 이 경우에는 iOS는 "Cmd + R (⌘ + R)"을 안드로이드에서는 "R"키를 연속해서 두 번 눌러, 소스코드를 다시 빌드하고 렌더링할 수 있다.

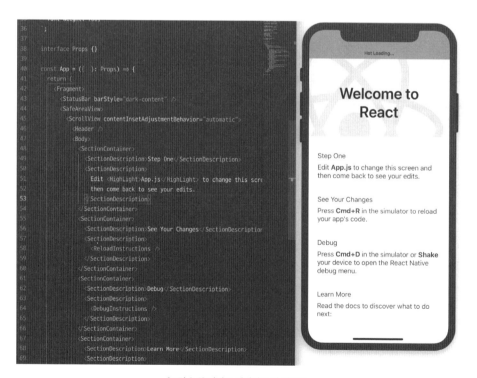

[그림 3-8] 리액트 네이티브 핫 리로딩

이를 활용하면 개발 시, 네이티브 앱처럼 다시 빌드할 필요도, 새로고침을 할 필요도 없이, 항상 최신 결과를 화면으로 확인하며 개발할 수 있다.

만약 패스트 리프레시 기능을 사용하고 싶지 않은 경우, 개발자 메뉴를 활성화 시킨 후, Disable Fast Refresh 버튼을 눌르면, 패스트 리프레시 사용을 중지할 수 있다.

▶▶3.4 요약

이번 장에서는 리액트 네이티브 CLI를 사용하여 첫 리액트 네이티브 앱을 생성해 보았다. 또한 첫 리액트 네이티브 앱을 통해 리액트 네이티브의 폴더 구조와 기본 컴포넌트를 확인하였다. 그 밖에도 앞으로 개발을 수월하게 하기 위해 타입스크립트, Styled Components 등 추가적인 라이브러리도 설치하고 연동하는 방법에 대해서도 살펴보았다.

또한 리액트 네이티브의 디버깅, 핫 리로딩, 라이브 리로딩 기능을 살펴봄으로써, 리액트 네이티브가 웹 개발과 많이 닮았다는 점을 알 수 있다. 그로 인해 네이티브 앱에 비해 개발이 수월하다는 점을 느꼈다.

앞으로는 이 장에서 소개한 방법을 기본으로 하여, 예제 앱을 제작할 것이다. 예제 앱 제작을 통해 리액트, 리액트 네이티브를 좀 더 깊게 이해할 것이며, 실전에서 사용할 수 있는 팁들을 공부해 볼 것이다.

카운터 앱(1) - Props와 State

카운터 앱(1) - Props와 State

이번 장에서는 리액트 네이티브로 카운터 앱을 제작해 봄으로써, 리액트에서 데이터를 다루기 위한 Props와 State에 대해서 알아본다.

≫4.1 Props와 State란

리액트 네이티브는 리액트에서 파생되었기 때문에, 대부분 개념이 리액트와 동일하다. Props와 State 역시 리액트의 핵심 개념 중 하나이다. 리액트에서는 리액트 안에서 데이터를 다루기 위해 Props와 State, Context를 사용한다. 이번 장에서는 그중에서도 Props와 State에 대해서 알아보겠다.

Props(Properties)는 부모 컴포넌트로부터 자식 컴포넌트로 전달되는 데이터이다. 부모 컴포넌트로부터 받는 데이터이므로 자식 컴포넌트에서는 변경이 불가능하다. 이는 컴포넌트의 속성(Properties)과 같음을 의미한다.

State는 한 컴포넌트 안에서 유동적인 데이터를 다룰 때 사용되며, 컴포넌트 안에서 데이터를 변경할 수 있다. 즉, State는 컴포넌트의 상태(State)를 나타낸다.

한 컴포넌트에서는 컴포넌트의 속성처럼 사용되는 변경 불가능한 데이터, Props와 컴포넌트 안에서 컴포넌트의 상태를 나타내는 변경 가능한 데이터, State가 존재한다.

이번 장에서는 카운터 앱을 제작함으로써 이 Props와 State를 이해해 본다.

여기서 소개하는 소스코드는 아래의 깃헙 저장소에서 확인할 수 있다.

- 깃헙: https://github.com/bjpublic/Reactnative

▸▸4.2 프로젝트 준비

3장에서 만든 FirstApp 프로젝트를 그대로 사용해도 되지만, 프로젝트 생성을 연습하기 위해 프로젝트를 다시 생성해 보도록 한다. 이 책에서는 예제마다 프로젝트를 다시 생성하여 생성 방법을 연습할 것이다.

다음 리액트 네이티브 CLI 명령어를 사용하여 카운터 프로젝트를 생성한다.

```
react-native init Counter
```

개발을 좀 더 편리하게 하기 위해 타입스크립트, Styled Components, babel-plugin-root-import를 다음 명령어로 설치한다.

```
cd Counter
npm install --save styled-components
npm install --save-dev typescript @types/react @types/react-native
@types/styled-components babel-plugin-root-import
```

설치가 완료되면 타입스크립트 설정을 위해 tsconfig.json 파일을 생성하고 다음과 같이 내용을 추가한다.

```
{
  "compilerOptions": {
    "allowJs": true,
    "allowSyntheticDefaultImports": true,
    "esModuleInterop": true,
    "isolatedModules": true,
    "jsx": "react",
    "lib": ["es6"],
    "moduleResolution": "node",
    "noEmit": true,
    "strict": true,
    "target": "esnext",
    "baseUrl": "./src",
    "paths": {
      "~/*": ["*"]
    }
  },
  "exclude": [
    "node_modules",
    "babel.config.js",
    "metro.config.js",
    "jest.config.js"
  ]
}
```

절대 경로로 컴포넌트를 추가하기 위해, babel.config.js 파일을 열고 다음과 같이 수
정한다.

```
module.exports = {
  presets: ['module:metro-react-native-babel-preset'],
  plugins: [
    [
      'babel-plugin-root-import',
      {
        rootPathPrefix: '~',
        rootPathSuffix: 'src',
      },
```

```
    ],
  ],
};
```

자바스크립트 소스코드를 한곳에서 관리하기 위해 src 폴더를 생성한다. App.js 파일을 App.tsx로 이름을 변경한 후, src 폴더로 이동시킨다. 그리고 타입스크립트와 Styled Components를 사용하여 다음과 같이 src/App.tsx를 수정한다.

```
import React, { Fragment } from 'react';
import { StatusBar, SafeAreaView } from 'react-native';

import {
  Header,
  LearnMoreLinks,
  Colors,
  DebugInstructions,
  ReloadInstructions,
} from 'react-native/Libraries/NewAppScreen';

import Styled from 'styled-components/native';

const ScrollView = Styled.ScrollView`
  background-color: ${Colors.lighter};
`;

const Body = Styled.View`
  background-color: ${Colors.white};
`;

const SectionContainer = Styled.View`
  margin-top: 32px;
  padding-horizontal: 24px;
`;

const SectionDescription = Styled.Text`
  margin-top: 8px;
  font-size: 18px;
```

```
    font-weight: 400;
    color: ${Colors.dark};
`;

const HighLight = Styled.Text`
    font-weight: 700;
`;

interface Props {}

const App = ({  }: Props) => {
  return (
    <Fragment>
      <StatusBar barStyle="dark-content" />
      <SafeAreaView>
        <ScrollView contentInsetAdjustmentBehavior="automatic">
          <Header />
          <Body>
            <SectionContainer>
              <SectionDescription>Step One</SectionDescription>
              <SectionDescription>
                Edit <HighLight>App.js</HighLight> to change this screen and
                then come back to see your edits.
              </SectionDescription>
            </SectionContainer>
            <SectionContainer>
              <SectionDescription>See Your Changes</SectionDescription>
              <SectionDescription>
                <ReloadInstructions />
              </SectionDescription>
            </SectionContainer>
            <SectionContainer>
              <SectionDescription>Debug</SectionDescription>
              <SectionDescription>
                <DebugInstructions />
              </SectionDescription>
            </SectionContainer>
            <SectionContainer>
              <SectionDescription>Learn More</SectionDescription>
```

```
            <SectionDescription>
                Read the docs to discover what to do next:
            </SectionDescription>
          </SectionContainer>
          <LearnMoreLinks />
        </Body>
      </ScrollView>
    </SafeAreaView>
  </Fragment>
  );
};
export default App;
```

마지막으로 index.js 파일을 열고 다음과 같이 수정한다.

```
...
import App from './App';
import App from '~/App';
...
```

이것으로 우리가 만든 첫 앱과 동일한 개발 환경이 갖추어졌다. 이제 본격적으로 카운터 앱을 개발해 보자.

›› 4.3 개발

이제 리액트의 Props와 State를 이해하기 위해 본격적으로 카운터 앱을 개발해 보자. 우선 완성된 카운터 앱의 이미지는 [그림4-1]과 같다.

[그림 4-1] 카운터 앱

초기 값이 표시되고 더하기(+) 버튼을 누르면 1씩 값이 증가하고 빼기(-) 버튼을 누르면 값이 1씩 감소하는 단순한 앱이다. 이 앱을 단계별로 제작해 봄으로써 Props와 State를 좀 더 깊게 이해해 보자.

1) Button 컴포넌트

일단 공통 컴트넌트로 플러스(+) 기호 이미지와 마이너스(-) 기호 이미지를 가지는 Button 컴포넌트를 만들어 보자. 버튼에 필요한 이미지는 머티리얼 디자인(Material Design)에서 add_circle과 remove_circle을 사용했다.

- 아이콘 다운로드 링크: https://material.io/tools/icons/?style=baseline

위의 URL을 사용하여 사이트로 이동한다. add_circle과 remove_circle을 각각 검색한 후, 해당 아이콘을 선택한다. 아이콘을 선택하면 왼쪽 하단에 "Selected Icon"이 활성화된다. "Selected Icon"을 선택하면 [그림 4-2]와 같은 화면을 볼 수 있다.

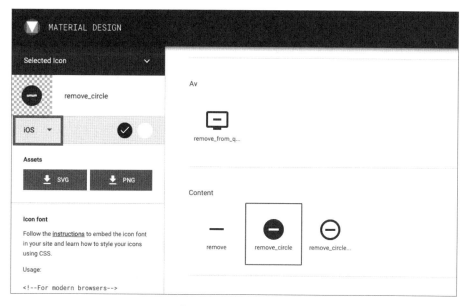

[그림 4-2] 머티리얼 아이콘 다운로드

18dp라고 표시된 부분을 선택하여 iOS로 변경하고 다운로드한다. 다운로드가 완료되며 2x, 3x 사이즈의 이미지가 함께 다운로드되는 것을 확인할 수 있다. 여기서 iOS로 변경하고 다운로드한 이유는 이 이미지를 iOS에서만 사용하기 위해서가 아니다. 리액트 네이티브에서는 원본 사이즈 이미지, 2배 사이즈 이미지(2x), 3배 사이즈 이미지(3x)가 필요하기 때문이다. 리액트 네이티브는 이렇게 제공된 한 세트의 이미지(1x, 2x, 3x)를 활용하여 iOS와 안드로이드에서 자동적으로 필요한 이미지를 표시한다.

다운로드한 이미지를 src/Assets/Images/ 폴더를 만들고 add.png, add@2x.png, add@3x.png와 remove, remove@2x.png, remove@3x.png로 이름을 변경하여 복사한다.

@2x, @3x는 이미지 파일 이름의 규칙으로 이미지를 불러올 때 리액트 네이티브가 iOS 와 안드로이드에서 해당 화면 사이즈에 맞는 이미지를 자동으로 불러온다.

이제 src/Components/Button/index.tsx 파일을 생성하고 다음과 같이 수정한다.

```tsx
import React from 'react';
import Styled from 'styled-components/native';

const Container = Styled.TouchableOpacity``;
const Icon = Styled.Image``;

interface Props {
  iconName: 'plus' | 'minus';
  onPress?: () => void;
}

const Button = ({ iconName, onPress }: Props) => {
  return (
    <Container onPress={onPress}>
      <Icon
        source={
          iconName === 'plus'
            ? require('~/Assets/Images/add.png')
            : require('~/Assets/Images/remove.png')
        }
      />
    </Container>
  );
};
export default Button;
```

우리는 Button 컴포넌트를 리액트 네이티브의 TouchableOpacity와 Image 컴포넌트를 사용하여 구현하려고 한다.

```tsx
const Container = Styled.TouchableOpacity``;
const Icon = Styled.Image``;
```

이 Button 컴포넌트는 iconName과 onPress라는 두 가지 Props를 가지고 있다. 이 Props는 우리가 현재 만들고 있는 Button 컴포넌트에서 값을 지정하여 사용하는 것이 아니라, Button 컴포넌트를 불러와 사용하는 부분에서 값을 지정하여 사용한다.

이때 타입스크립트(interface Props{})를 사용하여 컴포넌트의 Props의 타입을 지정함으로써, 타입에 대한 버그와 에러를 줄이고, 이 컴포넌트를 사용하는 곳에서 정확하게 파악할 수 있도록 설정했다.

```
interface Props {
  iconName: 'plus' | 'minus';
  onPress?: () => void;
}

const Button = ({ iconName, onPress }: Props) => {
```

iconName은 plus와 minus라는 문자열만 설정했으며 필수 항목(":")이다. onPress는 반환값이 없는 함수("() => void")를 설정해야 하지만 필수 항목("?:")은 아니다.

iconName은 필수 항목이기 때문에 이 버튼 컴포넌트를 사용하는 곳에서 iconName을 설정하지 않으면 런타임 중이 아닌 개발 툴(IDE)에서 에러가 발생한다. onPress는 필수 항목이 아니기 때문에 설정하지 않아도 에러가 발생하지 않는다.

```
<Container onPress={onPress}>
    <Icon
      source={
        iconName === 'plus'
          ? require('~/Assets/Images/add.png')
          : require('~/Assets/Images/remove.png')
      }
    />
  </Container>
```

Container는 리액트 네이티브의 TouchableOpacity 컴포넌트로서 onPress의 Props(속성값)를 가지고 있다. 여기에서는 TouchableOpacity의 onPress에 우리가 만든 Button 컴포넌트가 부모로부터 받을 onPress의 Props와 연결시켰다.

Icon은 리액트 네이티브의 Image 컴포넌트로서 Props인 source에 표시하고자 하는 이미지를 지정한다. 이미지를 지정할 때는 HTML의 Image 태그와는 다르게 require 구문을 사용한다. 예제와 같이 require로 기본 사이즈의 이미지를 연결하고, 기본 사이즈의 이미지 이외에 2x, 3x 크기의 이미지를 가지고 있다면, 리액트 네이티브는 해당 단말기 화면 사이즈에 맞는 이미지 사이즈를 자동으로 불러와 표시한다.

2) Counter 컴포넌트

이제 우리가 만든 Button 컴포넌트를 활용하여 Counter 컴포넌트를 만들어 보자. src/Screens/Counter/index.tsx 파일을 생성하고 다음과 같이 수정한다.

```
import React, { useState } from 'react';
import Styled from 'styled-components/native';
import Button from '~/Components/Button';

const Container = Styled.SafeAreaView`
    flex: 1;
`;

const TitleContainer = Styled.View`
    flex: 1;
    justify-content: center;
    align-items: center;
`;
const TitleLabel = Styled.Text`
    font-size: 24px;
`;

const CountContainer = Styled.View`
```

```
    flex: 2;
    justify-content: center;
    align-items: center;
`;
const CountLabel = Styled.Text`
    font-size: 24px;
    font-weight: bold;
`;

const ButtonContainer = Styled.View`
    flex: 1;
    flex-direction: row;
    flex-wrap: wrap;
    justify-content: space-around;
`;

interface Props {
  title?: string;
  initValue: number;
}

const Counter = ({ title, initValue }: Props) => {
  const [count, setCount] = useState<number>(0);

  return (
    <Container>
      {title && (
        <TitleContainer>
          <TitleLabel>{title}</TitleLabel>
        </TitleContainer>
      )}
      <CountContainer>
        <CountLabel>{initValue + count}</CountLabel>
      </CountContainer>
      <ButtonContainer>
        <Button iconName="plus" onPress={() => setCount(count + 1)} />
        <Button iconName="minus" onPress={() => setCount(count - 1)} />
      </ButtonContainer>
    </Container>
```

```
  );
};
export default Counter;
```

이 Counter 컴포넌트는 Props로 필수 항목이 아닌 title과 필수 항목인 initValue
를 가지고 있다. title은 문자열 타입(string)의 Props이며, initValue는 숫자형 타입
(number)의 Props이다.

```
interface Props {
  title?: string;
  initValue: number;
}

const Counter = ({ title, initValue }: Props) => {
```

또한 카운트(Count)를 변경하기 위해 이 컴포넌트에서는 State를 설정했다. 함수형
컴포넌트에서 State를 사용하기 위해서는 리액트 훅의 useState를 사용한다.

```
const Counter = ({ title, initValue }: Props) => {
  const [count, setCount] = useState<number>(initValue);
```

Counter 컴포넌트는 부모 컴포넌트로부터 전달받은 Props인 initValue를 초기 값
으로 가지고 State를 생성할 것이며, 이 State는 숫자형 타입(useState<number>
(initValue))이다.

타입스크립트를 사용하지 않는다면 useState(initValue)와 같이 작성할 수 있다. 이는
자바스크립트에서 흔히 사용하는 함수 호출과 동일하다. 여기에서는 타입스크립트로
initValue가 정확히 어떤 타입인지를 <number>를 통해 명시했다.

useState 함수 호출을 통해 만들어진 State의 값은 count 변수에 할당된다.

```
const [count, setCount] = ...
```

이 count 변수는 값을 수정할 수 없는 불변값(Immutable)이다. 하지만 State는 컴포넌트 안에서 수정이 가능한 변수라고 설명하였다. 이 불변의 count 변수를 변경하기 위해 useState는 set 함수를 같이 제공한다. 우리는 이 set 함수를 setCount라는 이름으로 설정했다.

```
const [count, setCount] = ...
```

이런 방식으로 State를 사용하는 이유는, State의 변수값을 직접 변경하면서 발생할 수 있는 오류를 줄이고 리액트의 가상 돔(Virtual DOM)을 활용하여 변경된 부분만 화면을 갱신하기 위해서이다.

```
<ButtonContainer>
  <Button iconName="plus" onPress={() => setCount(count + 1)} />
  <Button iconName="minus" onPress={() => setCount(count - 1)} />
</ButtonContainer>
```

우리가 만든 Button 컴포넌트를 사용하여 count 값을 올리거나 줄이도록 만들었다. Button 컴포넌트를 사용하기 위해서는 필수적으로 iconName을 설정해야 한다. 또한 onPress에 반환값이 없는 함수를 설정할 수 있다. 여기에서는 onPress에 setCount 함수를 사용하여 State인 count 값을 변경하도록 설정하였다.

이처럼 컴포넌트에서 State를 사용하기 위해서는 useState를 사용해야 하며, 값을 변경하기 위해서는 set 함수를 사용해야 한다.

```
const [변수명, 변수를 변경할 set 함수] = useState<State의 타입>(초기 값);
```

useState는 위와 같은 형식을 따르며, 초기 값에는 오브젝트(Object) 형식의 값도 설정할 수 있다.

```
interface Props {...}
interface State {
  name: string;
  age: number;
}
...
const [user, setUser] = useState<State>({
  name: '홍길동',
  age: '20',
});
```

3) App.tsx

마지막으로 App.tsx를 수정하여 우리가 만든 컴포넌트를 화면에 표시해 보자. ./src/App.tsx 파일을 열고 다음과 같이 수정한다.

```
import React from 'react';
import Styled from 'styled-components/native';
import Counter from './Screens/Counter';

const Container = Styled.View`
  flex: 1;
  background-color: #EEE;
`;

const App = () => {
  return (
    <Container>
      <Counter title="This is a Counter App" initValue={5} />
    </Container>
  );
};
export default App;
```

우리가 만든 Counter 컴포넌트를 불러와서 화면에 표시하도록 했다. 이때 Counter

컴포넌트의 필수 Props인 initValue에는 숫자형 값인 5를 대입하였고, 옵션 Props인 title에는 문자열 데이터를 대입하였다. title은 필수가 아닌 Props이므로 다음과 같이 title을 대입하지 않고도 사용할 수 있다.

```
<Container>
  <Counter initValue={5} />
</Container>
```

위와 같이 title 값을 입력하지 않고 실행할 경우 [그림 4-3]과 같은 결과 화면을 확인할 수 있다.

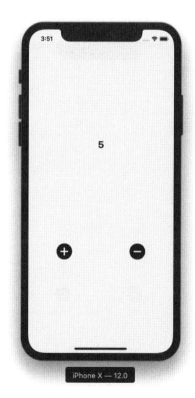

[그림 4-3] Props 결과 화면

▸▸4.4 결과 확인

이제 다음 명령어를 사용하여 리액트 네이티브 프로젝트를 iOS 또는 안드로이드에서
구동시킨 후 결과를 확인해 보도록 하자. 안드로이드에서 실행하는 경우, 에뮬레이터
를 실행하거나, USB로 안드로이드 단말기를 연결한 후 명령어를 실행한다.

```
npm run ios
or
npm run android
```

빌드가 완료되고 시뮬레이터가 실행되면 [그림 4-4]와 같은 화면을 확인할 수 있다.

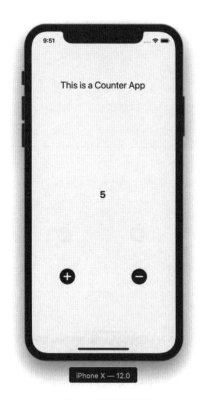

[그림 4-4] 개발 결과 화면

개발 결과 화면에 표시되는 This is a Counter App과 5는 Counter 컴포넌트의 Props
로서 Counter 컴포넌트를 사용하는 src/App.tsx 파일에서 설정한 값임을 알 수 있다.

```
const App = () => {
  return (
    <Container>
      <Counter title="This is a Counter App" initValue={5} />
    </Container>
  );
};
```

화면에 표시된 플러스 버튼과 마이너스 버튼은 Button 컴포넌트의 필수 Props인 icon
Name을 설정하여 그에 따른 이미지가 화면에 표시된다.

```
const Counter = ({ title, initValue }: Props) => {
  const [count, setCount] = useState<number>(0);

  return (
    <Container>
      ...
      <ButtonContainer>
        <Button iconName="plus" onPress={() => setCount(count + 1)} />
        <Button iconName="minus" onPress={() => setCount(count - 1)} />
      </ButtonContainer>
    </Container>
  );
};
```

또한 플러스, 마이너스 버튼을 누르면, Counter 컴포넌트의 State 값이 변경되어 화면
에 표시되고 있다.

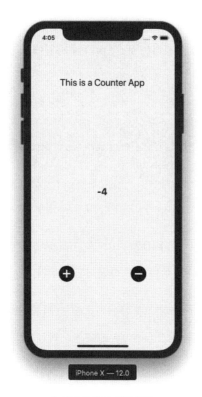

[그림 4-5] State 결과 화면

▶▶4.5 요약

이번 장에서는 리액트에서 데이터를 다루기 위한 중요한 개념인 Props와 State에 대해서 알아보았다. 또한 리액트 네이티브로 카운터 앱을 제작해 봄으로써 Props와 State의 실제 사용 방법도 알아보았다.

카운터 앱에서 Props와 State를 사용할 때, 타입스크립트를 사용하여 데이터 타입을 지정함으로써 Props와 State를 좀 더 명확하게 사용할 수 있다.

이처럼 리액트 네이티브에서 컴포넌트를 제작할 때에는 컴포넌트의 속성인 Props와 컴포넌트의 상태인 State를 통해 데이터를 화면에 표시한다. 물론 데이터를 가지고 있지 않아 Props와 State가 필요 없는 컴포넌트도 제작할 수 있다.

마지막으로 State의 값을 변경하기 위해서는 useState가 제공하는 set 함수를 사용해야 한다. set 함수를 사용하는 이유는 State에 값을 변경하여 발생할 수 있는 문제를 해결하고, 가상 돔을 사용하여 변경된 부분만 화면을 갱신하기 위해서이다.

카운터 앱(2) - 클래스 컴포넌트

카운터 앱(2) - 클래스 컴포넌트

리액트 네이티브의 버전이 0.60으로 업데이트 되면서 함수형 컴포넌트가 기본 컴포넌트로 변경되었다. 하지만 아직까지 많은 라이브러리, 예제들이 클래스 컴포넌트를 사용하고 있으므로, 클래스 컴포넌트를 다루는 방식을 이해할 필요가 있다. 이번 장에서는 4장에서 만든 카운터 앱을 클래스 컴포넌트로 제작해 봄으로써 클래스 컴포넌트를 설명한다.

▶▶5.1 클래스 컴포넌트

리액트는 리액트 훅(React Hooks)이 나오기 전까지 클래스 컴포넌트를 메인으로 사용하였다. 클래스 컴포넌트를 메인으로 사용한 이유는, 함수형 컴포넌트에서는 State를 사용할 수 없기 때문이다. 따라서 리액트 훅 이전에는 State를 가지는 컴포넌트는 클래스 컴포넌트로 제작하고 단순히 Props를 받아 화면에 표시할 때는 함수형 컴포넌트를 사용했다.

하지만 리액트 훅이 나오면서 함수형 컴포넌트에서도 State를 사용할 수 있게 되었다. 따라서 많은 사람들이 클래스 컴포넌트보다 함수형 컴포넌트를 사용하기 시작했다. 리액트 네이티브에서도 0.60.0 버전부터 함수형 컴포넌트를 메인으로 채택하여 사용하기 시작했다.

리액트 훅이란 4장 예제에서 사용한 useState를 포함하여, 앞으로 배울 useEffect, useContext 등을 사용하여 함수형 컴포넌트에서도 클래스 컴포넌트의 상태 관리, 생명주기 함수를 사용하게 해주는 방법을 말한다.

리액트 훅이 나오면서 함수형 컴포넌트가 메인으로 사용되기 시작했지만, 아직도 많은 라이브러리, 예제 소스들이 클래스 컴포넌트로 되어 있다. 따라서 라이브러리, 예제 소스코드를 이해하기 위해 아직까지는 클래스 컴포넌트를 이해할 필요가 있다.

이번 장에서는 4장에서 만든 카운터 앱을 클래스 컴포넌트로 다시 만들어 보면서 클래스 컴포넌트를 이해해 보려 한다.

> | 참고 |　리액트는 왜 함수형 컴포넌트를 선택했으며, 리액트 훅이 왜 나온지 궁금한 분은 다음 링크를 참고하기 바란다.
>
> https://ko.reactjs.org/docs/hooks-intro.html#motivation

여기서 소개하는 소스코드는 아래의 깃헙 저장소에서 확인할 수 있다.

- 깃헙: https://github.com/bjpublic/Reactnative

▶▶5.2 프로젝트 준비

4장에서 만든 카운터 앱 소스코드를 그대로 사용해도 되지만, 프로젝트 생성을 연습하기 위해 프로젝트를 다시 생성해 보도록 한다.

다음 리액트 네이티브 CLI 명령어를 사용하여 클래스 카운터 프로젝트를 생성한다.

```
react-native init ClassCounter
```

개발을 좀 더 편리하게 하기 위해 타입스크립트, Styled Components, babel-plugin-root-import를 다음 명령어로 설치한다.

```
cd ClassCounter
npm install --save styled-components
npm install --save-dev typescript @types/react @types/react-native @
types/styled-components babel-plugin-root-import
```

설치가 완료되면 타입스크립트 설정을 위해 tsconfig.json 파일을 생성하고 다음 내용을 추가한다.

```
{
  "compilerOptions": {
    "allowJs": true,
    "allowSyntheticDefaultImports": true,
    "esModuleInterop": true,
    "isolatedModules": true,
    "jsx": "react",
    "lib": ["es6"],
    "moduleResolution": "node",
    "noEmit": true,
    "strict": true,
    "target": "esnext",
    "baseUrl": "./src",
    "paths": {
      "~/*": ["*"]
    }
  },
  "exclude": [
    "node_modules",
    "babel.config.js",
    "metro.config.js",
    "jest.config.js"
  ]
}
```

절대 경로로 컴포넌트를 추가하기 위해 babel.config.js 파일을 열고 다음과 같이 수정한다.

```
module.exports = {
  presets: ['module:metro-react-native-babel-preset'],
  plugins: [
    [
      'babel-plugin-root-import',
      {
        rootPathPrefix: '~',
        rootPathSuffix: 'src',
      },
    ],
  ],
};
```

마지막으로, 4장에서 만든 소스코드를 그대로 사용하기 위해 Counter/src 폴더를 복사하여 ClassCounter 프로젝트에 붙여 넣는다. 그리고 불필요해진 App.js 파일을 삭제하고 index.js 파일은 다음과 같이 수정한다.

```
...
import App from './App';
import App from '~/App';
...
```

프로젝트가 제대로 복사되었는지 확인하기 위해 다음 명령어로 iOS 또는 안드로이드에서 앱을 실행해 본다.

```
npm run ios
or
npm run android
```

프로젝트가 잘 생성되었다면, [그림 5-1]과 같이 4장과 동일한 결과 화면이 보일 것이다.

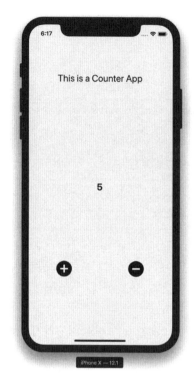

[그림 5-1] 프로젝트 결과 화면

▶▶5.3 개발

Button 컴포넌트는 State가 없으므로, Counter 컴포넌트를 클래스 컴포넌트로 변경
하여 클래스 컴포넌트를 이해해 보자.

```
...
interface Props {
  title?: string;
  initValue: number;
}

interface State {
```

```
    count: number;
}

class Counter extends React.Component<Props, State> {
  constructor(props: Props) {
    super(props);
    console.log('constructor');

    this.state = {
      count: props.initValue,
    };
  }

  render() {
    const { title } = this.props;
    const { count } = this.state;
    return (
      <Container>
        {title && (
          <TitleContainer>
            <TitleLabel>{title}</TitleLabel>
          </TitleContainer>
        )}
        <CountContainer>
          <CountLabel>{count}</CountLabel>
        </CountContainer>
        <ButtonContainer>
          <Button
            iconName="plus"
            onPress={() => this.setState({ count: count + 1 })}
          />
          <Button
            iconName="minus"
            onPress={() => this.setState({ count: count - 1 })}
          />
        </ButtonContainer>
      </Container>
    );
  }
}
```

4장에서 만든 카운터 앱과 동일한 동작을 하는 클래스 컴포넌트이다. 클래스 컴포넌트에서 State를 사용하는 경우, 함수형 컴포넌트와 다르게 State의 타입을 미리 정의하고 컴포넌트 선언 시 해당 타입을 지정해 준다.

```
interface State {
  count: number;
}

class Counter extends React.Component<Props, State>
```

컴포넌트에서 State를 사용하기 위해서는 초기 값을 설정해야 한다. 함수형 컴포넌트에서는 useState로 State를 생성할 때, 초기 값을 지정했다.

```
const [count, setCount] = useState<number>(initValue);
```

하지만, 클래스 컴포넌트에서는 클래스이므로 생성자 함수(Constructor)에서 State의 초기 값을 설정한다.

```
constructor(props: Props) {
    super(props);
    console.log('constructor');

    this.state = {
      count: props.initValue,
    };
  }
```

생성자 함수를 사용할 때, 주의점은 항상 super(props);를 사용하여 부모 컴포넌트 (React.Componet)의 생성자 함수를 호출해야 한다는 점이다. 또한 생성자 함수에서만 this.state를 사용하여 State의 값을 직접 지정할 수 있다.

클래스 컴포넌트는 여러 라이프 사이클(Lifecycle) 함수들을 가지고 있다. 그중에서

120

render 함수는 화면에 컴포넌트를 렌더링(표시)할 때 호출된다. 즉, 이 함수의 반환값이 화면에 표시된다.

```
render() {
    const { title } = this.props;
    const { count } = this.state;
    return (
      <Container>
        ...
        <ButtonContainer>
          <Button
            iconName="plus"
            onPress={() => this.setState({ count: count + 1 })}
          />
          <Button
            iconName="minus"
            onPress={() => this.setState({ count: count - 1 })}
          />
        </ButtonContainer>
      </Container>
    );
  }
```

클래스 컴포넌트는 함수형 컴포넌트와 다르게 Props와 State에 접근하기 위해서는 this를 함께 사용한다.

```
    const { title } = this.props;
    const { count } = this.state;
```

또한 State는 불변값이므로 변경하고자 할 때는 this.setState 함수를 사용하여 State 값을 변경한다.

```
        <Button
          iconName="plus"
          onPress={() => this.setState({ count: count + 1 })}
```

```
        />
        <Button
          iconName="minus"
          onPress={() => this.setState({ count: count - 1 })}
        />
```

▸▸5.4 라이프 사이클 함수

클래스 컴포넌트는 함수형 컴포넌트와 다르게 라이프 사이클 함수들을 가지고 있다.
이 라이프 사이클 함수를 잘 이해하면, 클래스 컴포넌트를 좀 더 효율적으로 활용할 수
있다. 다음은 리액트의 모든 라이프 사이클 함수를 적용한 예제이다.

```
interface State {
  count: number;
  error: Boolean;
}

class Counter extends React.Component<Props, State> {
  constructor(props: Props) {
    super(props);
    console.log('constructor');

    this.state = {
      count: props.initValue,
      error: false,
    }
  }

  render() {
    console.log('render');
    const { title } = this.props;
    const { count, error } = this.state;
    return (
      <Container>
```

```
      {!error && (
        <>
          {title && (
            <TitleContainer>
              <TitleLabel>{title}</TitleLabel>
            </TitleContainer>
          )}
          <CountContainer>
            <CountLabel>{count}</CountLabel>
          </CountContainer>
          <ButtonContainer>
            <Button
              iconName="plus"
              onPress={() => this.setState({ count: count + 1 })}
            />
            <Button
              iconName="minus"
              onPress={() => this.setState({ count: count - 1 })}
            />
          </ButtonContainer>
        </>
      )}
    </Container>
  );
}

static getDerivedStateFromProps(nextProps: Props, prevState: State) {
  console.log('getDerivedStateFromProps');

  return null;
}

componentDidMount() {
  console.log('componentDidMount');
}

getSnapshotBeforeUpdate(prevProps: Props, prevState: State) {
  console.log('getSnapshotBeforeUpdate');
```

```
    return {
      testData: true,
    };
  }

  componentDidUpdate(prevProps: Props, prevState: State, snapshot:
  ISnapshot) {
    console.log('componentDidUpdate');
  }

  shouldComponentUpdate(nextProps: Props, nextState: State) {
    console.log('shouldComponentUpdate');
    return true;
  }

  componentWillUnmount() {
    console.log('componentWillUnmount');
  }

  componentDidCatch(error: Error, info: React.ErrorInfo) {
    this.setState({
      error: true,
    });
  }
}
```

위에서 적용한 리액트의 라이프 사이클 함수를 하나씩 자세히 살펴보자.

1) constructor 함수

앞에서도 설명하였지만, 클래스 컴포넌트는 클래스이기 때문에 생성자 함수가 존재한다. 하지만, 클래스 컴포넌트에서 State를 사용하지 않아, State의 초기 값 설정이 필요하지 않다면, 생성자 함수도 생략이 가능하다. 생성자 함수를 사용할 때는 반드시 super(props) 함수를 호출하여 부모 클래스의 생성자를 호출한다. 생성자 함수는 해당 컴포넌트가 생성될 때 한 번만 호출된다.

2) render 함수

render 함수는 클래스 컴포넌트가 렌더링되는 부분(화면에 표시되는 부분)을 정의한다. 즉, 이 render 함수의 반환값이 화면에 표시된다. render 함수는 부모로부터 받는 Props 값이 변경되거나, this.setState로 State의 값이 변경되어 화면을 갱신할 필요가 있을 때마다 호출된다.

따라서 이 함수에서 this.setState를 사용하여 State 값을 직접 변경할 경우, 무한 루프에 빠질 수 있으므로 주의해야 한다. 이번 예제에서는 render 함수에서 this.setState를 직접 호출하지 않고, 터치 이벤트와 연결하였다. 따라서, 터치 이벤트가 발생할 때 this.setState가 호출되므로, 무한 루프에 빠지지 않는다.

3) getDerivedStateFromProps 함수

getDerivedStateFromProps 함수는 부모로부터 받은 Props와 State를 동기화할 때 사용된다. 부모로부터 받은 Props로 State에 값을 설정하거나, Props에 의존하여 State 값을 결정하고자 할 때, 이 함수를 사용한다.

State에 설정하고 싶은 값을 이 함수에서 반환하게 된다. 동기화할 State가 없으면 "null"을 반환한다.

```
static getDerivedStateFromProps(nextProps, prevState) {
  if (nextProps.id !== prevState.id) {
    return { value: nextProps.value };
  }
  return null;
}
```

이 함수는 컴포넌트가 생성될 때 한 번 호출되며, 생성자 함수(constructor)와 다르게 Props와 State를 동기화해야 하므로 Props가 변경될 때마다 호출된다

4) componentDidMount 함수

클래스 컴포넌트가 처음으로 화면에 표시된 이후, 이 함수가 호출된다. 즉, render 함수가 처음 한 번 호출된 후, componentDidmount 함수가 호출된다. 이 함수는 컴포넌트가 화면에 처음 표시된 후, 한 번만 호출되므로, ajax를 통해 데이터를 습득하거나 다른 자바스크립트 라이브러리와의 연동을 수행하기에 적합하다.

componentDidMount 함수는 부모로부터 받는 Props 값이 변경되어도, this.setState로 State 값이 변경되어도, 다시 호출되지 않는다. 따라서 render 함수와는 다르게 이 함수에 this.setState를 직접 호출할 수 있으며, ajax를 통해 받은 데이터를 this.setState를 사용하여 State에 설정하기 적합하다.

5) shouldComponentUpdate 함수

클래스 컴포넌트는 기본적으로 부모로부터 받은 Props가 변경되거나, this.setState로 State를 변경하면 리렌더링되어 화면을 다시 그리게 된다. Props 또는 State의 값이 변경되었지만, 다시 화면을 그리고 싶지 않은 경우 이 함수를 사용하여 렌더링을 제어할 수 있다.

이 함수에서, false를 반환하면 화면을 다시 그리는 리렌더링을 막을 수 있다. 앞의 예제에서는 true를 사용하여 항상 리렌더링되게 하였지만, 다음과 같이 특정값을 비교하여 리렌더링을 방지할 수 있다.

```
shouldComponentUpdate(nextProps: Props, nextState: State) {
  console.log('shouldComponentUpdate');
  return nextProps.id !== this.props.id;
}
```

이렇게 리렌더링을 방지하는 이유는 화면 렌더링을 최적화하기 위해서이다. 화면을 다시 그리는 리렌더링이 리액트 컴포넌트에서 가장 비용이 많이 드는 부분이다. 따라서 shouldComponentUpdate 함수를 사용하여 데이터를 비교하고 불필요한 리렌더링을 방지하면, 좀 더 성능이 좋은 앱을 제작할 수 있다.

6) getSnapshotBeforeUpdate 함수

Props 또는 State가 변경되어 화면을 다시 그리기 위해 render 함수가 호출된 후, 실제로 화면이 갱신되기 바로 직전에, 이 함수가 호출된다. 이 함수에서 반환하는 값은 다음에 소개할 componentDidUpdate의 세 번째 매개변수(snapshot)로 전달된다.

이 라이프 사이클 함수는 많이 활용되지는 않지만, 화면을 갱신하는 동안 수동으로 스크롤 위치를 고정하는 경우 등에 사용될 수 있다.

getSnapshotBeforeUpdate를 선언한 후 반환값을 반환하지 않는 경우, getSnapshotBeforeUpdate을 선언하고 componentDidUpdate를 선언하지 않는 경우 warning이 발생함으로 주의해서 사용해야 한다.

7) componentDidUpdate 함수

componentDidMount는 컴포넌트가 처음 화면에 표시된 후 실행되고 두 번 다시 호출되지 않는 함수이다. 반대로 componentDidUpdate 함수는 컴포넌트가 처음 화면에 표시될 때에는 실행되지 않지만, Props 또는 State가 변경되어 화면이 갱신될 때마다 render 함수 호출 이후에, 호출되는 함수이다.

잘 활용되지 않지만, getSnapshotBeforeUpdate 함수와 함께 사용하여 스크롤을 수동으로 고정시킬 때 활용되기도 한다.

render 함수와 마찬가지로 이 함수는 State 값이 변경될 때에도 호출이 되므로, State 값을 변경하는 this.setState를 직접 호출한다면, 무한 루프에 빠질 수 있으므로 주의해서 사용해야 한다.

8) componentWillUnmout 함수

componentWillUnmount 함수는 해당 컴포넌트가 화면에서 완전히 사라진 후, 호출되는 함수이다. 이 함수에서는 보통 componentDidMount에서 연동한 자바스크립트 라이브러리를 해지하거나, setTimeout, setInterval 등의 타이머를 clearTimeout, clearInterval을 사용하여 해제할 때 사용된다.

이 함수는 클래스 컴포넌트가 화면에서 완전히 사라진 후, 호출되는 함수이다. 따라서 컴포넌트의 State 값을 변경하기 위한 this.setState를 호출하면, 갱신하고자 하는 컴포넌트가 사라진 후이기 때문에 Warning 또는 메모리 누수(Memory leaks)가 발생할 수 있다.

9) componentDidCatch 함수

컴포넌트의 렌더링 도중 에러가 발생하면 앱이 비정상으로 종료(Crash)된다. 비즈니스 로직에서는 에러의 예외 처리로 try-catch 등을 사용할 수 있다. 이와 동일하게 컴포넌트의 렌더링에서의 예외처리를 해주는 라이프 사이클 함수가 componentDidCatch이다.

render 함수의 return 부분에서 에러가 발생하면 componentDidCatch 함수가 실행된다. 이때, 예제와 같이 State를 사용하여 에러가 발생했을 때, 자식 컴포넌트를 표시하지 않게 함으로써 비정상 종료를 예방할 수 있다.

```
class Counter extends React.Component<Props, State> {
  constructor(props: Props) {
    ...
    this.state = {
      count: props.initValue,
      error: false,
    }
  }
```

```
render() {
  ...
  const { count, error } = this.state;
  return (
    <Container>
      {!error && (
        <>
          ...
        </>
      )}
    </Container>
  );
}
...
componentDidCatch(error: Error, info: React.ErrorInfo) {
  this.setState({
    error: true,
  });
}
}
```

10) 호출 순서

리액트 클래스 컴포넌트의 전체 라이프 사이클 함수를 살펴보았다. 마지막으로 라이프 사이클 함수들의 호출 순서를 정리하면 다음과 같다.

- 컴포넌트가 생성될 때: constructor → getDerivedStateFromProps → render → componentDidMount
- 컴포넌트의 Props가 변경될 때: getDerivedStateFromProps → should ComponentUpdate → render → getSnapshotBeforeUpdate → com ponentDidUpdate
- 컴포넌트의 State가 변경될 때: shouldComponentUpdate → render → getSnapshotBeforeUpdate → componentDidUpdate

- 컴포넌트의 렌더 중 에러가 발생될 때: componentDidCatch
- 컴포넌트가 제거될 때: componentWillUnmount

클래스 컴포넌트에서 이 라이프 사이클 함수를 잘 활용하면 좀 더 최적화된 컴포넌트를 만들 수 있다.

▶▶5.5 요약

클래스 컴포넌트가 메인이었을 때, 클래스의 개념과 라이프 사이클에 대한 이해가 리액트를 배우는데 어려운 부분이었다. 하지만 SPA(Single Page Application)으로서 앱과 동일하게 라이프 사이클이 있는 것이 어쩌면 당연한 것일지도 모른다. 또한, iOS, 안드로이드의 네이티브 개발에도 라이프 사이클이라는 개념이 존재하기 때문에 안드로이드, iOS 앱 개발용 리액트 네이티브에서는 더욱 어울리는 개념이었을지도 모른다.

하지만 지금 이 개념이 어렵고 이해하기 힘들다면, 잠시 잊어도 좋다. 지금의 리액트는 함수형 컴포넌트가 메인이기 때문이다. 함수형 컴포넌트에서도 위에서 소개한 라이프 사이클 함수와 비슷한 기능이 대부분 존재한다. 또한, 함수형 컴포넌트만의 최적화 기법도 존재한다. 그러므로 리액트를 새로 배우는 사람이라면 함수형 컴포넌트를 집중해서 공부하기를 추천한다.

아직은 많은 라이브러리, 예제들이 클래스 컴포넌트를 사용하고 있다. 클래스 컴포넌트를 접하면 당황하지 말고 이 책을 펴고 라이프 사이클을 확인하면서 공부하면 충분히 이해할 수 있을 것이다.

할 일 리스트 앱 - Context와 AsyncStorage

CHAPTER **6**

할 일 리스트 앱 -
Context와 AsyncStorage

리액트에서 데이터를 다루는 방법으로 Props와 State, 그리고 Context가 존재한다. 이번 장에서는 Context API를 통해 Context를 다루는 방법에 대해서 알아본다.

Props, State, 그리고 Context는 리액트 네이티브가 동작하는 중에 데이터를 다루는 데 사용된다. 즉, 앱이 종료되거나 다시 실행되면 Props와 State, Context에 있던 데이터는 사라지게 된다. 이처럼 앱을 종료하거나 다시 실행해도 데이터가 사라지지 않게 유지하기 위해 AsyncStorage를 사용하여 데이터를 앱 내에 저장하는 방법에 대해서도 알아본다.

여기서 소개하는 소스코드는 아래의 깃헙 저장소에서 확인할 수 있다.

- 깃헙: https://github.com/bjpublic/Reactnative

▸▸6.1 Context API

리액트에서 Props와 State는 부모 컴포넌트와 자식 컴포넌트 또는 한 컴포넌트 안에서 데이터를 다루기 위해 사용된다. 이 Props와 State를 사용하면 부모 컴포넌트에서 자식 컴포넌트, 즉 위에서 아래, 한쪽 방향으로 데이터가 흐르게 된다.

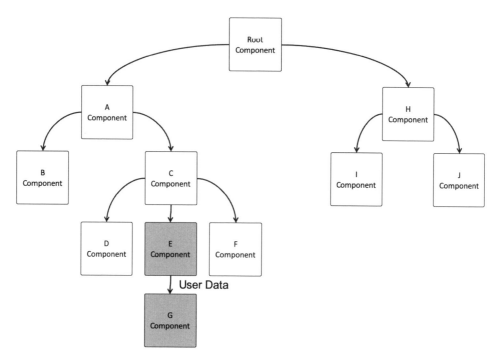

[그림 6-1] Props와 State

만약, 다른 컴포넌트에서 한쪽 방향으로 흐르고 있는 데이터를 사용하고 싶은 경우, 또는 다른 컴포넌트에서 사용하는 데이터를 데이터 흐름에 넣고 싶은 경우가 발생한다면 어떻게 될까?

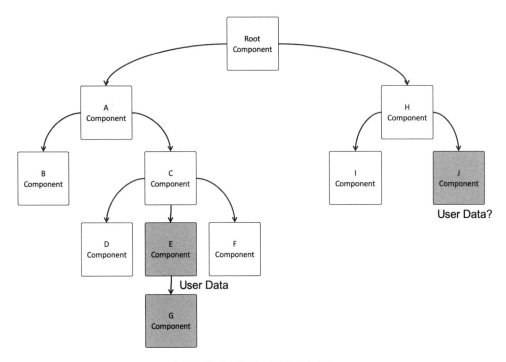

[그림 6-2] 다른 컴포넌트에서 데이터 사용

데이터는 위에서 아래로, 한쪽 방향으로 흐르게 되므로, 사용하고 싶은 데이터와 이 데이터를 사용할 위치에 공통 부모 컴포넌트에 State를 만들고, 사용하고자 하는 데이터를 Props를 전달하여 이 문제를 해결할 수 있다.

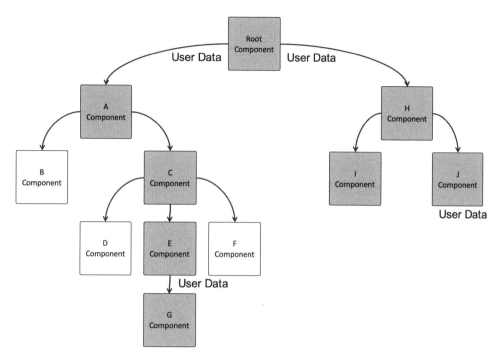

[그림 6-3] Props와 State를 이용한 데이터 전달

하지만 [그림 6-3]과 같이 컴포넌트 사이에 공유되는 데이터를 위해 매번 공통 부모 컴포넌트를 수정하고 모든 컴포넌트에 Props를 전달하여 데이터를 사용하는 과정은 매우 비효율적이다. 이처럼 비효율적인 문제를 해결하기 위해 리액트에서는 Flux라는 개념을 도입하였고, 그에 걸맞은 Context API를 제공하기 시작했다.

| 참고 | Flux에 관한 자세한 내용은 다음 링크를 참고하길 바란다.

https://reactjs.org/blog/2014/05/06/flux.html

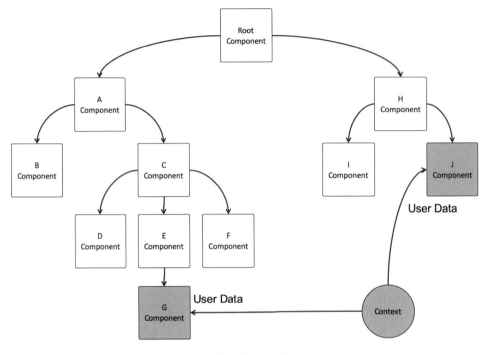

[그림 6-4] Context API

Context는 부모 컴포넌트로부터 자식 컴포넌트로 전달되는 데이터의 흐름과는 상관없이, 전역적으로 사용되는 데이터를 다룬다. 전역 데이터를 Context에 저장한 후, 필요한 컴포넌트에서 해당 데이터를 불러와 사용했다.

Context를 사용하기 위해서는 Context API를 사용하여 Context의 프로바이더(Provider)와 컨슈머(Consumer)를 생성한다. Context에 저장된 데이터를 사용하기 위해서는 [그림 6-5]와 같이 공통 부모 컴포넌트에 Context의 프로바이더를 사용하여 데이터를 제공한다. 데이터를 사용하려는 컴포넌트에서 Context의 컨슈머를 사용하여 실제 데이터를 사용(소비)한다.

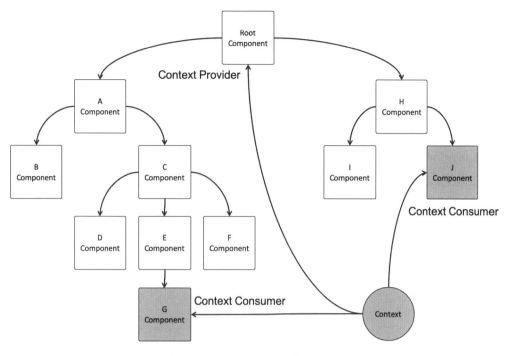

[그림 6-5] Context의 Provider, Consumer

이번 장에서는 간단한 할 일 리스트 앱(Todo List App)을 제작해 봄으로써 Context API의 사용법을 확인할 예정이다.

»6.2 AsyncStorage

리액트에서 데이터를 다루는 Props와 State, Context는 휘발성이다. 이 데이터는 메모리에서만 존재하며, 사실은 물리적으로 데이터를 저장하지 않는다. 따라서 데이터들은 API를 통해 서버에 저장하여 사용하거나, 앱 내에 저장하여 사용하는 경우가 많다.

AsyncStorage는 앱 내에서 간단하게 데이터를 저장할 수 있는 저장소이다. 웹에서 사용하는 windows.localStorage와 매우 유사하다. AsyncStorage는 키 값(Key-Value) 저장소로서 간단하게 앱 내에 데이터를 저장하기 위해 사용할 수 있다.

AsyncStorage는 기본적으로 리액트 네이티브에서 제공되어 왔지만, 0.59 버전부터 커뮤니티 라이브러리로 분리되었다(deprecated). 0.59 버전 이후 리액트 네이티브에서 AsyncStorage를 사용하기 위해서는 커뮤니티 라이브러리인 "react-native-community/react-native-async-storage"를 사용한다.

- AsyncStorage: https://github.com/react-native-community/async-storage

이번 장에서는 Context API와 함께 AsyncStorage를 사용하여 할 일 리스트 앱을 제작해 봄으로써 전역 데이터에 사용법과 앱 내에 데이터 저장에 대해서 이해해 보려한다.

⟫6.3 프로젝트 준비

할 일 리스트 앱을 제작하기 위해 리액트 네이티브 프로젝트를 생성해 보자. 다음 리액트 네이티브 CLI 명령어를 사용하여 할 일 리스트 프로젝트를 생성한다.

```
react-native init TodoList
```

개발을 좀 더 편리하게 하기 위해 타입스크립트, Styled Components, babel-plugin-root-import를 다음 명령어로 설치한다.

```
cd TodoList
npm install --save styled-components
npm install --save-dev typescript @types/react @types/react-native
@types/styled-components babel-plugin-root-import
```

설치가 완료되면 타입스크립트 설정을 위해 tsconfig.json 파일을 생성하고 아래의 내용을 추가한다.

```
{
  "compilerOptions": {
    "allowJs": true,
    "allowSyntheticDefaultImports": true,
    "esModuleInterop": true,
    "isolatedModules": true,
    "jsx": "react",
    "lib": ["es6"],
    "moduleResolution": "node",
    "noEmit": true,
    "strict": true,
    "target": "esnext",
    "baseUrl": "./src",
    "paths": {
      "~/*": ["*"]
    }
  },
  "exclude": [
    "node_modules",
    "babel.config.js",
    "metro.config.js",
    "jest.config.js"
  ]
}
```

절대 경로로 컴포넌트를 추가하기 위해 babel.config.js 파일을 열고 다음과 같이 수정한다.

```
module.exports = {
  presets: ['module:metro-react-native-babel-preset'],
  plugins: [
    [
      'babel-plugin-root-import',
```

```
    {
      rootPathPrefix: '~',
      rootPathSuffix: 'src',
    },
  ],
],
};
```

자바스크립트 소스코드를 한곳에서 관리하기 위해 src 폴더를 생성하고 App.js 파일을 App.tsx로 이름을 변경하여 src 폴더로 이동시킨다. 그리고 타입스크립트와 Styled Components를 사용하여 아래와 같이 ./src/App.tsx 파일을 수정한다.

```
import React, { Fragment } from 'react';
import { StatusBar, SafeAreaView } from 'react-native';

import {
  Header,
  LearnMoreLinks,
  Colors,
  DebugInstructions,
  ReloadInstructions,
} from 'react-native/Libraries/NewAppScreen';

import Styled from 'styled-components/native';

const ScrollView = Styled.ScrollView`
  background-color: ${Colors.lighter};
`;

const Body = Styled.View`
  background-color: ${Colors.white};
`;

const SectionContainer = Styled.View`
  margin-top: 32px;
  padding-horizontal: 24px;
`;
```

```
const SectionDescription = Styled.Text`
  margin-top: 8px;
  font-size: 18px;
  font-weight: 400;
  color: ${Colors.dark};
`;

const HighLight = Styled.Text`
  font-weight: 700;
`;

interface Props {}

const App = ({  }: Props) => {
  return (
    <Fragment>
      <StatusBar barStyle="dark-content" />
      <SafeAreaView>
        <ScrollView contentInsetAdjustmentBehavior="automatic">
          <Header />
          <Body>
            <SectionContainer>
              <SectionDescription>Step One</SectionDescription>
              <SectionDescription>
                Edit <HighLight>App.js</HighLight> to change this screen
                and then come back to see your edits.
              </SectionDescription>
            </SectionContainer>
            <SectionContainer>
              <SectionDescription>See Your Changes</SectionDescription>
              <SectionDescription>
                <ReloadInstructions />
              </SectionDescription>
            </SectionContainer>
            <SectionContainer>
              <SectionDescription>Debug</SectionDescription>
              <SectionDescription>
                <DebugInstructions />
```

```
                </SectionDescription>
            </SectionContainer>
            <SectionContainer>
              <SectionDescription>Learn More</SectionDescription>
              <SectionDescription>
                Read the docs to discover what to do next:
              </SectionDescription>
            </SectionContainer>
            <LearnMoreLinks />
          </Body>
        </ScrollView>
      </SafeAreaView>
    </Fragment>
  );
};
export default App;
```

마지막으로 index.js 파일을 열고 다음과 같이 수정한다.

```
...
import App from '~/App';
...
```

이것으로 개발 환경이 갖추어졌다. 이제 본격적으로 할 일 리스트 앱을 개발해 보자.

≫6.4 개발

이제 리액트의 Context API와 AsyncStorage를 이해하기 위해 본격적으로 할 일 리스트 앱을 개발해 보자. 우리가 만들 할 일 리스트 앱은 Context API의 사용법을 이해하기 위해 [그림 6-6]과 같이 필요 이상으로 세분화했다.

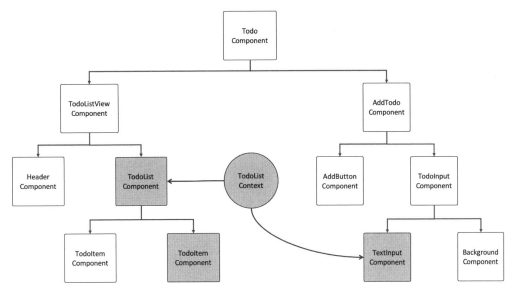

[그림 6-6] 할 일 리스트 앱 구조

이 구조는 어디까지나 Context API의 사용법을 이해하기 위해서이다. 실제 앱을 개발할 때는 이렇게 불필요하게 세분화할 필요는 없다.

[그림 6-7]은 우리가 개발할 할 일 리스트 앱의 결과 화면이다.

[그림 6-7] 할 일 리스트 앱 결과 화면

1) AsyncStorage 설치 및 설정

AsyncStorage를 사용하여 앱을 종료하고 다시 실행해도, 할 일 리스트를 표시하기 위해 데이터를 앱 내에 저장할 예정이다. 0.59 이전 버전의 리액트 네이티브를 사용한다면 이 부분은 건너뛰어도 된다.

0.60 이후 버전의 리액트 네이티브에서 AsyncStorage를 사용하기 위해 다음 명령어를 실행하여 AsyncStorage를 설치한다.

```
npm install --save @react-native-community/async-storage
```

설치가 완료되면 다음 명령어를 통해 iOS에서 필요한 라이브러리를 설치한다. 안드로이드에서는 추가 라이브러리를 설치할 필요가 없다.

```
cd ios
pod install
```

리액트 네이티브 버전 0.60 이후에는 라이브러리가 자동으로 연결된다. 하지만 리액트 네이티브의 이전 버전을 사용한다면 다음 명령어를 통해 라이브러리를 연결해 줄 필요가 있다.

```
react-native link @react-native-community/async-storage
```

이것으로 AsyncStorage를 사용하여 데이터를 앱 내에 저장할 준비가 끝났다.

2) Context

전역 데이터를 저장할 Context를 생성해 보도록 하자. 우선 Context의 데이터 타입을 정의하기 위해 src/Context/TodoListContext/@types/index.d.ts 파일을 생성하고 다음과 같이 수정한다.

```
interface ITodoListContext {
  todoList: Array<string>;
  addTodoList: (todo: string) => void;
  removeTodoList: (index: number) => void;
}
```

지금까지 데이터의 타입을 타입스크립트로 정의할 때는 같은 파일에서 정의해 왔다. Props의 타입을 정의할 때와 같이 한 파일에서 타입을 정의하면 해당 파일 안에서만 타입을 사용할 수 있다. 하지만 @types/index.d.ts 파일을 만들고 해당 파일 안에 타입을 정의하면 프로젝트 전반에 걸쳐서 타입을 사용할 수 있다. Context의 데이터는 프로젝트 전반에 걸쳐서 사용할 예정이므로, Context의 타입은 @types/index.d.ts 파일에 따로 저장했다.

이제 실제 Context를 정의해 보자. src/Context/TodoListContext/index.tsx 파일을 생성하고 다음과 같이 수정한다.

```
import React, { createContext, useState, useEffect } from 'react';
import AsyncStorage from '@react-native-community/async-storage';

interface Props {
  children: JSX.Element | Array<JSX.Element>;
}

const TodoListContext = createContext<ITodoListContext>({
  todoList: [],
  addTodoList: (todo: string): void => {},
  removeTodoList: (index: number): void => {},
});

const TodoListContextProvider = ({ children }: Props) => {
  const [todoList, setTodoList] = useState<Array<string>>([]);

  const addTodoList = (todo: string): void => {
```

```
    const list = [...todoList, todo];
    setTodoList(list);
    AsyncStorage.setItem('todoList', JSON.stringify(list));
  };

  const removeTodoList = (index: number): void => {
    let list = [...todoList];
    list.splice(index, 1);
    setTodoList(list);
    AsyncStorage.setItem('todoList', JSON.stringify(list));
  };

  const initData = async () => {
    try {
      const list = await AsyncStorage.getItem('todoList');
      if (list !== null) {
        setTodoList(JSON.parse(list));
      }
    } catch (e) {
      console.log(e);
    }
  };

  useEffect(() => {
    initData();
  }, []);

  return (
    <TodoListContext.Provider
      value={{
        todoList,
        addTodoList,
        removeTodoList,
      }}>
      {children}
    </TodoListContext.Provider>
  );
};

export { TodoListContextProvider, TodoListContext };
```

우리는 createContext로 Context를 생성하고, useState로 생성한 State 데이터를 Context 안에 저장할 예정이다. 이렇게 useState로 생성한 State를 저장함으로써, Context의 데이터를 수정할 수 있다.

또한 클래스 컴포넌트의 라이프 사이클 함수와 비슷한 역할을 하는 useEffect를 가지고 AsyncStorage에 저장된 데이터를 가져와 설정하도록 할 예정이다. useEffect 함수에 대해서는 뒤에서 자세히 설명하겠다.

```
import React, { createContext, useState, useEffect } from 'react';
```

createContext 함수에 초기 값을 할당하여 Context를 생성할 수 있다. 이때 @types/index.d.ts에 정의한 타입을 사용하여 Context의 데이터 타입을 지정해 주었다.

```
const TodoListContext = createContext<ITodoListContext>({
  todoList: [],
  addTodoList: (todo: string): void => {},
  removeTodoList: (index: number): void => {},
});
```

할 일 리스트 앱의 Context를 생성하기 위해 createContext 함수의 초기 값으로 문자열 배열인 todoList와 todoList에 데이터를 추가하기 위한 addTodoList 함수, 데이터를 삭제하기 위한 removeTodoList를 할당했다.

함수 초기 값은 빈 배열, 아무 기능을 하지 않는 빈 함수를 임시로 대입해 주었다. 실제 구현은 Context의 프로바이더 컴포넌트에서 할 예정이다.

```
const TodoListContextProvider = ({ children }: Props) => {
  ...
  return (
    <TodoListContext.Provider
      value={{
```

```
      todoList,
      addTodoList,
      removeTodoList,
    }}>
      {children}
    </TodoListContext.Provider>
  );
};
```

Context를 사용하기 위해서는 우선 공통 부모 컴포넌트에서 Context의 프로바이더를 사용한다. 공통 부모 컴포넌트에서 프로바이더를 사용하기 위해서는 Context의 프로바이더 컴포넌트를 만들고 공통 부모 컴포넌트의 부모 컴포넌트로서 사용한다.

TodoListContextProvider는 Context의 프로바이더 컴포넌트로서, 공통 부모 컴포넌트의 부모 컴포넌트가 될 예정이다. 따라서 자식 컴포넌트를 children 매개변수를 통해 전달받는다. 이렇게 전달받은 자식 컴포넌트(공통 부모 컴포넌트)는 createContext로 생성한 Context의 프로바이더인 TodoListContext.Provider의 하위에 위치하도록 설정했다.

Context를 사용하기 위해 만든 프로바이더 컴포넌트도 리액트 네이티브 컴포넌트이므로, 컴포넌트 안에서 수정 가능한 데이터를 사용하기 위해서는 useState를 사용해야 한다.

```
const [todoList, setTodoList] = useState<Array<string>>([]);
```

우리가 만들 Context 데이터는 문자열 배열의 할 일 리스트이고, 이 Context 데이터에 데이터를 추가, 삭제한다. 따라서 Context 프로바이더 컴포넌트에서 useState를 사용하여 문자열 배열(Array<string>)의 할 일 리스트(todoList)를 선언하고, 이 데이터를 setTodoList 함수를 통해 추가하거나 삭제하여 Context 데이터를 다룰 예정이다.

```
const addTodoList = (todo: string): void => {
    const list = [...todoList, todo];
    setTodoList(list);
    AsyncStorage.setItem('todoList', JSON.stringify(list));
};
```

addTodoList 함수는 할 일 리스트에 할 일을 추가하기 위한 함수이다. useState로 만든 todoList는 수정할 수 없는 불변값이다. 따라서, 새로운 list 변수를 생성하여 todoList의 모든 데이터를 넣고(...todoList), 매개변수로 전달받은 새로운 데이터 (todo)를 추가했다. 이렇게 추가된 데이터를 setTodoList를 통해 State 값을 변경해 주었다.

마지막으로 AsyncStorage의 setItem을 사용하여 데이터를 물리적으로 저장하였다. setItem은 키 값 형태로 데이터를 관리한다. 여기서 말하는 키 값은 모두 문자열이어 야 한다. 따라서 문자열 배열인 데이터를 JSON.stringfy 함수를 사용하여 문자열로 변 경하여 저장한다.

```
const removeTodoList = (index: number): void => {
    let list = [...todoList];
    list.splice(index, 1);
    setTodoList(list);
    AsyncStorage.setItem('todoList', JSON.stringify(list));
};
```

removeTodoList 함수는 할 일 리스트에서 할 일을 제거하기 위한 함수이다. 이 함수 는 삭제하고자 하는 할 일 리스트의 index를 전달하여 할 일을 삭제한다.

```
let list = [...todoList];
```

할 일 리스트 데이터인 todoList는 State 값이므로 직접 변경이 불가능하다. 따라서, todoList를 복사하여 새로운 배열을 생성하였다.

```
    list.splice(index, 1);
    setTodoList(list);
```

새롭게 생성된 배열에서 전달받은 매개변수(index)를 이용하여 삭제하고자 하는 데이터를 제거하고, setTodoList를 사용하여 State에 제거된 데이터를 저장했다.

```
AsyncStorage.setItem('todoList', JSON.stringify(list));
```

마지막으로 AsyncStorage를 사용하여 물리적으로 저장된 값도 업데이트했다.

```
const initData = async () => {
    try {
      const list = await AsyncStorage.getItem('todoList');
      if (list !== null) {
        setTodoList(JSON.parse(list));
      }
    } catch (e) {
      console.log(e);
    }
  };
```

initData 함수는 앱이 시작될 때, AsyncStorage에 저장된 데이터를 불러와, Context의 값을 초기화하기 위한 함수이다. AsyncStorage의 setItem과 getItem은 모두 Promise 함수이다. setItem을 한 후, 특정한 작업을 하지 않았기 때문에, 비동기로 데이터를 처리했다. 하지만, 여기에서는 값을 바로 초기화하기 위해 async-await를 사용하여 동기화 처리를 했다.

```
        setTodoList(JSON.parse(list));
```

AsyncStorage에 저장된 값은 문자열이므로 이 데이터를 JSON.parse 함수를 사용하여 문자열 배열로 변경했다.

150

```
useEffect(() => {
    initData();
  }, []);
```

리액트 훅의 useEffect는 클래스 컴포넌트의 라이프 사이클 함수와 비슷한 역할을 하는 함수이다. useEffect의 첫 번째 매개변수로 함수를 전달하였고, 그 함수에서 데이터 초기화 함수를 호출하였다. 두 번째 매개변수에는 빈 배열을 전달하여, 이 useEffect가 componentDidMount와 같은 역할을 수행하도록 했다. useEffect에 관해서는 뒤에서 자세히 설명하도록 하겠다.

```
export { TodoListContextProvider, TodoListContext };
```

마지막으로, Context를 제공하기 위해 프로바이더 컴포넌트와 Context를 내보냈다.

3) useEffect

이번 예제에서는 함수형 컴포넌트에서 클래스형 컴포넌트의 라이프 사이클 함수와 비슷한 역할을 하는 useEffect를 사용했다. 여기에서 useEffect의 사용법에 대해서 자세히 알아보도록 하자.

```
useEffect(() => {
    initData();
  }, []);
```

useEffect의 첫 번째 매개변수에는 함수를 설정하여, useEffect의 역할을 정의한다. useEffect의 두 번째 매개변수에는 배열을 전달하는데, 이번 예제에서는 빈 배열을 전달하였다. 이렇게 두 번째 매개변수에 빈 배열을 전달하면, 클래스형 컴포넌트의 componentDidMount와 같은 역할을 수행한다. 즉, 컴포넌트가 처음 화면에 표시된 후, 이 useEffect는 한 번만 호출된다.

```
useEffect(() => {
  ...

);
```

위와 같이 두 번째 매개변수를 설정하지 않는 경우, componentDidMount와
componentDidUpdate의 역할을 동시에 수행한다. 즉, 컴포넌트가 처음 화면에 표시
된 후에도 실행되며, Props나 State의 변경에 의해 컴포넌트가 리렌더링된 후에도 실
행된다.

```
useEffect(() => {
  ...
  return () => {
    ...
  };
});
```

useEffect 함수의 역할을 정의하는 첫 번째 매개변수 함수는 함수를 반환할 수 있다.
이 반환하는 함수는 componentWillUnmount와 같은 역할을 한다. 즉, 컴포넌트가
화면에서 사라진 후, 이 함수가 호출되며, componentWillUnmount와 마찬가지로,
라이브러리와의 연동을 해제하거나, 타이머를 해제하는데 사용된다.

useEffect는 이와 같이 클래스 컴포넌트의 라이프 사이클 함수와 비슷한 역할도 하지
만, useEffect만의 고유한 기능도 제공하고 있다.

```
useEffect(() => {
    ...
  }, [todoList]);
```

useEffect의 두 번째 매개변수로 배열을 전달할 수 있다. 이 두 번째 매개변수 배
열에 특정 변수를 설정하여 전달하면, 모든 Props와 State에 변경에 호출되는

componentDidUpdate와 다르게 전달된 변수가 변경될 때만, 이 함수가 호출된다.

```
useEffect(() => {
    ...
  }, [todoList]);
useEffect(() => {
    ...
  });
```

또한 useEffect는 클래스 컴포넌트의 라이프 사이클 함수와 다르게 한 컴포넌트에 여러 번 정의하여 사용할 수 있다. 따라서 componentDidMount의 역할을 하는 useEffect와, 특정 변수의 값이 변경될 때, 실행되는 로직에 useEffect를 정의할 수 있다.

4) 프로바이더 설정

이제 Context를 사용하기 위해 프로바이더를 설정해 보자. 프로바이더는 Context를 공유할 컴포넌트들의 최상단 공통 부모 컴포넌트에 사용한다. 이번 예제에서는 앱의 최상단 공통 부모 컴포넌트인 src/App.tsx에서 사용하도록 설정했다. src/App.tsx 파일을 열고 다음과 같이 수정한다.

```
import React from 'react';
import Styled from 'styled-components/native';

import { TodoListContextProvider } from '~/Context/TodoListContext';

import Todo from './Screens/Todo';

const Container = Styled.View`
  flex: 1;
  background-color: #EEE;
`;
```

```
const App = () => {
  return (
    <TodoListContextProvider>
      <Container>
        <Todo />
      </Container>
    </TodoListContextProvider>
  );
};

export default App;
```

앞에서 만든 Context에서 프로바이더 컴포넌트를 불러와, 최상단 공통 부모 컴포넌트에 사용하였다. 이로써 App.tsx 컴포넌트를 부모로 하는 모든 컴포넌트에서 할 일 리스트의 Context를 사용할 수 있다.

```
import { TodoListContextProvider } from '~/Context/TodoListContext';
...
const App = () => {
  return (
    <TodoListContextProvider>
      ...
    </TodoListContextProvider>
  );
};
```

5) Todo 컴포넌트

할 일 리스트를 화면에 표시하고 관리할 Todo 컴포넌트 제작해 보자. src/Screens/Todo/index.tsx 파일을 생성하고 다음과 같이 수정한다.

```
import React from 'react';
import Styled from 'styled-components/native';
```

```
import TodoListView from './TodoListView';
import AddTodo from './AddTodo';

const Container = Styled.View`
  flex: 1;
`;

interface Props {}

const Todo = ({  }: Props) => {
  return (
    <Container>
      <TodoListView />
      <AddTodo />
    </Container>
  );
};
export default Todo;
```

앱 구조에서도 설명했지만, 할 일 리스트 앱은 할 일 리스트를 보여줄 TodoListView
컴포넌트와 할 일을 추가할 수 있는 AddTodo 컴포넌트를 가지고 있다.

```
import TodoListView from './TodoListView';
import AddTodo from './AddTodo';
```

이 책에서는 한 컴포넌트에 종속되는 컴포넌트는 src/Components 폴더에 생성하여
분리하지 않고, 종속된 컴포넌트 하위 폴더에 생성한다. 이렇게 관리하면, 해당 컴포
넌트에 종속된 컴포넌트를 쉽게 찾을 수 있으며 공통 컴포넌트와 구별이 되는 장점이
있다.

6) TodoListView 컴포넌트

할 일 리스트를 화면에 표시하기 위한 TodoListView 컴포넌트를 만들어 보자. src/
Screens/Todo/TodoLisView/index.tsx 파일을 만들고 다음과 같이 수정한다.

```tsx
import React from 'react';
import Styled from 'styled-components/native';

import Header from './Header';
import TodoList from './TodoList';

const Container = Styled.SafeAreaView`
  flex: 1;
`;

interface Props {}

const TodoListView = ({ }: Props) => {
  return (
    <Container>
      <Header />
      <TodoList />
    </Container>
  );
};
export default TodoListView;
```

TodoListView 컴포넌트는 단순히 앱 이름을 표시하기 위한 Header 컴포넌트와 할
일 리스트를 표시할 TodoList 컴포넌트를 가지고 있다.

7) Header 컴포넌트

Header 컴포넌트는 TodoListView 컴포넌트 상단에 단순히 앱 이름을 표시하는 컴포
넌트이다. src/Screens/Todo/TodoLisView/Header/index.tsx 파일을 만들고 다음

과 같이 수정한다.

```tsx
import React from 'react';
import Styled from 'styled-components/native';

const Container = Styled.View`
  height: 40px;
  justify-content: center;
  align-items: center;
`;
const TitleLabel = Styled.Text`
  font-size: 24px;
  font-weight: bold;
`;

interface Props {}

const Header = ({  }: Props) => {
  return (
    <Container>
      <TitleLabel>Todo List App</TitleLabel>
    </Container>
  );
};
export default Header;
```

이 Header 컴포넌트는 단순히 Todo List App이라는 문자를 화면에 표시한다.

8) Context 데이터를 사용하는 TodoList 컴포넌트

TodoList 컴포넌트는 TodoListView 컴포넌트에서 실제로 할 일 리스트를 표시하는
컴포넌트이다. 이 컴포넌트에서는 Context를 사용하여 저장된 할 일 데이터를 화면에
표시한다. src/Screens/Todo/TodoListView/TodoList/index.tsx 파일을 만들고 다
음과 같이 수정한다.

```
import React, { useContext } from 'react';
import { FlatList } from 'react-native';
import Styled from 'styled-components/native';

import { TodoListContext } from '~/Context/TodoListContext';

import EmptyItem from './EmptyItem';
import TodoItem from './TodoItem';

const Container = Styled(FlatList)`
`;
interface Props {}

const TodoList = ({  }: Props) => {
  const { todoList, removeTodoList } = useContext<ITodoListContext>(
    TodoListContext
  );
  return (
    <Container
      data={todoList}
      keyExtractor={(item, index) => {
        return `todo-${index}`;
      }}
      ListEmptyComponent={<EmptyItem />}
      renderItem={({ item, index }) => (
        <TodoItem
          text={item as string}
          onDelete={() => removeTodoList(index)}
        />
      )}
      contentContainerStyle={todoList.length === 0 && { flex: 1 }}
    />
  );
};
export default TodoList;
```

함수형 컴포넌트에서 Context를 사용하기 위해서는 리액트 훅의 useContext 함수를
불러와, 사용하고자 하는 Context를 초기 값으로 설정하고, 해당 Context에서 사용하

고자 하는 값들을 불러와 사용할 수 있다.

여기에서는 앞에서 만든 Context인 TodoListContext를 useContext의 초기 값으로 설정하였고 TodoListContext 안에서 사용하고자 하는 todoList 변수와 remove TodoList 함수를 불러왔다.

```
import React, { useContext } from 'react';
...
import { TodoListContext } from '~/Context/TodoListContext';
...
const TodoList = ({  }: Props) => {
  const { todoList, removeTodoList } = useContext<ITodoListContext>(
    TodoListContext
  );
  return (
    ...
  );
};
export default TodoList;
```

TodoList 컴포넌트는 리액트 네이티브의 리스트 뷰 중 하나인 FlatList 컴포넌트를 사용하여 만들었다. FlatList 컴포넌트는 아래와 같이 Props를 전달하여 사용할 수 있다.

```
<Container
  data={todoList}
  keyExtractor={(item, index) => {
    return `todo-${index}`;
  }}
  ListEmptyComponent={<EmptyItem />}
  renderItem={({ item, index }) => (
    <TodoItem
      text={item as string}
      onDelete={() => removeTodoList(index)}
    />
  )}
```

```
contentContainerStyle={todoList.length === 0 && { flex: 1 }}
/>
```

- data: 리스트 뷰에 표시할 데이터의 배열

- keyExtractor: 리액트에서 반복적으로 동일한 컴포넌트를 표시하기 위해서는 컴포넌트에 키 값을 설정해야 한다. 리액트는 이 키 값을 보고 컴포넌트를 구별하는데, 이 키 값을 설정하지 않으면 어떤 컴포넌트를 업데이트 해야 할지 구별할 수 없기 때문에 예상치 못한 결과를 가져올 수 있다. 따라서 반복적으로 동일한 컴포넌트를 표시할 때는 키 값을 설정하며, 설정하지 않으면 리액트는 경고를 표시한다. keyExtractor는 FlatList에서 반복적으로 표시하는 Item에 키 값을 설정하기 위한 Props이다.

- ListEmptyComponent: 주어진 배열에 데이터가 없을 경우 표시되는 컴포넌트이다.

- renderItem: 주어진 배열에 데이터를 사용하여 반복적으로 표시될 컴포넌트이다.

- contentContainerStyle={todoList.length === 0 && {flex: 1}}: 표시할 데이터가 없는 경우, ListEmptyComponent의 컴포넌트가 화면에 표시된다. 하지만 이 컴포넌트도 하나의 리스트 아이템으로 표시되기 때문에, 전체 화면으로 표시되지 않는다. 이 컴포넌트를 전체 화면으로 표시하기 위해 contentContainerStyle에 flex:1을 설정하였다.

| 참고 | 리액트 네이티브는 CSS의 flexbox를 사용하여 화면 레이아웃을 설정한다. CSS의 flexbox에 관해서는 아래에 링크를 참고하길 바란다.

https://developer.mozilla.org/ko/docs/Web/CSS/CSS_Flexible_Box_Layout/Flexbox의_기본_개념

9) TodoList의 EmptyItem 컴포넌트

TodoList 컴포넌트에 데이터가 없을 때, 표시할 EmptyItem 컴포넌트를 만들어 보자.
src/Screens/Todo/TodoListView/TodoList/EmptyItem/index.tsx 파일을 생성하
고 다음과 같이 수정한다.

```tsx
import React from 'react';
import Styled from 'styled-components/native';

const Container = Styled.View`
  flex: 1;
  align-items: center;
  justify-content: center;
`;
const Label = Styled.Text``;
interface Props {}

const EmptyItem = ({  }: Props) => {
  return (
    <Container>
      <Label>하단에 "+" 버튼을 눌러 새로운 할 일을 등록해 본다.</Label>
    </Container>
  );
};
export default EmptyItem;
```

이 컴포넌트는 데이터가 없을 때, 데이터를 추가하도록 안내하는 문구를 단순히 가운
데 정렬로 표시했다.

10) TodoItem 컴포넌트

TodoList 컴포넌트에서 데이터가 있을 때, 해당 데이터를 표시할 TodoItem 컴포넌트
를 만들어 보자. src/Screens/Todo/TodoListView/TodoList/TodoItem/index.tsx
파일을 생성하고 다음과 같이 수정한다.

```
import React from 'react';
import Styled from 'styled-components/native';

const Container = Styled.View`
  flex-direction: row;
  background-color: #FFF;
  margin:4px 16px;
  padding: 8px 16px;
  border-radius: 8px;
  align-items: center;
`;
const Label = Styled.Text`
  flex: 1;
`;
const DeleteButton = Styled.TouchableOpacity``;
const Icon = Styled.Image`
  width: 24px;
  height: 24px;
`;

interface Props {
  text: string;
  onDelete: () => void;
}

const TodoItem = ({ text, onDelete }: Props) => {
  return (
    <Container>
      <Label>{text}</Label>
      <DeleteButton onPress={onDelete}>
        <Icon source={require('~/Assets/Images/remove.png')} />
      </DeleteButton>
    </Container>
  );
};
export default TodoItem;
```

이 컴포넌트는 부모 컴포넌트(TodoList 컴포넌트)로부터, 할 일 데이터 하나(text:

string)를 전달받아 화면에 표시한다. 또한 해당 할 일 데이터를 지우기 위한 삭제 함수(onDelete: () => void)를 전달받아, 삭제 아이콘을 선택하였을 시, 데이터를 삭제하도록 설정했다.

```tsx
interface Props {
  text: string;
  onDelete: () => void;
}

const TodoItem = ({ text, onDelete }: Props) => {
  return (
    <Container>
      <Label>{text}</Label>
      <DeleteButton onPress={onDelete}>
        <Icon source={require('~/Assets/Images/remove.png')} />
      </DeleteButton>
    </Container>
  );
};
```

이것으로 데이터를 표시하기 위한 컴포넌트는 모두 제작했다. 이제 데이터를 추가하기 위한 컴포넌트를 제작해 보자.

11) AddTodo 컴포넌트

할 일 데이터를 추가하기 위한, AddTodo 컴포넌트를 제작해 보자. src/Screens/Todo/AddTodo/index.tsx 파일을 생성하고 다음과 같이 수정한다.

```tsx
import React, { useState } from 'react';

import AddButton from './AddButton';
import TodoInput from './TodoInput';
```

```
interface Props {}

const AddTodo = ({  }: Props) => {
  const [showInput, setShowInput] = useState<boolean>(false);
  return (
    <>
      <AddButton onPress={() => setShowInput(true)} />
      {showInput && <TodoInput hideTodoInput={() => setShowInput(false)}
      />}
    </>
  );
};
export default AddTodo;
```

AddTodo 컴포넌트는 할 일 데이터를 입력받는 TodoInput 컴포넌트와 이 컴포넌트를 표시하기 위한 AddButton 컴포넌트를 가지고 있다.

```
const [showInput, setShowInput] = useState<boolean>(false);
```

useState를 사용하여 할 일 추가 버튼(AddButton 컴포넌트)을 눌렀을 때, 할 일을 입력하는 컴포넌트(TodoInput 컴포넌트)를 화면에 표시하기 위해, showInput이라는 State를 생성하였다.

```
<AddButton onPress={() => setShowInput(true)} />
```

State는 할 일 추가 버튼을 눌렀을 때, 할 일을 입력하는 컴포넌트를 화면에 표시하고,

```
{showInput && <TodoInput hideTodoInput={() => setShowInput(false)} />}
```

할 일을 입력하는 컴포넌트에서 할 일 입력을 완료하면, 해당 컴포넌트를 숨길 수 있도록 설정하였다.

12) AddButton 컴포넌트

할 일을 입력하는 컴포넌트를 화면에 표시하기 위한, AddButton 컴포넌트를 제작해보자. src/Screens/Todo/AddTodo/AddButton/index.tsx 파일을 생성하고 다음과같이 수정한다.

```tsx
import React from 'react';
import Styled from 'styled-components/native';

const Container = Styled.SafeAreaView`
  position: absolute;
  bottom: 0;
  align-self: center;
  justify-content: flex-end;
`;
const ButtonContainer = Styled.TouchableOpacity`
  box-shadow: 4px 4px 8px #999;
`;
const Icon = Styled.Image``;

interface Props {
  onPress?: () => void;
}

const AddButton = ({ onPress }: Props) => {
  return (
    <Container>
      <ButtonContainer onPress={onPress}>
        <Icon source={require('~/Assets/Images/add.png')} />
      </ButtonContainer>
    </Container>
  );
};
export default AddButton;
```

할 일 추가 버튼 컴포넌트는 단순한 이미지 버튼 컴포넌트이다. 이 컴포넌트는 부모로

부터 전달받은 함수(onPress?:() => void)를 이미지 버튼이 선택되었을 때, 호출할
수 있게 연결했다.

```
<ButtonContainer onPress={onPress}>
```

13) TodoInput 컴포넌트

할 일 추가 버튼을 선택했을 때, 표시될 TodoInput 컴포넌트를 생성해 보자. src/
Screens/Todo/AddTodo/TodoInput/index.tsx 파일을 생성하고 다음과 같이 수정
한다.

```
import React from 'react';
import {Platform} from 'react-native';
import Styled from 'styled-components/native';

import Background from './Background';
import TextInput from './TextInput';

const Container = Styled.KeyboardAvoidingView`
  position: absolute;
  top: 0;
  bottom: 0;
  left: 0;
  right: 0;
  justify-content: flex-end;
`;

interface Props {
  hideTodoInput: () => void;
}

const TodoInput = ({ hideTodoInput }: Props) => {
  return (
    <Container behavior={Platform.OS === 'ios' ? 'padding' : undefined}>
```

```
      <Background onPress={hideTodoInput} />
      <TextInput hideTodoInput={hideTodoInput} />
    </Container>
  );
};
export default TodoInput;
```

할 일 입력 컴포넌트는 화면을 어둡게 처리할 Background 컴포넌트와, 할 일 텍스트 를 입력받을 TextInput 컴포넌트를 가지고 있다.

화면에 표시된 TodoInput 컴포넌트를 숨기기 위해 부모 컴포넌트인 AddTodo 컴포 넌트로부터 hideTodoInput 함수를 Props를 통해 전달받았다.

```
interface Props {
  hideTodoInput: () => void;
}
const TodoInput = ({ hideTodoInput }: Props) => {
```

이 함수는 Background 컴포넌트를 선택했을 때, TextInput 컴포넌트에서 텍스트 입 력이 완료되었을 때, 호출하여 컴포넌트를 숨길 예정이다.

```
      <Background onPress={hideTodoInput} />
      <TextInput hideTodoInput={hideTodoInput} />
```

마지막으로 TodoInput에는 KeyboardAvoidingView라는 컴포넌트를 사용하였다.

```
import {Platform} from 'react-native';

const Container = Styled.KeyboardAvoidingView`
…
`;

const TodoInput = ({hideTodoInput}: Props) => {
```

```
return (
  <Container behavior={Platform.OS === 'ios' ? 'padding' : undefined}>
```

KeyboardAvoidingView는 키보드가 활성화되면서 입력창을 가리는 문제를 해결하기 위한 컴포넌트로써 이곳에서는 iOS만 padding 옵션을 주었다.

이렇게 iOS와 안드로이드를 구별하기 위해서 리액트 네이티브가 Platform 모듈을 제공하고 있다.

14) Background 컴포넌트

AddButton 컴포넌트를 선택하여 TodoInput 컴포넌트가 활성화되었을 때, 백그라운드를 어둡게 표시하기 위한 Background 컴포넌트를 만들어 보자. src/Screens/Todo/AddTodo/TodoInput/Background/index.tsx 파일을 생성하고 다음과 같이 수정한다.

```
import React from 'react';
import Styled from 'styled-components/native';

const Container = Styled.TouchableWithoutFeedback`
  position: absolute;
  top: 0;
  bottom: 0;
  left: 0;
  right: 0;
`;

const BlackBackground = Styled.View`
  background-color: #000;
  opacity: 0.3;
  width: 100%;
  height: 100%;
`;
```

```
interface Props {
  onPress: () => void;
}

const Background = ({ onPress }: Props) => {
  return (
    <Container onPress={onPress}>
      <BlackBackground />
    </Container>
  );
};
export default Background;
```

이 Background 컴포넌트는 단순히 검은색 배경의 투명도를 가지는 뷰 컴포넌트를 화면에 표시한다. 또한, 부모 컴포넌트로부터 전달받은 Props의 함수를 통해(onPress: () => void;), 해당 뷰 컴포넌트를 선택하면, TodoInput 컴포넌트를 숨기도록 설정하였다.

15) Context에 데이터를 추가하는 TextInput 컴포넌트

이제 Context를 사용하여 할 일 데이터를 추가할 TextInput 컴포넌트를 생성해 보자. src/Screens/Todo/AddTodo/TodoInput/TextInput/index.tsx 파일을 생성하고 다음과 같이 수정한다.

```
import React, { useContext } from 'react';
import Styled from 'styled-components/native';

import { TodoListContext } from '~/Context/TodoListContext';

const Input = Styled.TextInput`
  width: 100%;
  height: 40px;
```

```
    background-color: #FFF;
    padding: 0px 8px;
`;

interface Props {
  hideTodoInput: () => void;
}

const TextInput = ({ hideTodoInput }: Props) => {
  const { addTodoList } = useContext<ITodoListContext>(TodoListContext);
  return (
    <Input
      autoFocus={true}
      autoCapitalize="none"
      autoCorrect={false}
      placeholder="할 일을 입력한다"
      returnKeyType="done"
      onSubmitEditing={({ nativeEvent }) => {
        addTodoList(nativeEvent.text);
        hideTodoInput();
      }}
    />
  );
};
export default TextInput;
```

TextInput 컴포넌트는 useContext를 사용하여 Context를 사용하도록 설정하였다. useContext의 초기 값으로 우리가 만든 TodoListContext를 전달하고, 전역 데이터 인 할 일 리스트에 데이터를 추가하기 위해 addTodoList 함수를 할당받았다.

```
import React, { useContext } from 'react';
...
import { TodoListContext } from '~/Context/TodoListContext';
...
const TextInput = ({ hideTodoInput }: Props) => {
  const { addTodoList } = useContext<ITodoListContext>(TodoListContext);
  return (
```

```
  <Input
    ...
    onSubmitEditing={({ nativeEvent }) => {
      addTodoList(nativeEvent.text);
      hideTodoInput();
    }}
  />
  );
};
```

이렇게 할당받은 addTodoList 함수는 리액트 네이티브의 컴포넌트인 TextInput의 onSubmitEditing 함수와 연결하였다. onSubmitEditing 함수는 키보드의 "완료" 버튼을 눌렀을 시, 호출되는 TextInput의 함수로서, 이 함수에서 Context에 데이터를 저장하고, TodoInput 컴포넌트를 숨기도록 hideTodoInput 함수를 호출하였다.

▸▸6.5 결과 확인

이제 다음에 명령어를 사용하여 리액트 네이티브를 iOS 또는 안드로이드에서 구동시킨 후 결과를 확인해 보도록 하자.

```
npm run ios
or
npm run android
```

빌드가 완료되고 시뮬레이터가 실행되면 [그림 6-8]과 같은 화면을 확인할 수 있다.

4:43

Todo List App

하단에 "+" 버튼을 눌러 새로운 할일을 등록해 보세요.

iPhone X — 12.0

[그림 6-8] TodoList 앱 결과 화면

하단의 할 일 추가 버튼 컴포넌트를 눌러 할 일을 입력하는 컴포넌트를 표시해 보자.
AddButton 컴포넌트를 선택하면 [그림 6-9]와 같이 TodoInput 컴포넌트가 활성화된
화면을 볼 수 있다.

[그림 6-9] 할 일 입력 컴포넌트

TextInput 컴포넌트에 추가하고자 하는 할 일을 입력한 후, 키보드의 "완료" 버튼을 눌러 데이터를 Context에 저장해 보자.

[그림 6-9]와 같이 키보드가 보이지 않는다면, Hardware > Keyboard > Toggle Software Keyboard 메뉴를 선택하여 키보드를 활성화시킨다.

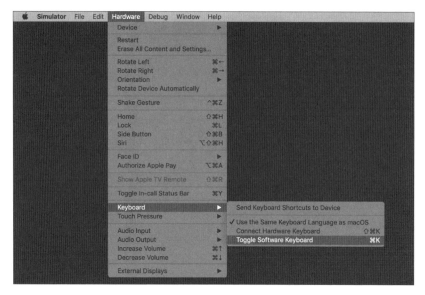

[그림 6-10] 키보드 활성화 메뉴

Context에 데이터가 잘 추가되었다면, [그림 6-10]
과 같이 TodoListView 컴포넌트에 할 일 리스트
가 표시되는 것을 확인할 수 있다.

[그림 6-11] 할 일 리스트 뷰 컴포넌트

174

이제 AsyncStorage의 기능을 확인하기 위해 앱을 종료시키고, 다시 실행해 보자. Context는 메모리에 저장되는 데이터이므로, 앱을 종료시키고, 다시 실행하면 Context의 데이터는 사라지게 된다.

하지만 우리는 AsyncStorage를 사용하여 물리적으로 데이터를 저장하였고, 앱을 실행할 시, useEffect 함수를 통해 Context를 초기화하였다. 따라서, 앱을 재실행해도, 데이터가 문제 없이 표시되는 것을 확인할 수 있다.

표시된 할 일 리스트에 오른쪽에 있는 삭제 버튼을 눌러 데이터를 삭제해 본다. 삭제 버튼을 누르면 [그림 6-12]와 같이 데이터가 잘 삭제되는 것을 확인할 수 있다.

[그림 6-12] 할 일 리스트 뷰 컴포넌트

▸▸6.6 요약

이것으로 Props와 State 이외에 리액트에서 전역 데이터를 관리하는 Context에 대해서 알아보았다. 이제 Props, State와 Context를 사용하여 리액트에서 데이터를 자유자재로 다룰 수 있게 되었다.

리액트에서 Context API를 제공하기 전에는 전역 상태를 관리하는 방법을 제공하지 않았다. 단지 Flux라는 개념을 통해 전역 상태를 관리하는 방법론만 제시하였다. 따라서 Context API가 나오기 전에 전역 상태를 관리하기 위해 Redux, Mobx와 같이 Flux 개념을 구현한 외부 라이브러리를 많이 사용했다. Context API가 나온 후에도, 이미 많은 프로젝트가 Redux, Mobx와 같은 상태 관리 라이브러리를 사용하고 있고, 아직도 많은 개발자들이 이런 라이브러리들을 사용하는 것을 선호한다.

따라서, Context API 사용법에 익숙해지면, Redux나 Mobx를 시간 내어 공부하는 것을 추천한다. 새롭게 시작하는 프로젝트라면 Context API만으로도 충분히 개발이 가능하지만, 이미 시작된 프로젝트나, Redux나 Mobx 등을 사용하는 개발자들과 협업하기 위해서는 공부가 필요하다.

- ▪ Redux: https://redux.js.org/
- ▪ Mobx: https://github.com/mobxjs/mobx

마지막으로, 우리는 이번 예제를 통해 AsyncStorage를 사용하여 데이터를 저장했다. AsyncStorage는 로그인 이후, 서버로부터 전달받은 토큰(Token)을 저장하거나, 정보를 캐싱(Caching)하는데 사용하는 등, 많은 곳에서 활용되므로, 꼭 기억해 두도록 하자.

날씨 앱 -
위치 정보와 API 사용법

CHAPTER **7**

날씨 앱 - 위치 정보와 API 사용법

리액트 네이티브의 Props와 State, Context는 메모리에 데이터를 저장하기 때문에 휘발성이다. 따라서 이 데이터를 영구적으로 저장, 사용하기 위해서 앱 내부에 저장하거나, 앱 외부에 저장해서 사용해야 한다. 6장에서는 AsyncStorage를 통해 앱 내부에 데이터를 저장하고 사용하는 방법에 대해서 알아보았다. 이번 장에서는 API를 통해 앱 외부에 저장된 정보를 가져오는 방법에 대해서 알아봄으로써, 외부에 데이터를 저장, 불러오는 방법에 대해서 이해해 본다.

또한 네이티브 기능 중의 하나인 위치 정보를 습득하는 방법을 알아보고, 이 방법을 통해 리액트 네이티브에서 네이티브 기능을 사용하는 방법에 대해서 살펴보도록 한다.

▸▸**7.1** Fetch

자바스크립트에서 비동기 요청(Request)을 처리하기 위해 XMLHttpRequest(XHR)를 사용했다. XHR API는 이벤트 기반 모델(Event based model)로서 입출력과 상태(State)를 모두 하나의 객체로 관리해야 했다. 또한, 이 상태는 이벤트를 통해 추적했다. 이런 이벤트 기반 모델인 XHR API는 Promise 기반 비동기 프로그래밍 방식과 잘 어울리지 못하였다. 이런 문제를 해결하기 위해 Fetch API가 정의되었으며, HTTP

프로토콜의 모든 개념을 자바스크립트에 도입함으로써 이런 문제들을 해결했다.

기본적으로 Fetch API는 다음과 같이 Promise 기반으로 작성한다.

```
fetch(URL, DATA)
.then(function(response) {
  return response.json();
})
.then(function(json) {
  ...
});
```

리액트 네이티브도 자바스크립트이므로, 비동기 요청을 처리하기 위해, Fetch API를 사용할 수 있다. 이번 예제에서는 Fetch API를 사용하여 앱 외부에 있는 정보를 가져오는 방법에 대해서 알아본다.

▶▶7.2 위치 정보

리액트 네이티브에서 위치 정보 API(Geolocation API)는 웹의 위치 정보 API 스펙을 확장하여 사용한다. 리액트 네이티브는 웹의 위치 정보 API 스펙을 확장하여 사용하기 때문에, 웹에서 사용하는 API(watchPosition, getCurrentPosition 등)를 그대로 사용할 수 있다.

리액트 네이티브는 기본적으로 위치 정보 API를 제공한다. 하지만, 리액트 네이티브가 기본적으로 제공하는 API의 안드로이드 부분은 android.location.API를 사용한다. 구글에서는 이 API가 정확도가 떨어지므로 Google Location Service API를 사용하기를 권장하고 있다. 따라서 이번 예제에서는 Google Location Service API를 사용하도록 구현된 react-native-geolocation-service 라이브러리를 사용하여 위치 정보를 습득할 예정이다.

▶▶7.3 프로젝트 준비

날씨 앱을 제작하기 위해 리액트 네이티브 프로젝트를 생성해 보자. 다음에 리액트 네이티브 CLI 명령어를 사용하여 날씨 앱 프로젝트를 생성한다.

```
react-native init WeatherApp
```

개발을 좀 더 편리하게 하기 위해 타입스크립트, Styled Components, babel-plugin-root-import를 다음 명령어로 설치한다.

```
cd WeatherApp
npm install --save styled-components
npm install --save-dev typescript @types/react @types/react-native
@types/styled-components babel-plugin-root-import
```

설치가 완료되면 타입스크립트 설정을 위해 tsconfig.json 파일을 생성하고 다음 내용을 추가한다.

```
{
  "compilerOptions": {
    "allowJs": true,
    "allowSyntheticDefaultImports": true,
    "esModuleInterop": true,
    "isolatedModules": true,
    "jsx": "react",
    "lib": ["es6"],
    "moduleResolution": "node",
    "noEmit": true,
    "strict": true,
    "target": "esnext",
    "baseUrl": "./src",
    "paths": {
      "~/*": ["*"]
    }
```

```
    },
    "exclude": [
      "node_modules",
      "babel.config.js",
      "metro.config.js",
      "jest.config.js"
    ]
}
```

절대 경로로 컴포넌트를 추가하기 위해 babel.config.js 파일을 열고 다음과 같이 수
정한다.

```
module.exports = {
  presets: ['module:metro-react-native-babel-preset'],
  plugins: [
    [
      'babel-plugin-root-import',
      {
        rootPathPrefix: '~',
        rootPathSuffix: 'src',
      },
    ],
  ],
};
```

자바스크립트 소스코드를 한곳에서 관리하기 위해 src 폴더를 생성하고 App.js 파일
을 App.tsx로 이름을 변경하여 src 폴더로 이동시킨다. 그리고 타입스크립트와 Styled
Components를 사용하여 다음과 같이 src/App.tsx를 수정한다.

```
import React, { Fragment } from 'react';
import { StatusBar, SafeAreaView } from 'react-native';

import {
  Header,
  LearnMoreLinks,
```

```
  Colors,
  DebugInstructions,
  ReloadInstructions,
} from 'react-native/Libraries/NewAppScreen';

import Styled from 'styled-components/native';

const ScrollView = Styled.ScrollView`
  background-color: ${Colors.lighter};
`;

const Body = Styled.View`
  background-color: ${Colors.white};
`;

const SectionContainer = Styled.View`
  margin-top: 32px;
  padding-horizontal: 24px;
`;

const SectionDescription = Styled.Text`
  margin-top: 8px;
  font-size: 18px;
  font-weight: 400;
  color: ${Colors.dark};
`;

const HighLight = Styled.Text`
  font-weight: 700;
`;

interface Props {}

const App = ({  }: Props) => {
  return (
    <Fragment>
      <StatusBar barStyle="dark-content" />
      <SafeAreaView>
        <ScrollView contentInsetAdjustmentBehavior="automatic">
```

```
        <Header />
        <Body>
          <SectionContainer>
            <SectionDescription>Step One</SectionDescription>
            <SectionDescription>
              Edit <HighLight>App.js</HighLight> to change this screen
              and then come back to see your edits.
            </SectionDescription>
          </SectionContainer>
          <SectionContainer>
            <SectionDescription>See Your Changes</SectionDescription>
            <SectionDescription>
              <ReloadInstructions />
            </SectionDescription>
          </SectionContainer>
          <SectionContainer>
            <SectionDescription>Debug</SectionDescription>
            <SectionDescription>
              <DebugInstructions />
            </SectionDescription>
          </SectionContainer>
          <SectionContainer>
            <SectionDescription>Learn More</SectionDescription>
            <SectionDescription>
              Read the docs to discover what to do next:
            </SectionDescription>
          </SectionContainer>
          <LearnMoreLinks />
        </Body>
      </ScrollView>
    </SafeAreaView>
  </Fragment>
  );
};
export default App;
```

마지막으로 index.js 파일을 열고 다음과 같이 수정한다.

```
...
import App from './App';
import App from '~/App';
...
```

이것으로 개발 환경이 갖추어졌다. 이제 본격적으로 날씨 앱을 개발해 보자.

▸▸7.4 개발

이제 리액트 네이티브의 위치 정보 기능과 Fetch API를 이해하기 위해 본격적으로 날씨 앱을 개발해 보자. 우리가 개발할 날씨 앱의 최종 결과는 [그림 7-1]과 같다.

[그림 7-1] 날씨 앱 결과 화면

184

이번에 개발할 날씨 앱은 간단하게 현재 위치 정보를 가져와 해당 위치의 날씨와 온도를 표시할 예정이다.

1) Weather API

Fetch API를 사용하여 앱 외부에 있는 날씨 데이터를 가져오기 위해서는 날씨 정보를 가지고 있는 API가 필요하다. 이번 예제에서는 OpenWeather에서 무료로 제공하는 날씨 API를 사용할 예정이다.

- OpenWeather: https://openweathermap.org/api

OpenWeather 링크를 통해 사이트로 이동하면 [그림 7-2]와 같은 화면을 볼 수 있다.

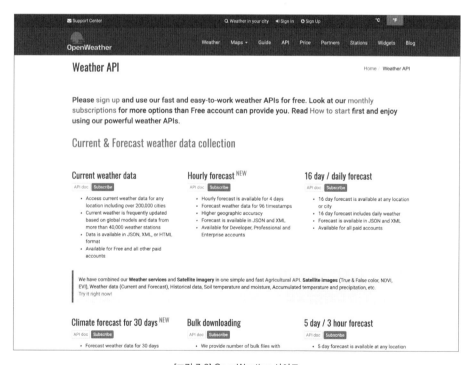

[그림 7-2] OpenWeather 사이트

OpenWeather에서 제공하는 날씨 API를 사용하기 위해서는 OpenWeather 사이트에 회원 가입을 해야 한다. 상단의 Sign Up을 통해 OpenWeather에 회원 가입을 하자.

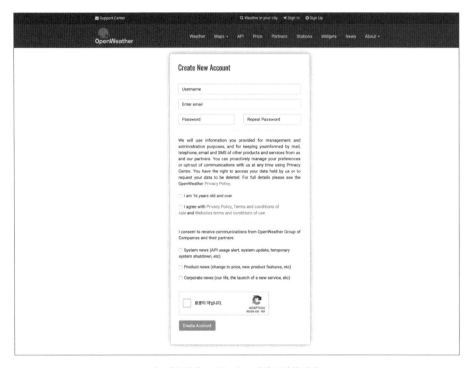

[그림 7-3] OpenWeather 사이트 회원 가입

OpenWeather에 회원 가입을 하면, 날씨 API를 사용할 수 있는 API 키(Key)가 회원 가입할 때 사용한 이메일로 발송된다. 우리는 이 키를 사용하여 날씨 API를 통해 날씨 정보를 가져올 예정이다.

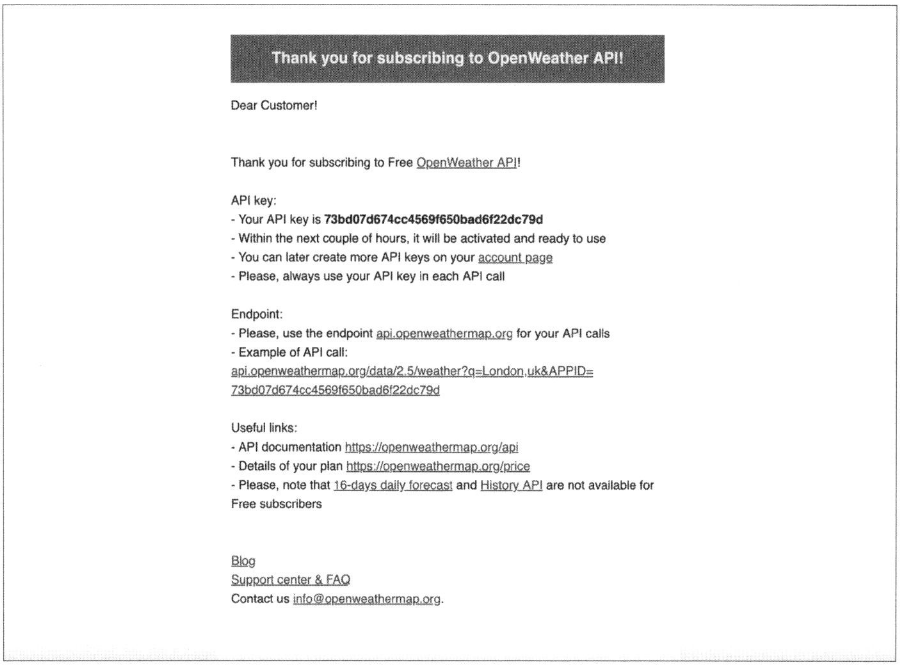
Thank you for subscribing to OpenWeather API!

Dear Customer!

Thank you for subscribing to Free OpenWeather API!

API key:
- Your API key is **73bd07d674cc4569f650bad6f22dc79d**
- Within the next couple of hours, it will be activated and ready to use
- You can later create more API keys on your account page
- Please, always use your API key in each API call

Endpoint:
- Please, use the endpoint api.openweathermap.org for your API calls
- Example of API call:
api.openweathermap.org/data/2.5/weather?q=London,uk&APPID=
73bd07d674cc4569f650bad6f22dc79d

Useful links:
- API documentation https://openweathermap.org/api
- Details of your plan https://openweathermap.org/price
- Please, note that 16-days daily forecast and History API are not available for
Free subscribers

Blog
Support center & FAQ
Contact us info@openweathermap.org.

[그림 7-4] OpenWeather 날씨 API Key

2) 위치 정보

이번 예제에서는 react-native-geolocation-service 라이브러리를 사용하여 위치 정보를 습득할 예정이다.

- react-native-geolocation-service: https://github.com/Agontuk/react-native-geolocation-service

react-native-geolocation-service 라이브러리를 사용하기 위해서는 다음 명령어를 사용하여 라이브러리를 설치한다.

```
npm install -save react-native-geolocation-service
```

iOS에서 react-native-geolocation-service를 사용하여 위치 정보를 습득하기 위해서는 코코아포드를 통해 필요한 라이브러리를 링크한다. 코코아포드를 사용하기 위해 ./ios/Podfile을 열고 다음과 같이 수정한다.

```
platform :ios, '9.0'
require_relative '../node_modules/@react-native-community/cli-platform-
ios/native_modules'

target 'WeatherApp' do
  ...

  pod 'react-native-geolocation', path: '../node_modules/@react-native-
  community/geolocation'

  target 'WeatherAppTests' do
    inherit! :search_paths
    # Pods for testing
  end

  use_native_modules!
end
...
```

파일을 수정했다면 다음의 명령어를 사용하여 라이브러리를 연동한다.

```
# cd ios
pod install
```

iOS, 안드로이드에서 위치 정보를 사용하기 위해서는 사용자 권한(Permission) 설정이 필요하다. iOS에서 권한 설정을 하기 위해 ./ios/Weather/Info.plist 파일을 열고 NSLocationWhenInUseUsageDescription을 찾아 다음과 같이 수정한다.

```
<?xml version="1.0" encoding="UTF-8"?>
<!DOCTYPE plist PUBLIC "-//Apple//DTD PLIST 1.0//EN" "http://www.apple.
```

```
com/DTDs/PropertyList-1.0.dtd">
<plist version="1.0">
<dict>
    ...
    <key>NSLocationWhenInUseUsageDescription</key>
    <string>날씨 정보를 가져오기 위해서는 위치 정보 권한이 필요하다.</string>
    ...
</dict>
</plist>
```

안드로이드에서 권한 설정을 하기 위해 ./android/app/src/main/AndroidManifest.
xml 파일을 열고 다음과 같이 수정한다.

```
<manifest xmlns:android="http://schemas.android.com/apk/res/android"
  package="com.weatherapp">

    <uses-permission android:name="android.permission.INTERNET" />
    <uses-permission android:name="android.permission.ACCESS_FINE_
    LOCATION" />
    ...
</manifest>
```

이것으로 react-native-geolocation-service 라이브러리를 사용하여 위치 정보를 가
져올 준비가 끝났다. 위치 정보가 필요한 곳에서 다음과 같이 사용함으로써 위치 정보
를 습득할 수 있다.

```
import Geolocation from 'react-native-geolocation-service';
...
Geolocation.getCurrentPosition(
    position => {
    ...
    },
    error => {
    ...
    }
);
```

3) WeatherView 컴포넌트

이제 날씨 API와 위치 정보를 사용할 준비가 끝났다. 이렇게 준비한 날씨 API와 위치 정보를 사용하여 날씨 정보를 표시할 WeatherView 컴포넌트를 만들어 보자. ./src/Screens/WeatherView/index.tsx 파일을 생성하고 다음과 같이 수정한다.

```tsx
import React, { useEffect, useState } from 'react';
import { FlatList, Alert } from 'react-native';
import Geolocation from 'react-native-geolocation-service';

import Styled from 'styled-components/native';

const Container = Styled.SafeAreaView`
  flex: 1;
  background-color: #EEE;
`;

const WeatherContainer = Styled(FlatList)``;

const LoadingView = Styled.View`
    flex: 1;
    justify-content: center;
    align-items: center;
`;
const Loading = Styled.ActivityIndicator`
    margin-bottom: 16px;
`;
const LoadingLabel = Styled.Text`
  font-size: 16px;
`;

const WeatherItemContainer = Styled.View`
  height: 100%;
  justify-content: center;
  align-items: center;
`;
const Weather = Styled.Text`
  margin-bottom: 16px;
```

```
    font-size: 24px;
    font-weight: bold;
`;
const Temperature = Styled.Text`
    font-size: 16px;
`;

interface Props {}

const API_KEY = '73bd07d674cc4569f650bad6f22dc79d';

interface IWeather {
  temperature?: number;
  weather?: string;
  isLoading: boolean;
}
const WeatherView = ({  }: Props) => {
  const [weatherInfo, setWeatherInfo] = useState<IWeather>({
    temperature: undefined,
    weather: undefined,
    isLoading: false,
  });

  const getCurrentWeather = () => {
    setWeatherInfo({
      isLoading: false,
    });
    Geolocation.getCurrentPosition(
      position => {
        const { latitude, longitude } = position.coords;
        fetch(
          `http://api.openweathermap.org/data/2.5/weather?lat=${latitude}
          &lon=${longitude}&APPID=${API_KEY}&units=metric`
        )
          .then(response => response.json())
          .then(json => {
            setWeatherInfo({
              temperature: json.main.temp,
              weather: json.weather[0].main,
```

```
            isLoading: true,
          });
        })
        .catch(error => {
          setWeatherInfo({
            isLoading: true,
          });
          showError('날씨 정보를 가져오는데 실패하였다.');
        });
    },
    error => {
      setWeatherInfo({
        isLoading: true,
      });
      showError('위치 정보를 가져오는데 실패하였다.');
    }
  );
};

const showError = (message: string): void => {
  setTimeout(() => {
    Alert.alert(message);
  }, 500);
};

useEffect(() => {
  getCurrentWeather();
}, []);

let data = [];
const { isLoading, weather, temperature } = weatherInfo;
if (weather && temperature) {
  data.push(weatherInfo);
}

return (
  <Container>
    <WeatherContainer
      onRefresh={() => getCurrentWeather()}
```

```
                refreshing={!isLoading}
                data={data}
                keyExtractor={(item, index) => {
                  return `Weather-${index}`;
                }}
                ListEmptyComponent={
                  <LoadingView>
                    <Loading size="large" color="#1976D2" />
                    <LoadingLabel>Loading...</LoadingLabel>
                  </LoadingView>
                }
                renderItem={({ item, index }) => (
                  <WeatherItemContainer>
                    <Weather>{(item as IWeather).weather}</Weather>
                    <Temperature>({(item as IWeather).temperature}°C)</Temperature>
                  </WeatherItemContainer>
                )}
                contentContainerStyle={{ flex: 1 }}
              />
          </Container>
        );
      };

export default WeatherView;
```

이 컴포넌트는 위치 정보와 날씨 API를 모두 사용하여 날씨 정보를 표시하는 단순한 컴포넌트이다. 우선 위치 정보를 사용하기 위해 react-native-geolocation-service 라이브러리를 추가하였다.

```
import Geolocation from 'react-native-geolocation-service';
```

이 앱은 조금 특이하게 화면 표시에 단순히 View 컴포넌트를 사용하지 않고 FlatList 를 사용하였다. FlatList를 사용한 이유는 FlatList의 당겨서 갱신하기(Pull to refresh) 기능을 사용하기 위해서이다. 당겨서 갱신하기 기능은 뒤에서 자세히 살펴보도록 하겠다.

```
const WeatherContainer = Styled(FlatList)``;
```

WeatherView 컴포넌트에서 사용할 정보를 타입스크립트를 사용하여 정의하였다.
또한 이 타입을 useState에서 사용하여 컴포넌트에서 갱신할 수 있는 데이터인 State
를 생성하였다.

```
interface IWeather {
  temperature?: number;
  weather?: string;
  isLoading: boolean;
}
const WeatherView = ({  }: Props) => {
  const [weatherInfo, setWeatherInfo] = useState<IWeather>({
    temperature: undefined,
    weather: undefined,
    isLoading: false,
  });
  ...
};
```

위치 정보를 습득하여 해당 위치의 날씨 정보를 가져오기 위한 getCurrentWeather
함수를 정의하였다.

```
const getCurrentWeather = () => {
    setWeatherInfo({
      isLoading: false,
    });
    Geolocation.getCurrentPosition(
      position => {
        const { latitude, longitude } = position.coords;
        fetch(
          `http://api.openweathermap.org/data/2.5/weather?lat=${latitude}
          &lon=${longitude}&APPID=${API_KEY}&units=metric`
        )
          .then(response => response.json())
```

```
      .then(json => {
        setWeatherInfo({
          temperature: json.main.temp,
          weather: json.weather[0].main,
          isLoading: true,
        });
      })
      .catch(error => {
        setWeatherInfo({
          isLoading: true,
        });
        showError('날씨 정보를 가져오는데 실패하였다.');
      });
    },
    error => {
      setWeatherInfo({
        isLoading: true,
      });
      showError('위치 정보를 가져오는데 실패하였다.');
    }
  );
};
```

Geolocation.getCurrentPosition을 통해 현재 위치의 위도(Latitude)와 경도
(Longitude)를 가져왔다.

```
Geolocation.getCurrentPosition(
  position => {
    const { latitude, longitude } = position.coords;
  },
  error => {
    setWeatherInfo({
      isLoading: true,
    });
    showError('위치 정보를 가져오는데 실패하였다.');
  }
);
};
```

만약 위치 정보 습득에 실패하면, showError 함수를 통해 실패 메시지를 화면에 표시하도록 하였다.

이렇게 가져온 위치 정보를 사용하여 OpenWeather의 API를 Fetch API를 사용하여 호출하였다.

```
fetch(
        `http://api.openweathermap.org/data/2.5/weather?lat=${latitude}
        &lon=${longitude}&APPID=${API_KEY}&units=metric`
    )
        .then(response => response.json())
        .then(json => {
            setWeatherInfo({
                temperature: json.main.temp,
                weather: json.weather[0].main,
                isLoading: true,
            });
        })
        .catch(error => {
            setWeatherInfo({
                isLoading: true,
            });
            showError('날씨 정보를 가져오는데 실패하였다.');
        });
```

Fetch API는 Promise 함수이므로, then과 catch를 사용하여 정상 처리와 에러 처리를 할 수 있다. 정상 처리에서는 API를 통해 가져온 JSON 데이터에서 필요한 데이터를 setWeatherInfo를 통해 State에 설정하였다.

이 getCurrentWeather 함수는 앱이 처음 실행될 때, 당겨서 갱신하기 기능을 사용할 때, 두 곳에서 호출하도록 설정하여 날씨 정보를 가져올 예정이다.

```
const showError = (message: string): void => {
    setTimeout(() => {
```

```
      Alert.alert(message);
    }, 500);
  };
```

showError 함수는 실패 메시지를 표시할 때 사용하는 함수이다. 실패 메시지를 표시할 때, setTimeout을 사용한 이유는 setWeatherInfo를 사용하여 State를 갱신하여 화면을 갱신하지만, Alert.alert에 의해 화면이 갱신되지 않는 문제를 해결하기 위해 비동기로 처리하였다.

```
  useEffect(() => {
    getCurrentWeather();
  }, []);
```

useEffect를 사용하여 WeatherView 컴포넌트가 화면에 표시된 후, 날씨 데이터를 가져오도록 설정하였다. 또한, 두 번째 매개변수로 빈 문자열을 사용함으로써 Props, State가 변경되어 화면이 업데이트될 때에는 호출되지 않도록 설정하였다.

```
  return (
    <Container>
      <WeatherContainer
        onRefresh={() => getCurrentWeather()}
        refreshing={!isLoading}
        ...
      />
    </Container>
  );
```

우리는 6장에서 FlatList의 사용법을 확인하였다. 따라서 FlatList에 대한 자세한 설명은 생략하겠다.

여기에서는 6장과 다르게 FlatList의 당겨서 갱신하기 기능을 사용하였다. onRefresh에 당겨서 갱신할 때, 호출할 함수를 정의한다. refreshing에는 당겨서 갱신하기 기능을 사용하여 데이터를 갱신 중인지, 데이터 갱신이 끝났는지를 알려주기 위한 불린 (Boolean) 값을 설정한다. 이렇게 두 값을 설정하면 당겨서 갱신하기 기능을 사용할 수 있다.

4) App 컴포넌트

마지막으로 우리가 만든 WeatherView 컴포넌트를 사용하기 위해 App 컴포넌트를 수정한다. ./src/App.tsx 파일을 열고 다음과 같이 수정한다.

```
import React from 'react';
import Styled from 'styled-components/native';

import WeatherView from '~/Screens/WeatherView';

const Container = Styled.View`
  flex: 1;
  background-color: #EEE;
`;

interface Props {}

const App = ({  }: Props) => {
  return (
    <Container>
      <WeatherView />
    </Container>
  );
};

export default App;
```

App 컴포넌트는 단순히 우리가 만든 WeatherView 컴포넌트를 불러와 화면에 표시하는 역할을 한다.

▶▶7.5 결과 확인

다음 명령어를 사용하여 리액트 네이티브를 iOS 또는 안드로이드에서 구동시킨 후 우리가 만든 날씨 앱의 결과를 확인해 보도록 하자.

```
npm run ios
or
npm run android
```

빌드가 완료되고 시뮬레이터가 실행되면 [그림 7-5]와 같이 사용자에게 권한을 요청하는 화면을 확인할 수 있다.

[그림 7-5] 날씨 앱 권한 요청

[그림 7-5]에서 표시된 권한 요청 메시지는 ./ios/WeatherApp/Info.plist에서 설정한 내용이 표시되는 것이다.

```
<key>NSLocationWhenInUseUsageDescription</key>
<string>날씨 정보를 가져오기 위해서는 위치 정보 권한이 필요합니다.</string>
```

만약 권한 요청을 허용하지 않는 경우(Don't Allow), [그림 7-6]과 같은 화면을 볼 수 있다.

[그림 7-6] 권한에 의한 실패 메시지

여기서 표시되는 메시지는 우리가 만든 WeatherApp 컴포넌트에서 위치 정보 습득에 실패했을 때, 설정한 것이다.

```
Geolocation.getCurrentPosition(
    position => {
        ...
    },
    error => {
        ...
        showError('위치 정보를 가져오는데 실패하였다.');
    }
);
```

처음 권한 설정에서 위치 정보 권한을 허용하지 않은 경우, [그림 7-7]과 같이 시뮬레이터의 설정을 통해 위치 정보 권한을 수정할 수 있다.

[그림 7-7] 위치 정보 권한 수정

시뮬레이터에서 설정 앱을 선택하고 스크롤하여 하단으로 이동한다. 하단에 우리가 만든 WeatherApp이 표시되는 것을 확인할 수 있다. WeatherApp을 선택하면 위치 정보 권한을 수정할 수 있는 화면이 나온다. 권한을 허용으로 설정한 후 앱으로 되돌아 간다.

[그림 7-8] FlatList의 당겨서 갱신하기 기능

우리가 만든 날씨 앱으로 돌아오면, 위치 정보 습득이 실패한 상태를 확인할 수 있다. 이 상태에서 화면을 아래로 당기면 FlatList의 당겨서 갱신하기 기능을 사용할 수 있다. 이 기능을 사용하여 현재 위치 정보로 날씨 정보를 가져오면, [그림 7-9]와 같이 잘 표시된 날씨 정보를 확인할 수 있다.

[그림 7-9] 날씨 앱 결과 화면

이것으로 위치 정보와 Fetch API를 사용하여 날씨 앱을 제작하는 과정을 살펴보았다.

▸▸7.6 요약

이번 장에서는 네이티브 기능인 단말기의 위치 정보를 가져오기를 살펴보았다. 이를 통해, 리액트 네이티브에서 네이티브 기능을 어떻게 사용하는지에 대해서 알아보았다.

리액트 네이티브에서 대부분 네이티브 기능은 잘 만들어진 오픈소스를 사용한다. 위치 정보 이외에 다른 네이티브 기능을 사용할 일이 있다면, 우선 검색하여 오픈소스가 있는지 확인해보기를 추천한다.

- 커뮤니티 오픈소스: https://github.com/react-native-community
- 오픈소스 모음(1): https://github.com/jondot/awesome-react-native
- 오픈소스 모음(2): https://github.com/madhavanmalolan/awesome-reactnative-ui

만약 자신이 사용하고자 하는 네이티브 기능이 존재하지 않는다면, 이번 기회를 통해 오픈소스에 기여하는 것도 좋은 기회이다.

또한 이번 장에서는 Fetch API를 통해 앱 외부에 있는 정보를 가져오는 방법에 대해서 살펴보았다. 대부분의 앱이 서버에 정보를 저장하거나 가져오기 때문에 Fetch API의 사용법은 매우 중요하다. Fetch API 이외에도 동일한 기능을 하는 Axios 오픈소스도 많은 곳에서 활용되므로 한번 확인해 보기를 권장한다.

- Axios: https://github.com/axios/axios

CHAPTER **8**

영화 소개 앱 -
내비게이션과 앱 리소스

영화 소개 앱 -
내비게이션과 앱 리소스

지금까지 예제 앱을 제작하면서, 리액트 네이티브로 앱을 개발하면서 화면 이동의 경우 내비게이션(Navigation)을 사용하지 않았다. 그 이유는 리액트 네이티브가 기본적으로 내비게이션 기능을 지원하지 않기 때문이다. 그럼 리액트 네이티브에서 내비게이션을 사용하기 위해서는 어떻게 해야 할까? 리액트 네이티브에서 내비게이션을 사용하기 위해서는 역시 오픈소스 라이브러리를 활용해야 한다. 이번 장에서는 리액트 네이티브에서 내비게이션 기능을 구현하기 위해 오픈소스 라이브러리를 활용하는 방법에 대해서 알아본다.

이번 장에서는 좀 더 디자인적인 요소를 다뤄 보려고 한다. 영화 소개 앱을 제작하면서 앱의 아이콘과 스플래시 스크린(Splash screen)을 설정했다. 이전 예제 앱들과는 달리 디자인적인 요소를 좀 더 추가하여 실제 제작하는 앱과 비슷하도록 제작해 보겠다.

[그림 8-1] 영화 소개 앱

▸▸8.1 내비게이션

리액트 네이티브는 기본적으로 내비게이션 기능을 지원하지 않는다. 리액트 네이티브에서 네이티브 기능을 구현하기 위해서는 다음과 같은 오픈소스 라이브러리를 사용한다.

- react-native-navigation: https://github.com/wix/react-native-navigation
- react-navigation: https://github.com/react-navigation/react-navigation

- native-navigation: https://github.com/airbnb/native-navigation
- react-native-router: https://github.com/t4t5/react-native-router
- react-native-router-flux: https://github.com/aksonov/react-native-router-flux

이번 장에서는 리액트 네이티브 공식 사이트에서도 추천하는 react-navigation(v5)을 사용하여 네이티브 기능을 구현할 예정이다.

▸▸8.2 앱 리소스

앱 아이콘과 스플래시 스크린 이미지는 실제 앱 개발에서는 디자이너와 협업하여 만든 것이다. 따라서 이번에 소개할 앱 리소스 생성은 실제 앱 개발에서 크게 활용되지 않을 수 있다.

여기에서는 앱 아이콘과 스플래시 이미지를 간단하게 적용하는 방법을 소개함으로써, 리액트 네이티브에서 앱 아이콘, 스플래시 스크린 이미지의 적용 방법을 이해해 본다.

▸▸8.3 프로젝트 준비

영화 소개 앱을 제작하기 위해 리액트 네이티브 프로젝트를 생성해 보자. 다음 리액트 네이티브 CLI 명령어를 사용하여 영화 소개 앱 프로젝트를 생성한다.

```
react-native init MovieApp
```

개발을 좀 더 편리하게 하기 위해 타입스크립트, Styled Components, babel-plugin-root-import를 다음의 명령어로 설치한다.

```
cd MovieApp
npm install --save styled-components
npm install --save-dev typescript @types/react @types/react-native @
types/styled-components babel-plugin-root-import
```

설치가 완료되면 타입스크립트 설정을 위해 tsconfig.json 파일을 생성하고 다음의 내용을 입력한다.

```
{
  "compilerOptions": {
    "allowJs": true,
    "allowSyntheticDefaultImports": true,
    "esModuleInterop": true,
    "isolatedModules": true,
    "jsx": "react",
    "lib": ["es6"],
    "moduleResolution": "node",
    "noEmit": true,
    "strict": true,
    "target": "esnext",
    "baseUrl": "./src",
    "paths": {
      "~/*": ["*"]
    }
  },
  "exclude": [
    "node_modules",
    "babel.config.js",
    "metro.config.js",
    "jest.config.js"
  ]
}
```

절대 경로로 컴포넌트를 추가하기 위해 babel.config.js 파일을 열고 다음과 같이 수정한다.

```
module.exports = {
  presets: ['module:metro-react-native-babel-preset'],
  plugins: [
    [
      'babel-plugin-root-import',
      {
        rootPathPrefix: '~',
        rootPathSuffix: 'src',
      },
    ],
  ],
};
```

자바스크립트 소스코드를 한곳에서 관리하기 위해 src 폴더를 생성하고 App.js 파일을 App.tsx로 이름을 변경하여 src 폴더로 이동시킨다. 그리고 타입스크립트와 Styled Components를 사용하여 다음과 같이 src/App.tsx 파일을 수정한다.

```
import React, { Fragment } from 'react';
import { StatusBar, SafeAreaView } from 'react-native';

import {
  Header,
  LearnMoreLinks,
  Colors,
  DebugInstructions,
  ReloadInstructions,
} from 'react-native/Libraries/NewAppScreen';

import Styled from 'styled-components/native';

const ScrollView = Styled.ScrollView`
  background-color: ${Colors.lighter};
`;

const Body = Styled.View`
  background-color: ${Colors.white};
`;
```

```
const SectionContainer = Styled.View`
  margin-top: 32px;
  padding-horizontal: 24px;
`;

const SectionDescription = Styled.Text`
  margin-top: 8px;
  font-size: 18px;
  font-weight: 400;
  color: ${Colors.dark};
`;

const HighLight = Styled.Text`
  font-weight: 700;
`;

interface Props {}

const App = ({  }: Props) => {
  return (
    <Fragment>
      <StatusBar barStyle="dark-content" />
      <SafeAreaView>
        <ScrollView contentInsetAdjustmentBehavior="automatic">
          <Header />
          <Body>
            <SectionContainer>
              <SectionDescription>Step One</SectionDescription>
              <SectionDescription>
                Edit <HighLight>App.js</HighLight> to change this screen
                and then come back to see your edits.
              </SectionDescription>
            </SectionContainer>
            <SectionContainer>
              <SectionDescription>See Your Changes</SectionDescription>
              <SectionDescription>
                <ReloadInstructions />
              </SectionDescription>
```

```
              </SectionContainer>
              <SectionContainer>
                <SectionDescription>Debug</SectionDescription>
                <SectionDescription>
                  <DebugInstructions />
                </SectionDescription>
              </SectionContainer>
              <SectionContainer>
                <SectionDescription>Learn More</SectionDescription>
                <SectionDescription>
                  Read the docs to discover what to do next:
                </SectionDescription>
              </SectionContainer>
              <LearnMoreLinks />
            </Body>
          </ScrollView>
        </SafeAreaView>
      </Fragment>
  );
};
export default App;
```

마지막으로 index.js 파일을 열고 다음과 같이 수정한다.

```
...
import App from './App';
import App from '~/App';
...
```

이것으로 개발 환경이 갖추어졌다. 이제 본격적으로 영화 소개 앱을 개발해 보자.

≫8.4 개발

이제 react-navigation과 앱 리소스들을 활용하여 영화 소개 앱을 제작해 보도록 하겠다. 우리가 개발할 영화 소개 앱의 최종 결과는 [그림 8-2]와 같다.

[그림 8-2] 영화 소개 앱 결과 화면

이번에는 이전 예제들과 다르게 조금 디자인 요소를 가미하여 좀 더 실전에서 사용하는 앱과 같이 만들어 보았다. 여기서 사용한 리소스는 깃헙(Github)에서 확인할 수 있다.

- 깃헙: https://github.com/bjpublic/Reactnative

1) 앱 아이콘

앱에 간단하게 아이콘과 스플래시 스크린 이미지를 적용하기 위해 우리는 react-native-make를 사용할 예정이다. 아래의 링크를 통해 react-native-make에 대해서 확인할 수 있다.

- react-native-make: https://github.com/bamlab/react-native-make

react-native-make를 사용하여 앱 아이콘과 스플래시 스크린 이미지를 생성하기 위해서는 다음의 명령어로 라이브러리를 설치한다.

```
npm install --save-dev @bam.tech/react-native-make
```

react-native-make로 스플래시 스크린 이미지를 다루기 위해서는 react-native-splash-screen 라이브러리가 추가적으로 필요하다. 다음의 명령어를 사용하여 react-native-splash-screen 를 설치한다.

```
npm install --save react-native-splash-screen
cd ios
pod install
```

필요한 라이브러리 설치가 끝났다. 이제 앱 아이콘을 생성해 보자.

앱 아이콘을 생성하기 위해서는 1024 × 1024px 사이즈의 png 형식의 이미지 파일이 필요하다. 파일을 준비하였다면, ./src/Assets/Images/app_icon.png로 이름을 변경하여 복사한다.

우리가 설치한 react-native-make를 사용하여 앱 아이콘을 생성하기 위해 다음의 명령어를 실행한다.

```
react-native set-icon --path ./src/Assets/Images/app_icon.png
```

명령어 실행이 완료되었다면, 다음의 명령어를 실행하여 앱 아이콘이 잘 생성되었는지 확인해 보자.

```
npm run ios
or
npm run android
```

앱 아이콘 생성이 완료되었다면, [그림 8-3]과 같이 앱 아이콘이 적용된 것을 확인할 수 있다.

[그림 8-3] 영화 소개 앱 아이콘 적용

2] 스플래시 스크린 이미지

다음으로 스플래시 스크린 이미지를 생성하는 방법에 대해 알아보자. 스플래시 스크린 이미지를 생성하기 위해서는 3000 ×3000 px 사이즈의 png 파일이 필요하다.

iOS에 Storyboard 기능이 생기면서, iOS에서 스플래시 스크린을 생성하기 위해서는 스플래시 스크린용 Storyboard를 생성한다. Storyboard를 생성하기 위해 ios/Movie App.xcworkspace 파일을 실행한다. Xcode가 활성화되면 [그림 8-4]와 같이 왼쪽 상단의 프로젝트 폴더에서 마우스 우클릭하고, New File…메뉴를 선택한다.

[그림 8-4] New File 메뉴

메뉴를 선택하면 [그림 8-5]와 같은 화면을 볼 수 있다. 오른쪽 하단에 있는 Launch Screen을 선택하고 Next 버튼을 선택한다.

[그림 8-5] Launch Screen 선택

마지막으로 [그림 8-6]과 같은 화면이 나오면 Save As 항목에 SplashScreen을 입력하고 Create 버튼을 눌러 Launch Screen을 생성한다.

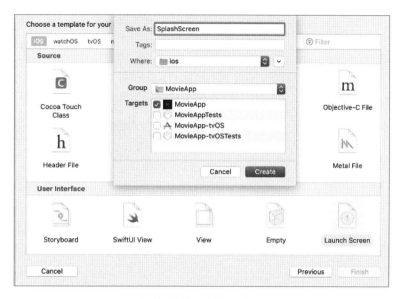

[그림 8-6] Launch Screen 생성

이제 iOS/MovieApp/AppDelegate.m 파일을 열고 아래의 내용과 같이 수정한다.

```
#import "RNSplashScreen.h"

- (BOOL)application:(UIApplication *)application didFinishLaunchingWithOptions:(NSDictionary *)launchOptions
{
  ...
  [RNSplashScreen show];
  return YES;
}
```

iOS에서 스플래시 스크린을 화면에 표시할 준비가 되었다. 이제 스플래시 스크린을 생성하기 위해 준비한 png 파일을 ./src/Assets/Images/app_splash.png로 이름을 변경하여 복사한다. 복사가 완료되었다면 다음의 명령어를 사용하여 각 OS에 맞는 스플래시 스크린 이미지를 생성한다.

```
react-native set-splash --path ./src/Assets/Images/app_splash.png
--resize cover
```

명령어 실행이 완료되면 android/app/src/main/java/com/movieapp/MainActivity. java에 다음과 같은 코드가 추가된 것을 확인할 수 있다.

```
import org.devio.rn.splashscreen.SplashScreen;

public class MainActivity extends ReactActivity {
    @Override
    protected void onCreate(Bundle savedInstanceState) {
        SplashScreen.show(this, R.style.SplashScreenTheme);
        super.onCreate(savedInstanceState);
    }
    ...
}
```

여기서 SplashScreen.show(this, R.style.SplashScreenTheme)을 SplashScreen. show(this, true)으로 수정해 주자. 이렇게 수정해 주면 안드로이드에서 스플래시 이미지가 화면 전체로 표시된다.

iOS인 경우 ios/MovieApp/AppDelegate.m 파일을 열고 다음과 같이 수정해 준다.

```
#import "RNSplashScreen.h"

- (BOOL)application:(UIApplication *)application didFinishLaunchingWithOp
tions:(NSDictionary *)launchOptions
{
  ...
  [RNSplashScreen show];
  return YES;
}
```

리액트 네이티브의 소스코드는 앱이 실행된 이후, 실행된다. 따라서 앱이 실행되기 전 화면에 표시되는 스플래시 이미지는 리액트 네이티브 소스코드로 화면에 표시할 수 없다. 그렇기 때문에 react-native-make 라이브러리는 스플래시 생성 명령어를 실행하였을 때, 위와 같이 자동적으로 네이티브의 소스코드를 추가해 준다. 만약 자동적으로 추가되지 않았다면, 위와 같이 추가한다.

다음의 명령어를 실행하여 앱을 실행시켜 보면, [그림 8-7]과 같이 스플래시 이미지가 적용된 것을 확인할 수 있다.

```
npm run ios
or
npm run android
```

[그림 8-7] 스플래시 스크린 이미지 적용

앱을 실행시키면 우리가 만든 스플래시 화면을 확인할 수 있다. 하지만 이전과 다르게 리액트 네이티브 화면으로 진행되지 않는다. 그 이유는 네이티브 코드로 실행시킨 스플래시 이미지를 리액트 네이티브 코드로 종료시키지 않았기 때문이다. 우리는 추후 다음과 같은 코드로 스플래시 이미지를 종료시킬 것이다.

```
import SplashScreen from 'react-native-splash-screen';
...
SplashScreen.hide();
```

3) AsyncStorage

이번 장에서는 내비게이션을 활용하여 앱에서 로그인을 처리하는 방법을 살펴보려고 한다. 이때 로그인 정보를 앱 내에 저장하기 위해, 6장에서 살펴본 AsyncStorage를 사용할 예정이다.

AsyncStorage을 사용하기 위해서는 라이브러리를 설치할 필요가 있다. 다음의 명령어로 라이브러리를 설치한다.

```
npm install --save @react-native-community/async-storage
cd ios
pod install
```

4) 내비게이션

이제 react-navigation을 사용하여 리액트 네이티브에서 내비게이션 시스템을 이용하여 화면을 전환해 보자. 내비게이션을 사용하기 위해 다음의 명령어들로 react-navigation (v5)을 설치한다. react-native-gesture-handler와 react-native-reanimated 등은 react-navigation을 사용하기 위해 필요한 라이브러리들이다.

```
npm install --save @react-navigation/native
npm install --save react-native-reanimated react-native-gesture-handler
react-native-screens react-native-safe-area-context @react-native-
community/masked-view
cd ios
pod install
```

위에서 설치한 라이브러리들은 기본적으로 내비게이션을 사용하기 위한 라이브러리이다. 이 라이브러리 이외에 실제로 사용할 내비게이션의 라이브러리들도 설치해야한다. 이번 예제에서는 Stack Navigation만을 사용할 예정이므로 아래의 명령어를 사용하여 Stack Navigation을 설치해 준다.

```
npm install --save @react-navigation/stack
cd ios
pod install
```

참고로 다른 내비게이션을 사용하고 싶은 경우, 아래와 같이 해당 내비게이션 라이브러리를 따로 설치해야 한다.

```
# Stack Navigation
npm install --save @react-navigation/stack
# Drawer Navigation
npm install --save @react-navigation/drawer
# Bottom Tab Navigation
npm install --save @react-navigation/bottom-tabs
# Material Bottom Tab Navigation
npm install --save @react-navigation/material-bottom-tabs react-native-
paper
# Material Top Tab Navigation
npm install --save @react-navigation/material-top-tabs react-native-tab-
view
```

이처럼 라이브러리가 세부적으로 나눠진 이유는, 사용하지 않는 내비게이션이 포함되어 불필요하게 라이브러리 사이즈 및 앱의 파일 사이즈가 커지는 것을 방지하기 위해서이다.

내비게이션을 사용하기 위해서는 사용할 내비게이션, 화면을 미리 정의해야 한다. 여기에서는 ./src/Screens/Navigator.tsx 파일을 만들고 앱 전체에서 사용할 내비게이션을 미리 정의하였다.

```
import React, {useContext} from 'react';
import {NavigationContainer} from '@react-navigation/native';
import {createStackNavigator} from '@react-navigation/stack';

import {UserContext} from '~/Context/User';

import Loading from '~/Screens/Loading';

import Login from '~/Screens/Login';
import MovieHome from '~/Screens/MovieHome';
import MovieDetail from '~/Screens/MovieDetail';

const Stack = createStackNavigator();

const LoginNavigator = () => {
  return (
    <Stack.Navigator>
      <Stack.Screen
        name="Login"
        component={Login}
        options={{
          title: 'MOVIEAPP',
          headerTransparent: true,
          headerTintColor: '#E70915',
          headerTitleStyle: {
            fontWeight: 'bold',
          },
        }}
      />
    </Stack.Navigator>
```

```
    );
};

const MovieNavigator = () => {
  return (
    <Stack.Navigator>
      <Stack.Screen
        name="MovieHome"
        component={MovieHome}
        options={{
          title: 'MOVIEAPP',
          headerTintColor: '#E70915',
          headerStyle: {
            backgroundColor: '#141414',
            borderBottomWidth: 0,
          },
          headerTitleStyle: {
            fontWeight: 'bold',
          },
        }}
      />
      <Stack.Screen
        name="MovieDetail"
        component={MovieDetail}
        options={{
          title: 'MOVIEAPP',
          headerTintColor: '#E70915',
          headerStyle: {
            backgroundColor: '#141414',
            borderBottomWidth: 0,
          },
          headerTitleStyle: {
            fontWeight: 'bold',
          },
          headerBackTitleVisible: false,
        }}
      />
    </Stack.Navigator>
  );
```

```
};

export default () => {
  const {isLoading, userInfo} = useContext<IUserContext>(UserContext);

  console.log(isLoading);
  console.log(userInfo);
  if (isLoading === false) {
    return <Loading />;
  }
  return (
    <NavigationContainer>
      {userInfo ? <MovieNavigator /> : <LoginNavigator />}
    </NavigationContainer>
  );
};
```

영화 소개 앱에서는 내비게이션 중 가장 많이 사용되는 Stack Navigation을 사용할
예정이다. 또한 로그인 판단을 하고, 로그인을 하지 않은 경우, 로그인 내비게이션을,
로그인을 한 경우 메인 내비게이션을 표시하도록 할 예정이다.

```
import React, {useContext} from 'react';
import {NavigationContainer} from '@react-navigation/native';
```

NavigationContainer는 내비게이션을 다루기 위한 State, 링크 등을 관리한다. 따라
서 내비게이션을 사용할 경우, 항상 마지막은 NavigationContainer으로 내비게이션
을 감싸서 제공해야 한다.

```
export default () => {
  ...
  return (
    <NavigationContainer>
      ...
    </NavigationContainer>
```

224

```
    );
};
```

Stack Navigation을 사용하기 위해서는 createStackNavigator을 사용해야 한다. 이번 예제에서는 영화 리스트 화면에서 영화를 선택하면 영화의 상세 페이지를 보여주기 위해 사용할 예정이다. 이 내비게이션은 영화 리스트 화면 위에 상세 페이지 화면을 쌓아서(stack) 표시한다.

```
...
import {createStackNavigator} from '@react-navigation/stack';
…
import MovieHome from '~/Screens/MovieHome';
import MovieDetail from '~/Screens/MovieDetail';
…
const Stack = createStackNavigator();
…
const MovieNavigator = () => {
  return (
    <Stack.Navigator>
      <Stack.Screen
        name="MovieHome"
        component={MovieHome}
        options={{...}}
      />
      <Stack.Screen
        name="MovieDetail"
        component={MovieDetail}
        options={{...}}
      />
    </Stack.Navigator>
  );
};
```

이번 앱에서는 로그인, 로그아웃, 로그인 여부를 확인하기 위해 Context API를 사용할 예정이다. 로그인 여부를 확인하는 동안 화면에는 Loading 화면을 표시하고, 만약 로그인을 하였다면 MovieNavigator를, 로그인을 하지 않았다면, LoginNavigator를 표시할 예정이다.

```
...
import {UserContext} from '~/Context/User';

import Loading from '~/Components/Loading';
...
export default () => {
  const {isLoading, userInfo} = useContext<IUserContext>(UserContext);

  if (isLoading === false) {
    return <Loading />;
  }
  return (
    <NavigationContainer>
      {userInfo ? <MovieNavigator /> : <LoginNavigator />}
    </NavigationContainer>
  );
};
```

Login 화면에는 로그인 기능뿐만 아니라 회원 가입 화면도 존재할 수 있다. 이번 영화 소개 앱에서는 회원 가입 화면은 만들지 않았지만, 확장성을 위해 Login 화면을 createStackNavigator를 사용하여 내비게이션 기능을 추가하였다.

```
const LoginNavigator = () => {
  return (
    <Stack.Navigator>
      <Stack.Screen
        name="Login"
        component={Login}
        options={{...}}
      />
    </Stack.Navigator>
  );
};
```

이것으로 내비게이션을 사용할 준비가 되었다. 이제 이 내비게이션을 실제로 사용하기 위해 ./src/App.tsx 파일을 다음과 같이 수정하자.

```tsx
import React from 'react';
import {StatusBar} from 'react-native';
import Navigator from '~/Screens/Navigator';

import {UserContextProvider} from '~/Context/User';
const App = () => {
  return (
    <UserContextProvider>
      <StatusBar barStyle="light-content" />
      <Navigator />
    </UserContextProvider>
  );
};
export default App;
```

이제 각 화면에 맞는 컴포넌트를 제작하여 영화 소개 앱을 만들어 보자.

5) UserContext 컴포넌트

UserContext 컴포넌트에서는 로그인, 로그아웃 기능과 로그인 여부를 알 수 있도록 사용자 정보를 보유할 예정이다. 이 예제에서는 실제로 로그인 처리를 조치할 서버를 구현하지 않는다. 따라서, 로그인 시 임시로 키(key)를 생성하여 AsyncStorage에 저장한 후, 단순히 키의 존재 여부로 로그인 여부를 체크할 것이다.

우선 예제에서는 사용할 전역 데이터를 정의하기 위해 ./src/Context/User/@types/index.d.ts 파일을 생성하고 다음과 같이 작성한다.

```ts
interface IUserInfo {
  name: string;
  email: string;
```

```
}

interface IUserContext {
  isLoading: boolean;
  userInfo: IUserInfo | undefined;
  login: (email: string, password: string) => void;
  getUserInfo: () => void;
  logout: () => void;
}
```

이번 예제에서 사용할 UserContext는 데이터를 불러왔는지 여부를 확인하기 위한
isLoading 변수와 사용자 정보가 있는 userInfo 변수를 가지고 있으며, 로그인(login)
과 로그아웃(logout)을 처리하기 위한 함수, 사용자 정보를 가져올 수 있는 getUser
Info 함수를 포함하고 있다.

사용자 정보는 서비스마다 다르다. 이번 예제에서는 간단하게 사용자의 이름(name)
과 이메일 주소(email)를 갖는 서비스라고 가정하고 제작할 예정이다.

이제 실제 데이터를 조작하기 위한 UserContext를 만들기 위해 ./scr/Context/User/
index.tsx 파일을 만들고 다음과 같이 수정한다.

```
import React, {createContext, useState, useEffect} from 'react';
import AsyncStorage from '@react-native-community/async-storage';

const defaultContext: IUserContext = {
  isLoading: false,
  userInfo: undefined,
  login: (email: string, password: string) => {},
  getUserInfo: () => {},
  logout: () => {},
};

const UserContext = createContext(defaultContext);

interface Props {
```

```
  children: JSX.Element | Array<JSX.Element>;
}

const UserContextProvider = ({children}: Props) => {
  const [userInfo, setUserInfo] = useState<IUserInfo |
  undefined>(undefined);
  const [isLoading, setIsLoading] = useState<boolean>(false);

  const login = (email: string, password: string): void => {
    // Use Eamil and Passowrd for login API
    // Get token and UserInfo via Login API
    AsyncStorage.setItem('token', 'save your token').then(() => {
      setUserInfo({
        name: 'dev-yakuza',
        email: 'dev.yakuza@gamil.com',
      });
      setIsLoading(true);
    });
  };

  const getUserInfo = (): void => {
    AsyncStorage.getItem('token')
      .then(value => {
        if (value) {
          setUserInfo({
            name: 'dev-yakuza',
            email: 'dev.yakuza@gamil.com',
          });
        }
        setIsLoading(true);
      })
      .catch(() => {
        setUserInfo(undefined);
        setIsLoading(true);
      });
  };

  const logout = (): void => {
    AsyncStorage.removeItem('token');
```

```
    setUserInfo(undefined);
  };

  useEffect(() => {
    getUserInfo();
  }, []);

  return (
    <UserContext.Provider
      value={{
        isLoading,
        userInfo,
        login,
        getUserInfo,
        logout,
      }}>
      {children}
    </UserContext.Provider>
  );
};
export {UserContextProvider, UserContext};
```

Context API를 사용하기 위해 기본적으로 createConetxt와 useState를 사용하며, useEffect를 통해 로그인을 한 사용자인지 여부를 파악할 예정이다.

```
import React, {createContext, useState, useEffect} from 'react';
import AsyncStorage from '@react-native-community/async-storage';
```

또한 로그인하면 서버에서 토큰 키(Token Key)를 받았다고 가정하고, 그 키를 저장하기 위해 AsyncStorage를 사용할 예정이다.

다음은 Context API를 사용하여 전역 데이터를 관리하기 위한 기본 구조이다.

```
const defaultContext: IUserContext = {
  isLoading: false,
```

```
    userInfo: undefined,
    login: (email: string, password: string) => {},
    getUserInfo: () => {},
    logout: () => {},
};

const UserContext = createContext(defaultContext);

interface Props {
    children: JSX.Element | Array<JSX.Element>;
}

const UserContextProvider = ({children}: Props) => {
    const [userInfo, setUserInfo] = useState<IUserInfo |
    undefined>(undefined);
    const [isLoading, setIsLoading] = useState<boolean>(false);
    ...
    return (
        <UserContext.Provider
            value={{
                isLoading,
                userInfo,
                login,
                getUserInfo,
                logout,
            }}>
            {children}
        </UserContext.Provider>
    );
};
export {UserContextProvider, UserContext};
```

이번 예제에서 사용할 UserContext는 데이터를 불러왔는지 여부(isLoading - 실제로 API를 사용하여 데이터를 불러오는 동안 시간차가 생기며 그 시간차를 알게 하기 위한 변수), 사용자 정보를 담을 userInfo 변수, 그리고 로그인(login)과 로그아웃(logout) 을 위한 함수와 사용자 정보를 습득하기 위한 getUserInfo 함수로 구성되어 있다.

사용자 정보(userInfo)와 데이터를 불러왔는지 여부(isLoading)의 데이터는 컴포넌트에서 변경되는 변수이므로 useState를 사용하여 선언하였다.

```
const login = (email: string, password: string): void => {
    // Use Eamil and Passowrd for login API
    // Get token and UserInfo via Login API
    AsyncStorage.setItem('token', 'save your token').then(() => {
      setUserInfo({
        name: 'dev-yakuza',
        email: 'dev.yakuza@gamil.com',
      });
      setIsLoading(true);
    });
  };
```

실제 로그인 함수는 Fetch API를 통해 데이터를 서버에 보낸 후, 서버에서 받은 토큰 키를 AsyncStorage에 저장하고 사용자 정보를 useState를 사용하여 설정한 후 전역 데이터로 다룬다. 하지만 이번 예제에서는 로그인을 담당할 서버가 없으므로 Fetch API의 사용은 생략하였고, 서버에서 토큰 키와 사용자 정보를 받았다는 가정하에 진행하도록 하였다.

로그인 이후에 앱을 실행하며 AsyncStorage에 있는 토큰 키를 사용하여 서버에서 사용자 정보를 습득해 봄으로써, 정상적인 토큰 키인지, 사용자가 로그인을 한 상태인지 여부를 확인한다.

```
const getUserInfo = (): void => {
    AsyncStorage.getItem('token')
      .then((value) => {
        if (value) {
          // Get UserInfo via UserInfo API
          setUserInfo({
            name: 'dev-yakuza',
            email: 'dev.yakuza@gamil.com',
          });
```

```
      }
      setIsLoading(true);
    })
    .catch(() => {
      setUserInfo(undefined);
      setIsLoading(true);
    });
  };
...
useEffect(() => {
    getUserInfo();
  }, []);
```

이번 예제에서는 useEffect를 사용하여 앱이 실행된 후, getUserInfo 함수를 호출하여 로그인 여부를 체크한다. 실제 토큰 키의 체크(Validation)는 진행하지 않고, 토큰 키가 있다면, 로그인을 한 상태라고 가정하고, 사용자 정보를 useState를 사용하여 설정하였다.

```
const logout = (): void => {
    AsyncStorage.removeItem('token');
    setUserInfo(undefined);
  };
```

마지막으로, 로그아웃 함수는 단순히 현재 저장하고 있는 AsyncStorage를 삭제하고 useState를 사용하여 사용자 정보를 초기화하였다. 실제 서비스에서는 토큰 키를 삭제(revoke)하는 처리를 넣기도 한다.

6) Loading 컴포넌트

[그림 8-8]과 같이 데이터를 불러오는 중일 때, 화면에 표시하는 Loading 컴포넌트를 제작해 보자. 이 Loading 컴포넌트는 로그인을 확인할 때, 영화의 상세 페이지를 표시할 때, 활용할 예정이다.

[그림 8-8] Loading 컴포넌트 화면

Loading 컴포넌트를 만들기 위해 ./src/Screens/Loading/index.tsx 파일을 생성하고 다음과 같이 수정한다.

```
import React from 'react';
import {ActivityIndicator} from 'react-native';
import Styled from 'styled-components/native';

const Container = Styled.View`
  flex: 1;
  background-color: #141414;
  align-items: center;
  justify-content: center;
`;
```

```
const Loading = () => {
  return (
    <Container>
      <ActivityIndicator color="#E70915" size="large" />
    </Container>
  );
};


export default Loading;
```

Loading 컴포넌트는 리액트 네이티브가 제공하는 ActivityIndicator를 사용하여 화면
에 로딩 중임을 표시하는 단순한 컴포넌트이다.

이 Loading 컴포넌트를 활용하는 부분을 확인하기 위해, 내비게이션을 정의한 ./src/
Screens/Navigator.tsx 파일을 열고, 파일의 하단을 확인해 보면 다음과 같다.

```
...
export default () => {
  const {isLoading, userInfo} = useContext<IUserContext>(UserContext);

  if (isLoading === false) {
    return <Loading />;
  }
  return (
    <NavigationContainer>
      {userInfo ? <MovieNavigator /> : <LoginNavigator />}
    </NavigationContainer>
  );
}
```

로그인 여부를 확인하기 위해 userCotext에서 서버와 통신하는 사이에 이 컴포넌
트를 활용하여 로딩 중임을 표시하였다. 서버에서 응답을 받으면 isLoading이 true
로 변경되고, 사용자 정보가 있으면 MovieNavigator를 사용자 정보가 없으면 Login
Navigator를 표시하였다.

Loading 컴포넌트를 활용하는 방법을 설명하기 위해 서버와 통신하였다고 표현했지만, 이번 예제에서는 실제로 서버와 통신하지 않는다. 하지만 실전에서 사용할 때는 UserContext에서 서버와 통신하게 될 것이다.

7) Login 컴포넌트

Navigator.tsx 파일을 보면, UserContext를 통해 로그인 여부를 체크하고 로그인하지 않은 상태인 경우, 로그인 내비게이션을 표시한다. 이번 예제에서 로그인 내비게이션은 Login 컴포넌트 하나만을 포함하고 있으며, [그림 8-9]와 같은 화면으로 구성된다.

[그림 8-9] 로그인 화면

그럼 이제, 로그인 내비게이션을 구성하는 Login 컴포넌트를 구현해 보자. Login 컴포넌트를 만들기 위해 ./src/Screens/Login/index.tsx 파일을 생성하고 다음과 같이 수정한다.

```
import React, {useContext, useEffect} from 'react';
import Styled from 'styled-components/native';
import {Linking} from 'react-native';
import SplashScreen from 'react-native-splash-screen';
import {StackNavigationProp} from '@react-navigation/stack';

import {UserContext} from '~/Context/User';

import Input from '~/Components/Input';
import Button from '~/Components/Button';
import {UserContext} from '~/Context/User';

import Input from '~/Components/Input';
import Button from '~/Components/Button';

const Container = Styled.SafeAreaView`
  flex: 1;
  background-color: #141414;
  align-items: center;
  justify-content: center;
`;
const FormContainer = Styled.View`
  width: 100%;
  padding: 40px;
`;

const PasswordReset = Styled.Text`
  width: 100%;
  font-size: 12px;
  color: #FFFFFF;
  text-align: center;
`;

type NavigationProp = StackNavigationProp<LoginNaviParamList, 'Login'>;
```

```
interface Props {
  navigation: NavigationProp;
}

const Login = ({navigation}: Props) => {
  const {login} = useContext<IUserContext>(UserContext);

  useEffect(() => {
    SplashScreen.hide();
  }, []);

  return (
    <Container>
      <FormContainer>
        <Input style={{marginBottom: 16}} placeholder="이메일" />
        <Input
          style={{marginBottom: 16}}
          placeholder="비밀번호"
          secureTextEntry={true}
        />
        <Button
          style={{marginBottom: 24}}
          label="로그인"
          onPress={() => {
            login('dev.yakuza@gmail.com', 'password');
          }}
        />
        <PasswordReset
          onPress={() => {
            Linking.openURL('https://dev-yakuza.github.io/ko/');
          }}>
          비밀번호 재설정
        </PasswordReset>
      </FormContainer>
    </Container>
  );
};

export default Login;
```

우리는 SplashScreen이라는 라이브러리를 통해 스플래시 이미지를 네이티브 코드를 사용하여 화면에 표시하였다. Login 컴포넌트는 이렇게 표시한 스플래시 이미지를 닫기 위해, useEffect를 사용하여, 컴포넌트가 화면에 표시된 이후, SplashScreen의 hide 함수를 호출하였다.

```
import React, {useContext, useEffect} from 'react';
...
import SplashScreen from 'react-native-splash-screen';
...
const Login = ({navigation}: Props) => {
  ...
  useEffect(() => {
    SplashScreen.hide();
  }, []);

  return (
    <Container>
      ...
    </Container>
  );
};
```

Login 컴포넌트는 사용자가 로그인을 할 수 있는 화면이다. 따라서 UserContext를 활용하여 사용자가 로그인 버튼을 눌렀을 경우, UserContext의 Login 함수를 사용하여 로그인을 할 수 있다.

```
import React, {useContext, useEffect} from 'react';
...
import {UserContext} from '~/Context/User';
...
const Login = ({navigation}: Props) => {
  const {login} = useContext<IUserContext>(UserContext);
  ...
  return (
    <Container>
```

```
    <FormContainer>
      ...
      <Button
        style={{marginBottom: 24}}
        label="로그인"
        onPress={() => {
          login('dev.yakuza@gmail.com', 'password');
        }}
      />
      ...
    </FormContainer>
  </Container>
  );
};
```

Login 컴포넌트에는 사용자 입력을 받는 Input 컴포넌트와 로그인 버튼 역할을 할 Button 컴포넌트를 불러와 사용하였다. 이 두 컴포넌트는 뒤에서 실제로 구현하겠다.

```
import Input from '~/Components/Input';
import Button from '~/Components/Button';
```

로그인 화면에는 보통 비밀번호를 잊어버린 사용자를 위한 비밀번호 재설정 기능이 있다. 이 기능을 앱 내에서 다른 화면으로 구성할 수 있지만, 웹에도 동일한 기능이 있다면 단순히 웹 페이지로 유도하는 방법도 가능하다. 이렇게 단순히 웹 브라우저를 열도록 하기 위해, 리액트 네이티브는 Linking 컴포넌트를 제공한다.

```
import { Linking } from 'react-native';
...
const Login = ({ navigation }: Props) => {
  return (
    ...
      <PasswordReset
        onPress={() => {
          Linking.openURL('https://dev-yakuza.github.io/ko/');
```

```
        }}>
        비밀번호 재설정
      </PasswordReset>
    ...
  );
};
```

Linking 컴포넌트의 openURL에 브라우저로 열고자 하는 URL을 설정하여 호출하면 해당 URL을 브라우저에 표시하는 것이 가능하다.

보통 로그인 화면은 회원 가입 화면으로 이동하거나 패스워드 초기화 화면으로 이동한다. 이번 예제에서는 이런 화면으로의 이동은 구현하지 않았지만, 확장성을 위해 Stack Navigation을 활용하여 로그인 내비게이션을 구현하였다.

이 로그인 내비게이션을 활용하여 화면 이동을 구현하기 위해서는 navigator라는 Props를 활용해야 한다. navigator는 특정 화면으로 이동하거나, 이전 화면으로 돌아가기 위해 navigator.navigate() 과 navigator.goBack() 등을 제공한다. 이 navigator의 Props를 활용하기 위해서는 다음과 같이 타입을 정의할 필요가 있다.

```
...
import {StackNavigationProp} from '@react-navigation/stack';
...
type NavigationProp = StackNavigationProp<LoginNaviParamList, 'Login'>;
interface Props {
  navigation: NavigationProp;
}

const Login = ({navigation}: Props) => {
  ...
};
```

또한 LoginNaviParamList는 전역에서 사용되는 타입이므로 ./src/Screens/@types/index.d.ts 파일을 열고 다음과 같이 수정한다.

```
type LoginNaviParamList = {
  Login: undefined;
};
```

이번 예제에서는 로그인 내비게이션은 Login 컴포넌트만을 가지고 있으므로 위와 같이 LoginNaviParamList 타입에 Login만을 만들었다. 또한 Login 화면을 열기 위해 필요한 파라미터가 없으므로 undefined를 설정해 주었다. 하나의 내비게이션에 하나의 화면만 설정한 예제이므로 아직 잘 이해되지 않는 부분이 많을 것이다. 뒤에서 살펴볼 MovieNavigator에서 다시 한 번 자세히 설명할 예정이므로, 이런 것이 있다고만 알아 두고 넘어가자.

마지막으로 [그림 8-9] 로그인 화면을 보면, 내비게이션의 헤더에 MOVIEAPP이라는 제목을 빨간색으로 표시하고 배경을 투명색으로 표시하였다. 이렇게 내비게이션에 디자인을 추가하기 위해서 ./src/Screens/Navigator.tsx 파일의 options에 다음과 같이 설정하였다.

```
...
const LoginNavigator = () => {
  return (
    <Stack.Navigator>
      <Stack.Screen
        name="Login"
        component={Login}
        options={{
          title: 'MOVIEAPP',
          headerTransparent: true,
          headerTintColor: '#E70915',
          headerTitleStyle: {
            fontWeight: 'bold',
          },
        }}
      />
    </Stack.Navigator>
  );
```

```
};
...
```

8) Input 컴포넌트

Input 컴포넌트는 보통 앱 전체에서 사용자의 입력이 필요한 곳에서 사용될 공통 컴포
넌트이다. 하지만, 이번 예제는 단순하기 때문에 Login 컴포넌트에서만 사용되었다.
Input 컴포넌트를 만들기 위해 ./src/Components/Input/index.tsx 파일을 생성하
고 다음과 같이 수정한다.

```
import React from 'react';
import Styled from 'styled-components/native';

const Container = Styled.View`
  width: 100%;
  height: 40px;
  padding-left: 16px;
  padding-right: 16px;
  border-radius: 4px;
  background-color: #333333;
`;
const InputField = Styled.TextInput`
  flex: 1;
  color: #FFFFFF;
`;

interface Props {
  placeholder?: string;
  keyboardType?: 'default' | 'email-address' | 'numeric' | 'phone-pad';
  secureTextEntry?: boolean;
  style?: Object;
  clearMode?: boolean;
  onChangeText?: (text: string) => void;
}
```

```
const Input = ({
  placeholder,
  keyboardType,
  secureTextEntry,
  style,
  clearMode,
  onChangeText,
}: Props) => {
  return (
    <Container style={style}>
      <InputField
        selectionColor="#FFFFFF"
        secureTextEntry={secureTextEntry}
        keyboardType={keyboardType ? keyboardType : 'default'}
        autoCapitalize="none"
        autoCorrect={false}
        allowFontScaling={false}
        placeholderTextColor="#FFFFFF"
        placeholder={placeholder}
        clearButtonMode={clearMode ? 'while-editing' : 'never'}
        onChangeText={onChangeText}          />
    </Container>
  );
};

export default Input;
```

이 컴포넌트는 단순히 리액트 네이티브의 TextInput 컴포넌트 구성에 필요한 데이터를 부모 컴포넌트로부터 Props를 통해 전달받는다. 여기에서는 사용된 TextInput 컴포넌트의 Props는 다음과 같다.

- selectionColor: 입력 필드에 내용을 복사하거나 붙여넣기 하기 위해 사용하는 selection의 색성을 결정한다.
- secureTextEntry: 비밀번호 입력과 같이 입력 내용을 숨길지 여부를 설정한다.

- keyboardType: 이메일, 숫자, 전화번호 등과 같이 키보드의 타입을 결정한다.
- autoCapitalize: 영어 입력 시 첫 문자를 대문자로 자동으로 변경할지 여부를 설정한다.
- autoCorrect: 사용자의 입력 내용의 철자가 틀렸을 경우 자동으로 수정할지 여부를 설정한다.
- allowFontScaling: 사용자가 단말기 설정을 통해 수정한 폰트 크기를 적용할지 여부를 설정한다.
- placeholderTextColer: 사용자의 입력 내용이 없을 때 보여줄, placeholder의 색상을 결정한다.
- placeholder: 사용자의 입력 내용이 없을 때, 표시할 내용을 설정한다.
- clearButtonMode: 사용자의 입력 내용이 있을 때, 입력 창에 오른쪽 부분에 전체 삭제 버튼을 표시할지 여부를 설정한다.
- onChangeText: 입력 창의 내용이 변경될 때, 호출되는 콜백 함수이다.

여기에서 소개한 내용 이외에도 많은 기능들을 설정할 수 있다. 더 자세한 내용은 공식 사이트를 참고하길 바란다.

- TextInput: https://facebook.github.io/react-native/docs/textinput

9) Button 컴포넌트

Input 컴포넌트와 마찬가지로 전체 앱 내에서 공통적으로 사용할 컴포넌트이다. 하지만, 이번 예제에서는 단순히 Login 컴포넌트에서만 사용하였다. Button 컴포넌트를 구현하기 위해 ./src/Components/Button/index.tsx 파일을 만들고 다음과 같이 수정한다.

```
import React from 'react';
import Styled from 'styled-components/native';

const StyleButton = Styled.TouchableOpacity`
  width: 100%;
  height: 40px;
  border-radius: 4px;
  justify-content: center;
  align-items: center;
  border: 1px;
  border-color: #333333;
`;
const Label = Styled.Text`
  color: #FFFFFF;
`;

interface Props {
  label: string;
  style?: Object;
  onPress?: () => void;
}

const Button = ({ label, style, onPress }: Props) => {
  return (
    <StyleButton style={style} onPress={onPress}>
      <Label>{label}</Label>
    </StyleButton>
  );
};

export default Button;
```

리액트 네이티브의 TouchableOpacity를 사용하여 버튼 컴포넌트를 구현하였다. TouchableOpacity을 사용하여 버튼을 만드는 내용은 이미 다른 예제에서 설명한 내용이므로, 자세한 내용은 생략하겠다.

10) 영화 데이터 타입

이번 예제에서는 YTS라는 서비스에서 제공하는 API를 사용하여 실제 영화 정보를 앱에서 표시할 예정이다.

- YTS: https://yts.lt/

앱 내에서 API를 통해 가져온 데이터를 손쉽게 다루기 위해, API를 통해 가져온 데이터의 타입을 정의하였다. ./src/Screens/MovieHome/@types/index.d.ts 파일을 생성하고 다음과 같이 수정한다.

```
interface IMovie {
  id: number;
  title: string;
  title_english: string;
  title_long: string;
  summary: string;
  synopsis: string;
  background_image: string;
  background_image_original: string;
  date_uploaded: string;
  date_uploaded_unix: number;
  description_full: string;
  genres: Array<string>;
  imdb_code: string;
  language: string;
  large_cover_image: string;
  medium_cover_image: string;
  mpa_rating: string;
  rating: number;
  runtime: number;
  slug: string;
  small_cover_image: string;
  state: string;
  url: string;
  year: number;
```

```
  yt_trailer_code: string;
}
```

이 데이터 타입은 우리가 만든 API가 아닌 YTS에서 제공하는 영화 리스트 API를 기반
으로 작성하였다. 따라서 실제 앱 내에서는 사용하지 않는 불필요한 내용이 포함되어
있다.

11) MovieHome 컴포넌트

이제 로그인을 한 후, 보여줄 영화 리스트 컴포넌트를 만들어 보자. 영화 리스트 컴포
넌트인 MovieHome 컴포넌트는 [그림 8-10]과 같은 화면으로 구성된다.

[그림 8-10] 영화 리스트 화면

MovieHome 컴포넌트를 구현하기 위해 ./src/Screens/MovieHome/index.tsx 파일을 생성하고 다음과 같이 수정한다.

```tsx
import React, {useContext, useLayoutEffect, useEffect} from 'react';
import SplashScreen from 'react-native-splash-screen';
import {StackNavigationProp} from '@react-navigation/stack';
import Styled from 'styled-components/native';

import {UserContext} from '~/Context/User';

import BigCatalogList from './BigCatalogList';
import SubCatalogList from './SubCatalogList';

const Container = Styled.ScrollView`
  flex: 1;
  background-color: #141414;
`;

const StyleButton = Styled.TouchableOpacity`
  padding: 8px;
`;
const Icon = Styled.Image`
`;

type NavigationProp = StackNavigationProp<MovieNaviParamList,
'MovieHome'>;
interface Props {
  navigation: NavigationProp;
}

const MovieHome = ({navigation}: Props) => {
  const {logout} = useContext<IUserContext>(UserContext);

  useLayoutEffect(() => {
    navigation.setOptions({
      headerRight: () => (
        <StyleButton
          onPress={() => {
```

```
        logout();
      }}>
      <Icon source={require('~/Assets/Images/ic_logout.png')} />
    </StyleButton>
  ),
 });
}, []);

useEffect(() => {
  SplashScreen.hide();
}, []);

return (
  <Container>
    <BigCatalogList
      url="https://yts.lt/api/v2/list_movies.json?sort_by=like_
      count&order_by=desc&limit=5"
      onPress={(id: number) => {
        navigation.navigate('MovieDetail', {
          id,
        });
      }}
    />
    <SubCatalogList
      title="최신 등록순"
      url="https://yts.lt/api/v2/list_movies.json?sort_by=date_
      added&order_by=desc&limit=10"
      onPress={(id: number) => {
        navigation.navigate('MovieDetail', {
          id,
        });
      }}
    />
    <SubCatalogList
      title="평점순"
      url="https://yts.lt/api/v2/list_movies.json?sort_by=rating&order_
      by=desc&limit=10"
      onPress={(id: number) => {
        navigation.navigate('MovieDetail', {
```

```
          id,
        });
      }}
    />
    <SubCatalogList
      title="다운로드순"
      url="https://yts.lt/api/v2/list_movies.json?sort_by=download_
      count&order_by=desc&limit=10"
      onPress={(id: number) => {
        navigation.navigate('MovieDetail', {
          id,
        });
      }}
    />
  </Container>
  );
};



export default MovieHome;
```

이 컴포넌트에서는 사용자의 로그아웃 기능을 구현했다. 로그아웃 기능을 구현하기 위해 UserContext의 logout 함수를 사용하였다.

```
import React, {useContext, useLayoutEffect, useEffect} from 'react';
...
import {UserContext} from '~/Context/User';
...
const MovieHome = ({navigation}: Props) => {
  const {logout} = useContext<IUserContext>(UserContext);
  ...
  return (
    ...
  );
};
```

[그림 8-10] 영화 리스트 화면을 보면 내비게이션 헤더의 오른쪽의 로그아웃 버튼을 표시하였고, 이 버튼을 누르면 로그아웃이 되도록 구성하였다. 이를 구현하기 위해 useLayoutEffect라는 리액트 훅을 활용하였으며, 이 훅에서 navigation.setOptions를 활용하여 내비게이션 헤더의 로그아웃 버튼을 표시하였다.

```
import React, {useContext, useLayoutEffect, useEffect} from 'react';
...
const MovieHome = ({navigation}: Props) => {
  ...
  useLayoutEffect(() => {
    navigation.setOptions({
      headerRight: () => (
        <StyleButton
          onPress={() => {
            logout();
          }}>
          <Icon source={require('~/Assets/Images/ic_logout.png')} />
        </StyleButton>
      ),
    });
  }, []);
  ...
  return (
    ...
  );
};
```

useLayoutEffect는 많은 곳에서 활용되지 않지만, 이번 예제에서처럼 화면이 표시되는 동시에 동기적(Synchronously)으로는 동작을 수행할 때 활용된다. useLayoutEffect는 useEffect처럼 컴포넌트가 화면에 표시된 이후, 호출되지만, useEffect와 다르게 컴포넌트가 화면에 완전히 표시되기 전에 useLayoutEffect의 내용이 실행된다. useLayoutEffect의 내용이 모두 완료된 후에 컴포넌트가 화면에 표시된다. 즉, 이번 예제에서는 navigation.setOptions를 사용하여 로그아웃 버튼을 추후에 표시하였다.

그러나 useLayoutEffect에서 호출하였으므로, 영화 리스트를 표시하는 동시에 화면에 표시된다.

로그인 내비게이션에서는 헤더에 제목을 표시하고 투명하게 만들기 위해 Navigator. tsx에서 내비게이션 컴포넌트의 options을 설정하였다. 하지만, 모든 options이 정적으로 고정되어 있지 않는다. 바뀌는 헤더의 제목, 상태에 따른 버튼 표시 여부 등, 동적으로 내비게이션 헤더의 정보를 수정해야 할 경우가 발생한다. 이처럼 동적으로 내비게이션의 options을 수정하고자 할 때, Props인 navigation의 setOptions를 활용한다.

```
import SplashScreen from 'react-native-splash-screen';
...
const MovieHome = ({navigation}: Props) => {
  ...
  useEffect(() => {
    SplashScreen.hide();
  }, []);

  return (
    ...
  );
};
```

MovieHome 컴포넌트도 Login 컴포넌트와 마찬가지로, SplashScreen 라이브러리를 활용하여 스플래시 이미지를 닫도록 하였다.

로그인한 사용자는 로그인 내비게이션으로 이동하지 않으며 Login 컴포넌트를 화면에 표시하지 않는다. Login 컴포넌트가 화면에 표시되지 않으므로, 당연히 Login 컴포넌트의 SplashScreen.hide() 함수도 호출되지 않는다.

따라서 위와 같이 MovieHome 컴포넌트에서도 Login 컴포넌트와 동일하게 Splash Screen.hide() 함수를 호출한다.

```
import BigCatalogList from './BigCatalogList';
import SubCatalogList from './SubCatalogList';
…
const MovieHome = ({ navigation }: Props) => {
  …
  return (
    <Container>
      <BigCatalogList
        url="https://yts.lt/api/v2/list_movies.json?sort_by=like_
        count&order_by=desc&limit=5"
        onPress={(id: number) => {
          navigation.navigate('MovieDetail', {
            id,
          });
        }}
      />
      <SubCatalogList
        title="최신 등록순"
        url="https://yts.lt/api/v2/list_movies.json?sort_by=date_
        added&order_by=desc&limit=10"
        onPress={(id: number) => {
          navigation.navigate('MovieDetail', {
            id,
          });
        }}
      />
      <SubCatalogList
        title="평점순"
        url="https://yts.lt/api/v2/list_movies.json?sort_by=rating&order_
        by=desc&limit=10"
        onPress={(id: number) => {
          navigation.navigate('MovieDetail', {
            id,
          });
        }}
      />
      <SubCatalogList
        title="다운로드순"
        url="https://yts.lt/api/v2/list_movies.json?sort_by=download_
```

```
        count&order_by=desc&limit=10"
        onPress={(id: number) => {
          navigation.navigate('MovieDetail', {
            id,
          });
        }}
      />
    </Container>
  );
};
```

MovieHome 컴포넌트는 BigCatalogList, SubCatalogList 컴포넌트로 구성된 화면을
표시하였다. 화면을 구성하는 컴포넌트들을 하나하나 구현하면서 상세한 내용을 확인
해 보겠다.

마지막으로, MovieHome 컴포넌트는 화면에 표시된 영화 리스트에서 영화를 선택하
면 영화의 상세 페이지로 이동한다. 이렇게 내비게이션을 사용하여 화면을 이동하기
위해서는 navigation.navigate() 함수를 사용하게 된다.

```
import {StackNavigationProp} from '@react-navigation/stack';
...
type NavigationProp = StackNavigationProp<MovieNaviParamList,
'MovieHome'>;
interface Props {
  navigation: NavigationProp;
}

const MovieHome = ({navigation}: Props) => {
  ...
  return (
    <Container>
      <BigCatalogList
        url="https://yts.lt/api/v2/list_movies.json?sort_by=like_
        count&order_by=desc&limit=5"
        onPress={(id: number) => {
          navigation.navigate('MovieDetail', {
```

```
        id,
      });
    }}
  />
    ...
  </Container>
 );
};


export default MovieHome;
```

MovieHome 컴포넌트에서 영화를 선택하면, MovieDetail 컴포넌트 화면으로 이동하며, MovieDetail 컴포넌트에서 영화의 상세 내용을 표시하게 된다. 영화의 상세 정보를 API를 통해 가져오기 위해서는 영화의 ID가 필요한데, 이 영화 ID를 navigation. navigate() 함수를 통해 전달하게 된다.

```
onPress={(id: number) => {
  navigation.navigate('MovieDetail', {
    id,
  });
}}
```

MovieNavigator는 LoginNavigator와 다르게, 여러 화면을 가지고 있으며, 상세 페이지로 이동할 때는, id라는 파라미터를 전달하게 된다. LoginNavigator에서도 설명하였지만, 이렇게 내비게이션을 사용하기 위해서는 타입을 선언해야 한다.

MovieNavigator의 타입을 선언하기 위해서 ./src/Screens/@types/index.d.ts 파일을 열고 다음의 내용을 추가한다.

```
type MovieNaviParamList = {
  MovieHome: undefined;
  MovieDetail: {
    id: number;
```

```
  };
};
```

MovieNavigator는 MovieHome 화면과 MovieDetail 화면을 가지고 있으며, Movie
Detail 화면은Number 타입의 id를 파라미터로 받을 수 있도록 선언하였다.

12) BigCatalogList 컴포넌트

BigCatalogList 컴포넌트는 [그림 8-10]의 MovieHome 컴포넌트에서 제일 상단에 표
시되고 있는 영화 리스트 컴포넌트이다. MovieHome 컴포넌트에서는 다음과 설정하
였다.

```
    <BigCatalogList
 url="https://yts.lt/api/v2/list_movies.json?sort_by=like_count&order_
 by=desc&limit=5"
      onPress={(id: number) => {
        navigation.navigate('MovieDetail', {
          id,
        });
      }}
    />
```

YTS에서 제공하는 영화 리스트 API에서 like_count를 내림차순으로 정렬하고 5개를
가져와 화면에 표시할 예정이다. 또한 해당 영화 아이템을 선택하면 영화의 상세 페이
지로 이동시키도록 할 예정이다.

그럼 영화 리스트를 화면에 표시할 BigCatalogList 컴포넌트를 구현해 보자. Big
CatalogList를 구현하기 위해 ./src/Screens/MovieHome/BigCatalogList/index.tsx
파일을 생성하고 다음과 같이 수정한다.

```tsx
import React, { useState, useEffect } from 'react';
import { FlatList } from 'react-native';
import Styled from 'styled-components/native';

import BigCatalog from '~/Components/BigCatalog';

const Container = Styled.View`
    height: 300px;
    margin-bottom: 8px;
`;

interface Props {
  url: string;
  onPress: (id: number) => void;
}

const BigCatalogList = ({ url, onPress }: Props) => {
  const [data, setData] = useState<Array<IMovie>>([]);

  useEffect(() => {
    fetch(url)
      .then(response => response.json())
      .then(json => {
        console.log(json);
        setData(json.data.movies);
      })
      .catch(error => {
        console.log(error);
      });
  }, []);

  return (
    <Container>
      <FlatList
        horizontal={true}
        pagingEnabled={true}
        data={data}
        keyExtractor={(item, index) => {
          return `bigScreen-${index}`;
```

```
      }}
      renderItem={(({ item, index }) => (
        <BigCatalog
          id={(item as IMovie).id}
          image={(item as IMovie).large_cover_image}
          year={(item as IMovie).year}
          title={(item as IMovie).title}
          genres={(item as IMovie).genres}
          onPress={onPress}
        />
      )}
    />
  </Container>
  );
};

export default BigCatalogList;
```

BigCatalogList 컴포넌트는 실제 영화 리스트 데이터를 저장할 State가 필요하다. 여기에서는 useState를 사용하여 IMovie 타입에 배열 데이터를 저장할 수 있도록 선언하였다. IMovie 데이터는 [10) 영화 데이터 타입]에서 작성한 타입이다.

```
import React, { useState, useEffect } from 'react';
…
const BigCatalogList = ({ url, onPress }: Props) => {
  const [data, setData] = useState<Array<IMovie>>([]);

  useEffect(() => {
    fetch(url)
      .then(response => response.json())
      .then(json => {
        console.log(json);
        setData(json.data.movies);
      })
      .catch(error => {
        console.log(error);
      });
```

```
  }, []);
  …
};
```

또한 BigCatalogList 컴포넌트가 화면에 표시되면 Featch API를 통해 영화 리스트 데이터를 가져와, 이 State에 값을 채우도록 설정하였다.

이렇게 가져온 영화 리스트 데이터를 리액트 네이티브의 FlatList를 사용하여 화면에 표시하였다.

```
const BigCatalogList = ({ url, onPress }: Props) => {
  …
  return (
    <Container>
      <FlatList
        horizontal={true}
        pagingEnabled={true}
        data={data}
        keyExtractor={(item, index) => {
          return `bigScreen-${index}`;
        }}
        renderItem={({ item, index }) => (
          <BigCatalog
            id={(item as IMovie).id}
            image={(item as IMovie).large_cover_image}
            year={(item as IMovie).year}
            title={(item as IMovie).title}
            genres={(item as IMovie).genres}
            onPress={onPress}
          />
        )}
      />
    </Container>
  );
};
```

이전 예제들과 다르게 이번 FlatList는 가로로 스크롤이 되도록 horizontal을 설정하였다. 또한 가로로 스크롤을 할 때, 한 리스트 아이템이 한 화면에 보이도록 paging Enabled를 설정하였다. 마지막으로, BigCatalog 컴포넌트라는 공통 컴포넌트를 생성하여 영화 리스트 아이템을 화면에 표시하였다.

13) BigCatalog 컴포넌트

BigCatalog는 BigCatalogList의 영화 리스트 데이터 하나하나를 화면에 표시하기 위한 컴포넌트이다. 이 컴포넌트는 영화 상세 컴포넌트에서도 사용할 예정이므로 공통 컴포넌트용으로 제작하였다.

BigCatalog 컴포넌트를 구현하기 위해 ./scr/Components/BigCatalog/index.tsx 파일을 생성하고 다음과 같이 수정한다.

```
import React from 'react';
import { Dimensions } from 'react-native';
import Styled from 'styled-components/native';

const Container = Styled.TouchableOpacity``;
const CatalogImage = Styled.Image``;
const InfoContainer = Styled.View`
  position: absolute;
  bottom: 0;
  width: 100%;
  align-items: flex-start;
`;
const LabelYear = Styled.Text`
  background-color: #E70915;
  color: #FFFFFF;
  padding: 4px 8px;
  margin-left: 4px;
  margin-bottom: 4px;
  font-weight: bold;
  border-radius: 4px;
```

```
`;
const SubInfoContainer = Styled.View`
`;
const Background = Styled.View`
  position: absolute;
  width: 100%;
  height: 100%;
  top: 0;
  left: 0;
  background-color: #141414;
  opacity: 0.9;
`;
const LabelTitle = Styled.Text`
  font-size: 18px;
  font-weight: bold;
  color: #FFFFFF;
  padding: 8px 16px 4px 16px;
`;
const LabelGenres = Styled.Text`
  font-size: 12px;
  color: #FFFFFF;
  padding: 4px 16px 8px 16px;
`;

interface Props {
  id: number;
  image: string;
  year: number;
  title: string;
  genres: Array<string>;
  onPress?: (id: number) => void;
}

const BigCatalog = ({ id, image, year, title, genres, onPress }: Props) => {
  return (
    <Container
      activeOpacity={1}
      onPress={() => {
        if (onPress && typeof onPress === 'function') {
```

```
            onPress(id);
          }
      }}>
      <CatalogImage
        source={{ uri: image }}
        style={{ width: Dimensions.get('window').width, height: 300 }}
      />
      <InfoContainer>
        <LabelYear>{year}년 개봉</LabelYear>
        <SubInfoContainer>
          <Background />
          <LabelTitle>{title}</LabelTitle>
          <LabelGenres>{genres.join(', ')}</LabelGenres>
        </SubInfoContainer>
      </InfoContainer>
    </Container>
  );
};

export default BigCatalog;
```

이 컴포넌트는 부모 컴포넌트로부터 받은 Props를 화면에 표시하는 단순한 컴포넌트이다. 부모 컴포넌트를 통해 화면에 표시할 이미지를 URL 형식으로 받게 된다. Image 컴포넌트에서 URL을 사용하여 앱 외부에 있는 이미지를 표시하기 위해서는 Image의 source에 uri를 사용해야 하며, style을 이용하여 이미지 사이즈를 꼭 설정해야 한다.

```
import { Dimensions } from 'react-native';
...
const BigCatalog = ({ id, image, year, title, genres, onPress }: Props) => {
  return (
    ...
      <CatalogImage
        source={{ uri: image }}
        style={{ width: Dimensions.get('window').width, height: 300 }}
      />
    ...
```

```
  );
};
```

이 컴포넌트는 부모 컴포넌트인 FlatList에서 가로를 꽉 채우는 스크롤 아이템으로 화면에 표시할 예정이다. 따라서 리액트 네이티브에서 제공하는 Dimensions을 통해 단말기 화면의 전체 가로 사이즈를 가져와 이미지 사이즈에 적용시켜 가로를 꽉 채우도록 만들었다.

14) SubCatalogList 컴포넌트

이제 영화 리스트를 표시하는 MovieHome에서 나머지 리스트를 표시하기 위한 SubCatalogList 컴포넌트를 만들어 보자. SubCatalogList 컴포넌트를 만들기 위해 ./src/Screens/MovieHome/SubCatalogList/index.tsx 파일을 생성하고 다음과 같이 수정한다.

```
import React, { useState, useEffect } from 'react';
import { FlatList } from 'react-native';

import Styled from 'styled-components/native';

const Container = Styled.View`
  margin: 8px 0px;
`;
const InfoContainer = Styled.View`
  flex-direction: row;
  justify-content: space-between;
  padding: 8px 16px;
`;
const Title = Styled.Text`
  font-size: 16px;
  color: #FFFFFF;
  font-weight: bold;
`;
```

264

```
const CatalogContainer = Styled.View`
  height: 201px;
`;
const CatalogImageContainer = Styled.TouchableOpacity`
  padding: 0px 4px;
`;
const CatalogImage = Styled.Image`
`;

interface Props {
  title: string;
  url: string;
  onPress: (id: number) => void;
}

const SubCatalogList = ({ title, url, onPress }: Props) => {
  const [data, setData] = useState<Array<IMovie>>([]);

  useEffect(() => {
    fetch(url)
      .then(response => response.json())
      .then(json => {
        console.log(json);
        setData(json.data.movies);
      })
      .catch(error => {
        console.log(error);
      });
  }, []);

  return (
    <Container>
      <InfoContainer>
        <Title>{title}</Title>
      </InfoContainer>
      <CatalogContainer>
        <FlatList
          horizontal={true}
          data={data}
```

```
        keyExtractor={(item, index) => {
          return `catalogList-${(item as IMovie).id}-${index}`;
        }}
        renderItem={({ item, index }) => (
          <CatalogImageContainer
            activeOpacity={1}
            onPress={() => {
              onPress((item as IMovie).id);
            }}>
            <CatalogImage
              source={{ uri: (item as IMovie).large_cover_image }}
              style={{ width: 136, height: 201 }}
            />
          </CatalogImageContainer>
        )}
      />
    </CatalogContainer>
  </Container>
  );
};

export default SubCatalogList;
```

기본적인 컴포넌트 구성은 BigCatalogList 컴포넌트와 동일하다. useState를 사용하여 컴포넌트 내에서 사용할 데이터를 정의하고, useEffect에서 Fetch API를 통해 영화 리스트 데이터를 가져온다. 가져온 영화 리스트 데이터를 FlatList를 통해 가로 스크롤로 화면에 표시한다.

하지만 SubCatalogList 컴포넌트는 BigCatalogList 컴포넌트와 다르게 paging Enabled를 사용하지 않으므로 자연스럽게 스크롤이 가능한 컴포넌트로 만들었다.

15) 영화 상세 정보 데이터 타입

API를 통해 습득한 영화의 상세 정보 데이터를 다루기 위해, 영화의 상세 정보 데이터 타입을 정의하려 한다. ./src/Screens/MovieDetail/@types/index.d.ts 파일을 생성하고 다음과 같이 수정한다.

```
interface ICast {
  name: string;
  character_name: string;
  url_small_image: string;
}
interface IMovieDetail {
  id: number;
  title: string;
  title_english: string;
  title_long: string;
  cast: Array<ICast>;
  description_full: string;
  description_intro: string;
  genres: Array<string>;
  large_cover_image: string;
  large_screenshot_image1: string;
  large_screenshot_image2: string;
  large_screenshot_image3: string;
  like_count: number;
  rating: number;
  runtime: number;
  year: number;
}
```

영화의 상세 정보 데이터는 배우 정보(ICast) 등, 영화 리스트 데이터와는 다른 데이터를 가지고 있기 때문에 이와 같이 따로 정의하였다.

16) MovieDetail 컴포넌트

마지막으로 영화의 상세 정보를 표시할 MovieDetail 컴포넌트를 제작해 보자. Movie Detail 컴포넌트를 제작하기 위해 ./src/Screens/MovieDetail/index.tsx 파일을 생성하고 다음과 같이 수정한다.

```
import React, {useState, useEffect} from 'react';
import Styled from 'styled-components/native';
import {RouteProp} from '@react-navigation/native';

import Loading from '~/Screens/Loading';
import BigCatalog from '~/Components/BigCatalog';
import CastList from './CastList';
import ScreenShotList from './ScreenShotList';

const Container = Styled.ScrollView`
  flex: 1;
  background-color: #141414;
`;
const ContainerTitle = Styled.Text`
  font-size: 16px;
  color: #FFFFFF;
  font-weight: bold;
  padding: 24px 16px 8px 16px;
`;
const DescriptionContainer = Styled.View``;
const Description = Styled.Text`
  padding: 0 16px;
  color: #FFFFFF;
`;
const SubInfoContainer = Styled.View``;
const InfoContainer = Styled.View`
  flex-direction: row;
  justify-content: space-between;
  padding: 0 16px;
`;
const LabelInfo = Styled.Text`
  color: #FFFFFF;
`;

type ProfileScreenRouteProp = RouteProp<MovieNaviParamList,
'MovieDetail'>;
```

268

```
interface Props {
  route: ProfileScreenRouteProp;
}

const MovieDetail = ({route}: Props) => {
  const [data, setData] = useState<IMovieDetail>();

  useEffect(() => {
    const {id} = route.params;
    fetch(
      `https://yts.lt/api/v2/movie_details.json?movie_id=${id}&with_
      images=true&with_cast=true`,
    )
      .then((response) => response.json())
      .then((json) => {
        console.log(json);
        setData(json.data.movie);
      })
      .catch((error) => {
        console.log(error);
      });
  }, []);

  return data ? (
    <Container>
      <BigCatalog
        id={data.id}
        image={data.large_cover_image}
        year={data.year}
        title={data.title}
        genres={data.genres}
      />
      <SubInfoContainer>
        <ContainerTitle>영화 정보</ContainerTitle>
        <InfoContainer>
          <LabelInfo>{data.runtime}분</LabelInfo>
          <LabelInfo>평점: {data.rating}</LabelInfo>
          <LabelInfo>좋아요: {data.like_count}</LabelInfo>
        </InfoContainer>
```

```
          </SubInfoContainer>
          <DescriptionContainer>
            <ContainerTitle>줄거리</ContainerTitle>
            <Description>{data.description_full}</Description>
          </DescriptionContainer>
          {data.cast && <CastList cast={data.cast} />}
          <ScreenShotList
            images={[
              data.large_screenshot_image1,
              data.large_screenshot_image2,
              data.large_screenshot_image3,
            ]}
          />
        </Container>
      ) : (
        <Loading />
      );
};

export default MovieDetail;
```

기본적으로 영화 리스트를 표시하는 컴포넌트들과 동일하다. useState, useEffect를 사용하여 화면에 표시할 데이터를 설정하고 화면에 표시한다.

영화 리스트 컴포넌트에서 영화를 선택하면, 영화 아이디(ID)를 내비게이션의 매개변수로 설정하여 영화의 상세 화면으로 이동하도록 설정하였다.

```
navigation.navigate('MovieDetail', {
  id,
});
```

이렇게 내비게이션으로 화면을 이동할 때, 매개변수로 전달할 수 있으며, 매개변수를 사용하기 위해서는 route.params를 사용한다.

```
import {RouteProp} from '@react-navigation/native';
...
type ProfileScreenRouteProp = RouteProp<MovieNaviParamList,
'MovieDetail'>;
interface Props {
  route: ProfileScreenRouteProp;
}

const MovieDetail = ({route}: Props) => {
  useEffect(() => {
    const {id} = route.params;
    ...
  }, []);
  ...
};
```

이번 예제에서는 영화 아이디를 매개변수로 전달했으며, 전달받은 영화 아이디를 API
에 설정하여, 해당 영화의 상세 정보를 얻어왔다.

```
...
const MovieDetail = ({route}: Props) => {
  const [data, setData] = useState<IMovieDetail>();

  useEffect(() => {
    const {id} = route.params;
    fetch(
      `https://yts.lt/api/v2/movie_details.json?movie_id=${id}&with_
      images=true&with_cast=true`,
    )
      .then((response) => response.json())
      .then((json) => {
        console.log(json);
        setData(json.data.movie);
      })
      .catch((error) => {
        console.log(error);
      });
```

```
  }, []);
    .
};
```

영화의 상세 화면 상단에는 영화 리스트 화면 상단과 동일한 컴포넌트인 BigCatalog
를 사용하여 화면을 구성하였다. 단지, 영화 리스트 화면과는 다르게 리스트가 아닌 단
일 컴포넌트로 사용하였다.

또한 배우 정보, 스크린 샷 등 반복적으로 화면에 표시되는 정보는 컴포넌트화시켰다.
이 컴포넌트들을 구현하는 방법은 뒤에서 살펴보겠다.

```
...
import BigCatalog from '~/Components/BigCatalog';
import CastList from './CastList';
import ScreenShotList from './ScreenShotList';
...
const MovieDetail = ({ navigation }: Props) => {
  ...
  return data ? (
    <Container>
      <BigCatalog
        id={data.id}
        image={data.large_cover_image}
        year={data.year}
        title={data.title}
        genres={data.genres}
      />
      <SubInfoContainer>
        <ContainerTitle>영화 정보</ContainerTitle>
        <InfoContainer>
          <LabelInfo>{data.runtime}분</LabelInfo>
          <LabelInfo>평점: {data.rating}</LabelInfo>
          <LabelInfo>좋아요: {data.rating}</LabelInfo>
        </InfoContainer>
      </SubInfoContainer>
      <DescriptionContainer>
```

```
      <ContainerTitle>줄거리</ContainerTitle>
      <Description>{data.description_full}</Description>
    </DescriptionContainer>
    {data.cast && <CastList cast={data.cast} />}
    <ScreenShotList
      images={[
        data.large_screenshot_image1,
        data.large_screenshot_image2,
        data.large_screenshot_image3,
      ]}
    />
  </Container>
) : (
  <LoadingContainer>
    <ActivityIndicator size="large" color="#E70915" />
  </LoadingContainer>
);
};
...
```

MovieHome 컴포넌트에서 MovieDetail 컴포넌트로 이동하면, [그림 8-11]의 왼쪽처럼 뒤로가기 버튼에 내비게이션의 제목이 표시된다. 이렇게 제목을 표시해도 되지만, 내비게이션의 제목이 길거나, 디자인의 이유로 [그림 8-11]의 오른쪽처럼 제목을 숨기고 싶을 때가 있다.

[그림 8-11] 내비게이션 헤더의 뒤로가기 버튼 제목 제거

내비게이션 헤더의 뒤로가기 버튼의 제목을 숨기기 위해서는 다음과 같이 ./src/Screens/Navigator.tsx에 headerBackTitleVisible을 false로 설정한다.

```
const MovieNavigator = () => {
  return (
    <Stack.Navigator>
      ...
      <Stack.Screen
        name="MovieDetail"
        component={MovieDetail}
        options={{
          ...
          headerBackTitleVisible: false,
        }}
      />
    </Stack.Navigator>
  );
};
```

17) CastList 컴포넌트와 ScreenShotList 컴포넌트

CastList 컴포넌트는 영화의 상세 정보 컴포넌트인 MovieDetail 컴포넌트에서 배우 정보를 표시하기 위한 컴포넌트이다. CastList 컴포넌트를 구현하기 위해 ./src/Screens/MovieDetail/CastList/index.tsx 파일을 생성하고 다음과 같이 수정한다.

```
import React from 'react';
import { FlatList } from 'react-native';
import Styled from 'styled-components/native';

const Container = Styled.View``;
const Title = Styled.Text`
  font-size: 16px;
  color: #FFFFFF;
  font-weight: bold;
  padding: 24px 16px 8px 16px;
`;
const CastContainer = Styled.View`
    padding: 0px 4px;
```

```
  `;
const CastImage = Styled.Image``;
const LabelName = Styled.Text`
  position: absolute;
  bottom: 0;
  width: 100%;
  padding: 4px 2px;
  color: #FFFFFF;
  font-size: 14px;
  font-weight: bold;
  text-align: center;
`;
interface Props {
  cast: Array<ICast>;
}

const CastList = ({ cast }: Props) => {
  return (
    <Container>
      <Title>배우</Title>
      <FlatList
        horizontal={true}
        data={cast}
        keyExtractor={(item, index) => {
          return `castList-${index}`;
        }}
        renderItem={({ item, index }) => (
          <CastContainer>
            <CastImage
              source={{ uri: (item as ICast).url_small_image }}
              style={{ width: 100, height: 150 }}
            />
            <LabelName>{(item as ICast).name}</LabelName>
          </CastContainer>
        )}
      />
    </Container>
  );
};
```

```
export default CastList;
```

또한 ScreenShotList 컴포넌트는 영화의 상세 정보 컴포넌트인 MovieDetail 컴포넌트에서 영화의 스크린 샷 정보를 표시하기 위한 컴포넌트이다. ScreenShotList 컴포넌트를 구현하기 위해 ./src/Screens/MovieDetail/ScreenShotList/index.tsx 파일을 생성하고 다음과 같이 수정한다.

```
import React from 'react';
import { FlatList, Dimensions } from 'react-native';
import Styled from 'styled-components/native';

const Container = Styled.View`
  margin-bottom: 24px;
`;
const Title = Styled.Text`
  font-size: 16px;
  color: #FFFFFF;
  font-weight: bold;
  padding: 24px 16px 8px 16px;
`;
const ScreenShotImage = Styled.Image``;

interface Props {
  images: Array<string>;
}

const ScreenShotList = ({ images }: Props) => {
  return (
    <Container>
      <Title>스크린샷</Title>
      <FlatList
        horizontal={true}
        pagingEnabled={true}
        data={images}
        keyExtractor={(item, index) => {
```

```
          return `screenShotList-${index}`;
        }}
        renderItem={({ item, index }) => (
          <ScreenShotImage
            source={{ uri: item }}
            style={{ width: Dimensions.get('window').width, height: 200 }}
          />
        )}
      />
    </Container>
  );
};

export default ScreenShotList;
```

이 컴포넌트들은 지금까지 구현한 컴포넌트들에서 설명한 내용을 바탕으로 구현하였다. 따라서 자세한 설명은 생략하겠다.

▶▶8.5 결과 확인

다음 명령어를 사용하여 iOS 또는 안드로이드에서 우리가 만든 영화 소개 앱의 결과를 확인해 보자.

```
npm run ios
or
npm run android
```

빌드가 완료되고 시뮬레이터가 실행되면 [그림 8-12]와 같이 우리가 적용한 스플래시 스크린 이미지가 적용된 스플래시 스크린을 확인할 수 있다.

iPhone X — 12.0

[그림 8-12] 스플래시 스크린 이미지

영화 소개 앱을 처음으로 실행했기 때문에, 스플래시 스크린이 종료되면 [그림 8-13]과
같이 로그인 화면을 확인할 수 있다.

[그림 8-13] 로그인 화면

실제로 로그인을 인증할 서버가 존재하지 않으므로 우리는 Login 컴포넌트에서 로그인 버튼을 누르면 단순히 AsyncStorage에 임시 키를 저장하고 사용자 정보를 설정하여 영화 리스트 화면으로 이동시키도록 설정하였다. 따라서 이메일, 비밀번호를 입력하지 않고, 단순히 로그인 버튼을 선택함으로써, 영화 리스트 화면으로 이동할 수 있다.

로그인 버튼을 눌러 영화 리스트 화면으로 이동하면 [그림 8-14]와 같이 API를 통해 습득한 영화 리스트 정보가 화면에 표시되는 것을 확인할 수 있다.

[그림 8-14] 영화 리스트 화면

이렇게 로그인한 후, 앱을 종료하고 다시 실행하면, 인증 키가 존재하기 때문에 로그인 화면이 아닌 영화 리스트 화면으로 바로 전환시킨다.

마지막으로 영화 리스트에 있는 영화를 선택하면 [그림 8-15]와 같이 영화의 상세 정보 화면을 볼 수 있다.

[그림 8-15] 영화 상세 정보

▸▸8.6 요약

이것으로 영화 소개 앱 개발을 완료하였다. 이번 예제에서는 지금까지 예제에서는 없었던, 화면 전환을 위해 내비게이션을 구현해 보았다. 내비게이션 구현에는 여러 오픈 소스가 존재한다. 서로 장단점들이 있지만, 리액트 네이티브 공식 사이트에서도 추천하는 react-navigation만으로도 충분히 좋은 내비게이션 시스템을 구현할 수 있다.

또한 이번 앱에서는 디자인적인 부분을 좀 더 신경 썼으며, 앱 아이콘과 스플래시 스크린 이미지를 적용하는 방법에 대해서도 알아보았다. 실제로 디자이너와 협업한다면

이 방법을 사용하지 않을 가능성이 있지만, 저자는 실제 제품에서도 이 방법을 사용하여 앱 아이콘과 스플래시 스크린 이미지를 적용하고 있다.

마지막으로, 내비게이션과 Context API를 활용하여 로그인 기능을 구현해 보았다. Context API와 AsyncStorage를 사용하면 좀 더 부드럽게 자연스러운 로그인 기능을 구현할 수 있다. 실제 앱에서는 AsyncStorage에 저장한 인증 키로 서버에서 정보를 습득해 봄으로써 인증 키가 만료되었는지 확인하는 처리가 필요하였다. 하지만, 이번 예제에서는 로그인을 할 수 있는 서버가 없으므로, 단순히 키만 확인하였다.

CHAPTER **9**

SNS UI 클론 앱

CHAPTER **9**

SNS UI 클론 앱

지금까지 예제들을 만들어 보면서 리액트 네이티브를 이해하고, 리액트 네이티브를 사용하는 방법에 대해서 알아보았다. 마지막으로 리액트 네이티브를 사용하여 SNS UI 클론(Clone) 앱을 제작해 보면서 지금까지 학습한 내용을 복습해 보자. 이번 예제를 통해 제작할 SNS UI 클론 앱은 [그림 9-1]과 같다.

[그림 9-1] SNS UI 클론 앱

이번 장은 설명보다 소스코드를 위주로 작성되었다. 이전 예제들에서 설명한 내용은 대부분 생략하였으며, 소스코드에서 중요한 포인트만을 설명하였다. 소스코드는 다음의 깃헙에서 확인할 수 있다. 책을 보면서 코딩하다가 막히는 부분이 있으면 소스코드를 참고하길 바란다.

- 깃헙: https://github.com/bjpublic/Reactnative

⇥9.1 프로젝트 준비

SNS UI 클론 앱을 제작하기 위해 리액트 네이티브 프로젝트를 생성해 보자. 다음 리액트 네이티브 CLI 명령어를 사용하여 SNS UI 클론 앱 프로젝트를 생성한다.

```
react-native init SNSApp
```

개발을 좀 더 편리하도록 하기 위해 타입스크립트, Styled Components, babel-plugin-root-import를 다음의 명령어를 사용하여 설치한다.

```
cd SNSApp
npm install --save styled-components
npm install --save-dev typescript @types/react @types/react-native
@types/styled-components babel-plugin-root-import
```

설치가 완료되면 타입스크립트 설정을 위해 tsconfig.json 파일을 생성하고 다음의 내용을 추가한다.

```
{
  "compilerOptions": {
    "allowJs": true,
    "allowSyntheticDefaultImports": true,
    "esModuleInterop": true,
    "isolatedModules": true,
    "jsx": "react",
```

```
    "lib": ["es6"],
    "moduleResolution": "node",
    "noEmit": true,
    "strict": true,
    "target": "esnext",
    "baseUrl": "./src",
    "paths": {
      "~/*": ["*"]
    }
  },
  "exclude": [
    "node_modules",
    "babel.config.js",
    "metro.config.js",
    "jest.config.js"
  ]
}
```

절대 경로로 컴포넌트를 추가하기 위해 babel.config.js 파일을 열고 아래와 같이 수정한다.

```
module.exports = {
  presets: ['module:metro-react-native-babel-preset'],
  plugins: [
    [
      'babel-plugin-root-import',
      {
        rootPathPrefix: '~',
        rootPathSuffix: 'src',
      },
    ],
  ],
};
```

자바스크립트 소스코드를 한곳에서 관리하기 위해 src 폴더를 생성하고 App.js 파일을 App.tsx로 이름을 변경하여 src 폴더로 이동시킨다. 그리고 타입스크립트와 Styled

Components를 사용하여 다음과 같이 src/App.tsx 파일을 수정한다.

```
import React, { Fragment } from 'react';
import { StatusBar, SafeAreaView } from 'react-native';

import {
  Header,
  LearnMoreLinks,
  Colors,
  DebugInstructions,
  ReloadInstructions,
} from 'react-native/Libraries/NewAppScreen';

import Styled from 'styled-components/native';

const ScrollView = Styled.ScrollView`
  background-color: ${Colors.lighter};
`;

const Body = Styled.View`
  background-color: ${Colors.white};
`;

const SectionContainer = Styled.View`
  margin-top: 32px;
  padding-horizontal: 24px;
`;

const SectionDescription = Styled.Text`
  margin-top: 8px;
  font-size: 18px;
  font-weight: 400;
  color: ${Colors.dark};
`;

const HighLight = Styled.Text`
  font-weight: 700;
`;
```

```
interface Props {}

const App = ({ }: Props) => {
  return (
    <Fragment>
      <StatusBar barStyle="dark-content" />
      <SafeAreaView>
        <ScrollView contentInsetAdjustmentBehavior="automatic">
          <Header />
          <Body>
            <SectionContainer>
              <SectionDescription>Step One</SectionDescription>
              <SectionDescription>
                Edit <HighLight>App.js</HighLight> to change this screen
                and then come back to see your edits.
              </SectionDescription>
            </SectionContainer>
            <SectionContainer>
              <SectionDescription>See Your Changes</SectionDescription>
              <SectionDescription>
                <ReloadInstructions />
              </SectionDescription>
            </SectionContainer>
            <SectionContainer>
              <SectionDescription>Debug</SectionDescription>
              <SectionDescription>
                <DebugInstructions />
              </SectionDescription>
            </SectionContainer>
            <SectionContainer>
              <SectionDescription>Learn More</SectionDescription>
              <SectionDescription>
                Read the docs to discover what to do next:
              </SectionDescription>
            </SectionContainer>
            <LearnMoreLinks />
          </Body>
        </ScrollView>
```

```
      </SafeAreaView>
    </Fragment>
  );
};
export default App;
```

위에서 만든 App.tsx 파일을 연결하기 위해 index.js 파일을 열고 다음과 같이 수정
한다.

```
...
import App from './App';
import App from '~/App';
...
```

이번 예제에서 필요한 react-navigation(v5)을 다음의 명령어로 설치한다.

```
npm install --save @react-navigation/native react-native-reanimated
react-native-gesture-handler react-native-screens react-native-safe-area-
context @react-native-community/masked-view
cd ios
pod install
```

이번 예제에서는 좀 더 다양한 내비게이션을 다룰 예정이다. 다음의 명령어를 실행하
여 예제에서 사용할 내비게이션을 설치하자.

```
npm install --save @react-navigation/stack @react-navigation/drawer @
react-navigation/bottom-tabs
cd ios
pod install
```

로그인 부분을 구현하기 위해, 다음의 명령어로 AsyncStorage를 설치한다.

```
npm install --save @react-native-community/async-storage
cd ios
pod install
```

9장에서도 8장과 마찬가지로 앱 아이콘과 스플래시 이미지를 구현할 예정이다. 아래의 명령어를 사용하여 앱 아이콘과 스플래시 이미지를 생성하기 위한 react-native-make 라이브러리를 설치한다.

```
npm install --save-dev @bam.tech/react-native-make
npm install --save react-native-splash-screen
cd ios
pod install
```

▶▶9.2 개발

SNS UI 클론 앱을 개발하기 위해 필요한 준비가 모두 끝났다. 이제 본격적으로 SNS UI 클론 앱을 제작해 봄으로써 지금까지 배운 내용을 복습해 보자. 여기서 소개하는 소스코드는 깃헙에 공개되어 있다.

- 깃헙: https://github.com/bjpublic/Reactnative

할 수 있다면, 되도록 책을 보면서 소스코드를 작성해 보는 것을 권장한다. 하지만 시간이 없거나, 바로 결과를 확인하고 싶은 분들은 깃헙의 소스코드를 확인하길 바란다.

1) 앱 아이콘

8장에서 react-native-make를 사용하여 앱 아이콘을 적용하는 방법에 대해 알아보았다. 이번 예제에서도 동일한 방법으로 앱 아이콘을 적용하려고 한다. react-native-make로 앱 아이콘을 적용하기 위해서는 1024×1024 px 사이즈의 png 이미지가 필요하다. 이 예제에서 사용하는 이미지는 깃헙에서 다운로드받을 수 있다.

깃헙으로부터 다운로드한 이미지를 ./src/Assets/Images/app_icon.png로 이름을 변경하여 복사한다. 그리고 다음의 명령어를 사용하여 앱 아이콘을 적용한다.

```
react-native set-icon --path ./src/Assets/Images/app_icon.png
```

2) 앱 스플래시 스크린 이미지

8장에서와 같이 react-native-make를 사용하여 앱 스플래시 스크린을 적용해 보았다. 스플래시 스크린 이미지를 위해서는 3000×3000 px 사이즈의 png 파일이 필요하다. 역시 깃헙에서 다운로드받을 수 있으므로 깃헙 저장소를 확인하자.

깃헙으로부터 다운로드한 png 파일을 ./src/Assets/Images/app_splash.png로 이름을 변경하여 복사한다.

iOS에 Storyboard를 생성하기 위해 ios/SNSApp.xcworkspace 파일을 실행한다. Xcode가 활성화되면 왼쪽 상단의 프로젝트 폴더에 커서를 두고 마우스 우클릭하여, New File…메뉴를 선택한다. 파일 생성 대화 상자가 표시되면 오른쪽 하단에 있는 Launch Screen을 선택하고 Next 버튼을 선택한다. 파일 저장 화면이 나오면 Save As 항목에 SplashScreen을 입력하고 Create 버튼을 눌러 Launch Screen을 생성한다. iOS/SNSApp/AppDelegate.m 파일을 열고 다음과 같이 수정한다.

```
#import "RNSplashScreen.h"

- (BOOL)application:(UIApplication *)application didFinishLaunchingWithOp
tions:(NSDictionary *)launchOptions
{
  ...
```

```
  [RNSplashScreen show];
  return YES;
}
```

그리고 다음의 명령어를 사용하여 앱 스플래시 스크린 이미지를 적용한다.

```
react-native set-splash --path ./src/Assets/Images/app_splash.png
--resize cover
```

명령어 실행이 완료되면 android/app/src/java/com/movieapp/MainActivity.java
에 다음과 같은 코드가 추가된 것을 확인할 수 있다.

```
import org.devio.rn.splashscreen.SplashScreen;

public class MainActivity extends ReactActivity {
    @Override
    protected void onCreate(Bundle savedInstanceState) {
        SplashScreen.show(this, R.style.SplashScreenTheme);
        super.onCreate(savedInstanceState);
    }
    ...
}
```

안드로이드에서 스플래시 이미지를 전체 표시하기 위해 SplashScreen.show(this,
R.style.SplashScreenTheme)을 SplashScreen.show(this, true)으로 수정해 주자.

3) 내비게이션 컴포넌트

이번 장에서는 탭 내비게이션(Tab navigation), 드로어 내비게이션(Drawer
navigation) 등 좀 더 다양한 내비게이션을 활용할 예정이다. 내비게이션을 관리하기
위해 ./src/Screens/Navigator.tsx 파일을 생성하고 다음과 같이 수정한다.

```
import React, {useContext} from 'react';
import {Image} from 'react-native';
import {NavigationContainer} from '@react-navigation/native';
import {createStackNavigator} from '@react-navigation/stack';
import {createDrawerNavigator} from '@react-navigation/drawer';
import {createBottomTabNavigator} from '@react-navigation/bottom-tabs';

import {UserContext} from '~/Context/User';
import SearchBar from '~/Components/SearchBar';
import Loading from '~/Components/Loading';

import Login from '~/Screens/Login';
import PasswordReset from '~/Screens/PasswordReset';
import Signup from '~/Screens/Signup';

import MyFeed from '~/Screens/MyFeed';
import Feeds from '~/Screens/Feeds';
import FeedListOnly from '~/Screens/FeedListOnly';
import Upload from '~/Screens/Upload';
import Notification from '~/Screens/Notification';
import Profile from '~/Screens/Profile';
import CustomDrawer from '~/Screens/Drawer';

const Stack = createStackNavigator();
const BottomTab = createBottomTabNavigator();
const Drawer = createDrawerNavigator();

const LoginNavigator = () => {
  return (
    <Stack.Navigator screenOptions={{headerShown: false}}>
      <Stack.Screen name="Login" component={Login} />
      <Stack.Screen name="Signup" component={Signup} />
      <Stack.Screen name="PasswordReset" component={PasswordReset} />
    </Stack.Navigator>
  );
};

const MyFeedTab = () => {
  return (
```

```
    <Stack.Navigator>
      <Stack.Screen
        name="MyFeed"
        component={MyFeed}
        options={{title: 'SNS App'}}
      />
    </Stack.Navigator>
  );
};

const FeedsTab = () => {
  return (
    <Stack.Navigator>
      <Stack.Screen
        name="Feeds"
        component={Feeds}
        options={{
          header: () => <SearchBar />,
        }}
      />
      <Stack.Screen
        name="FeedListOnly"
        component={FeedListOnly}
        options={{
          headerBackTitleVisible: false,
          title: '둘러보기',
          headerTintColor: '#292929',
        }}
      />
    </Stack.Navigator>
  );
};

const UploadTab = () => {
  return (
    <Stack.Navigator>
      <Stack.Screen
        name="Upload"
        component={Upload}
```

```jsx
          options={{title: '사진 업로드'}}
        />
      </Stack.Navigator>
    );
};

const ProfileTab = () => {
  return (
    <Stack.Navigator>
      <Stack.Screen
        name="Profile"
        component={Profile}
        options={{title: 'Profile'}}
      />
    </Stack.Navigator>
  );
};

const MainTabs = () => {
  return (
    <BottomTab.Navigator
      tabBarOptions={{showLabel: false}}>
      <BottomTab.Screen
        name="MyFeed"
        component={MyFeedTab}
        options={{
          tabBarIcon: ({color, focused}) => (
            <Image
              source={
                focused
                  ? require('~/Assets/Images/Tabs/ic_home.png')
                  : require('~/Assets/Images/Tabs/ic_home_outline.png')
              }
            />
          ),
        }}
      />
      <BottomTab.Screen
        name="Feeds"
```

```
                component={FeedsTab}
                options={{
                  tabBarIcon: ({color, focused}) => (
                    <Image
                      source={
                        focused
                          ? require('~/Assets/Images/Tabs/ic_search.png')
                          : require('~/Assets/Images/Tabs/ic_search_outline.png')
                      }
                    />
                  ),
                }}
              />
              <BottomTab.Screen
                name="Upload"
                component={UploadTab}
                options={{
                  tabBarLabel: 'Third',
                  tabBarIcon: ({color, focused}) => (
                    <Image
                      source={
                        focused
                          ? require('~/Assets/Images/Tabs/ic_add.png')
                          : require('~/Assets/Images/Tabs/ic_add_outline.png')
                      }
                    />
                  ),
                }}
              />
              <BottomTab.Screen
                name="Notification"
                component={Notification}
                options={{
                  tabBarIcon: ({color, focused}) => (
                    <Image
                      source={
                        focused
                          ? require('~/Assets/Images/Tabs/ic_favorite.png')
                          : require('~/Assets/Images/Tabs/ic_favorite_outline.
```

```
              png')
            }
          />
        ),
      }}
    />
    <BottomTab.Screen
      name="Profile"
      component={ProfileTab}
      options={{
        tabBarIcon: ({color, focused}) => (
          <Image
            source={
              focused
                ? require('~/Assets/Images/Tabs/ic_profile.png')
                : require('~/Assets/Images/Tabs/ic_profile_outline.
                  png')
            }
          />
        ),
      }}
    />
  </BottomTab.Navigator>
  );
};

const MainNavigator = () => {
  return (
    <Drawer.Navigator
      drawerPosition="right"
      drawerType="slide"
      drawerContent={(props) => <CustomDrawer props={props} />}>
      <Drawer.Screen name="MainTabs" component={MainTabs} />
    </Drawer.Navigator>
  );
};

export default () => {
  const {isLoading, userInfo} = useContext<IUserContext>(UserContext);
```

```
  if (isLoading === false) {
    return <Loading />;
  }

  return (
    <NavigationContainer>
      {userInfo ? <MainNavigator /> : <LoginNavigator />}
    </NavigationContainer>
  );
};
```

이번 예제에서는 스택 내비게이션 이외에도 탭, 드로어 내비게이션을 활용할 예정이다. 또한 탭 내비게이션에 아이콘을 표시하기 위해 리액트 네이티브의 Image 컴포넌트를 활용할 예정이다.

```
import React, {useContext} from 'react';
import {Image} from 'react-native';
import {NavigationContainer} from '@react-navigation/native';
import {createStackNavigator} from '@react-navigation/stack';
import {createDrawerNavigator} from '@react-navigation/drawer';
import {createBottomTabNavigator} from '@react-navigation/bottom-tabs';
```

다음은 기본적으로 화면에 표시할 컴포넌트들이다. 이 예제를 통해 하나하나 만들어 보면서 자세히 살펴보자.

```
import {UserContext} from '~/Context/User';
import SearchBar from '~/Components/SearchBar';
import Loading from '~/Components/Loading';

import Login from '~/Screens/Login';
import PasswordReset from '~/Screens/PasswordReset';
import Signup from '~/Screens/Signup';

import MyFeed from '~/Screens/MyFeed';
```

```
import Feeds from '~/Screens/Feeds';
import FeedListOnly from '~/Screens/FeedListOnly';
import Upload from '~/Screens/Upload';
import Notification from '~/Screens/Notification';
import Profile from '~/Screens/Profile';
import CustomDrawer from '~/Screens/Drawer';
```

각각의 내비게이션을 사용하기 위해서 다음과 같이 내비게이션 함수를 호출하여 컴포
넌트를 준비한다.

```
const Stack = createStackNavigator();
const BottomTab = createBottomTabNavigator();
const Drawer = createDrawerNavigator();
```

화면에 표시될 컴포넌트 중 내비게이션 헤더가 필요한 컴포넌트는 기본적으로 스택
내비게이션으로 감싸주었다. 이렇게 화면에 내비게이션 헤더가 필요한 경우, 스택 내
비게이션을 추가해 주어야 한다.

```
const LoginNavigator = () => {
  return (
    <Stack.Navigator screenOptions={{headerShown: false}}>
      <Stack.Screen name="Login" component={Login} />
      <Stack.Screen name="Signup" component={Signup} />
      <Stack.Screen name="PasswordReset" component={PasswordReset} />
    </Stack.Navigator>
  );
};

const MyFeedTab = () => {
  return (
    <Stack.Navigator>
      <Stack.Screen
        name="MyFeed"
        component={MyFeed}
        options={{title: 'SNS App'}}
```

```
        />
      </Stack.Navigator>
    );
};

const FeedsTab = () => {
    return (
      <Stack.Navigator>
        <Stack.Screen
          name="Feeds"
          component={Feeds}
          options={{
            header: () => <SearchBar />,
          }}
        />
        <Stack.Screen
          name="FeedListOnly"
          component={FeedListOnly}
          options={{
            headerBackTitleVisible: false,
            title: '둘러보기',
            headerTintColor: '#292929',
          }}
        />
      </Stack.Navigator>
    );
};

const UploadTab = () => {
    return (
      <Stack.Navigator>
        <Stack.Screen
          name="Upload"
          component={Upload}
          options={{{title: '사진 업로드'}}
        />
      </Stack.Navigator>
    );
};
```

```
const ProfileTab = () => {
  return (
    <Stack.Navigator>
      <Stack.Screen
        name="Profile"
        component={Profile}
        options={{title: 'Profile'}}
      />
    </Stack.Navigator>
  );
};
```

이번 예제에서 메인 내비게이션이 될 탭 내비게이션을 다음과 같이 설정하였다. 탭의
라벨을 제거하기 위해 tabBarOptions의 showLabel을 false로 설정하였다. 탭이 선
택되었는지 여부에 따라 다른 이미지를 표시하도록 설정하였다.

```
const MainTabs = () => {
  return (
    <BottomTab.Navigator tabBarOptions={{showLabel: false}}>
      <BottomTab.Screen
        name="MyFeed"
        component={MyFeedTab}
        options={{
          tabBarIcon: ({color, focused}) => (
            <Image
              source={
                focused
                  ? require('~/Assets/Images/Tabs/ic_home.png')
                  : require('~/Assets/Images/Tabs/ic_home_outline.png')
              }
            />
          ),
        }}
      />
      <BottomTab.Screen
        name="Feeds"
```

```
        component={FeedsTab}
        options={{
          tabBarIcon: ({color, focused}) => (
            <Image
              source={
                focused
                  ? require('~/Assets/Images/Tabs/ic_search.png')
                  : require('~/Assets/Images/Tabs/ic_search_outline.png')
              }
            />
          ),
        }}
      />
      <BottomTab.Screen
        name="Upload"
        component={UploadTab}
        options={{
          tabBarLabel: 'Third',
          tabBarIcon: ({color, focused}) => (
            <Image
              source={
                focused
                  ? require('~/Assets/Images/Tabs/ic_add.png')
                  : require('~/Assets/Images/Tabs/ic_add_outline.png')
              }
            />
          ),
        }}
      />
      <BottomTab.Screen
        name="Notification"
        component={Notification}
        options={{
          tabBarIcon: ({color, focused}) => (
            <Image
              source={
                focused
                  ? require('~/Assets/Images/Tabs/ic_favorite.png')
                  : require('~/Assets/Images/Tabs/ic_favorite_outline.
```

```
                   png')
            }
          />
        ),
      }}
    />
    <BottomTab.Screen
      name="Profile"
      component={ProfileTab}
      options={{
        tabBarIcon: ({color, focused}) => (
          <Image
            source={
              focused
                ? require('~/Assets/Images/Tabs/ic_profile.png')
                : require('~/Assets/Images/Tabs/ic_profile_outline.
                  png')
            }
          />
        ),
      }}
    />
  </BottomTab.Navigator>
  );
};
```

이번에 만들 앱에서는 드로어 내비게이션을 사용하였다. 드로어 내비게이션은 [그림 9-2]와 같이 주로 메뉴에서 많이 사용되는 내비게이션이다.

[그림 9-2] SNS UI 클론 앱

[그림 9-2]와 같이 드로어 내비게이션을 오른쪽에 표시하기 위해 drawerPosition에 right을 설정하였으며, 메뉴가 화면 위가 아닌 화면 전체를 이동시키면서 표시되게 하기 위해 drawerType에 slide를 설정하였다.

```
const MainNavigator = () => {
  return (
    <Drawer.Navigator
      drawerPosition="right"
      drawerType="slide"
      drawerContent={(props) => <CustomDrawer props={props} />}>
      <Drawer.Screen name="MainTabs" component={MainTabs} />
    </Drawer.Navigator>
  );
};
```

드로어 내비게이션은 다음과 같이 자식 컴포넌트를 설정하면, [그림 9-3]과 같이 react-navigation이 자동적으로 드로어 내비게이션을 만들어 준다. 하지만 이번 예제에서는 drawerContent와 CustomDrawer 컴포넌트를 활용하여 우리가 직접 만든 드로어 메뉴를 사용하도록 설정하였다.

```
const MainNavigator = () => {
  return (
    <Drawer.Navigator drawerPosition="right" drawerType="slide">
      <Drawer.Screen name="MainTabs" component={MainTabs} />
      <Drawer.Screen name="MyFeedTab" component={MyFeedTab} />
      <Drawer.Screen name="FeedsTab" component={FeedsTab} />
    </Drawer.Navigator>
  );
};
```

[그림 9-3] 드로어 내비게이션의 기본 설정

이번 예제에서도 8장 예제에서 구현했던 로그인 기능을 도입하였다. UserContext를 활용하여 로그인 여부(Key 체크)를 확인하고, 로그인을 한 경우 메인 내비게이션으로, 로그인을 하지 않은 경우 로그인 내비게이션으로 이동하도록 설정하였다.

```
export default () => {
  const {isLoading, userInfo} = useContext<IUserContext>(UserContext);

  if (isLoading === false) {
    return <Loading />;
  }

  return (
    <NavigationContainer>
      {userInfo ? <MainNavigator /> : <LoginNavigator />}
    </NavigationContainer>
  );
};
```

마지막으로 NavigationContainer를 사용하여 앱에서 내비게이션을 사용할 수 있다.

이제 이렇게 선언한 내비게이션을 사용하기 위해서, 각 화면 컴포넌트에서 navigation 이라는 Props를 사용하게 된다. 이 Props의 타입을 정의하기 위해 ./src/Screens/@ types/index.d.ts 파일을 열고 다음과 같이 수정한다.

```
type LoginNaviParamList = {
  Login: undefined;
  Signup: undefined;
  PasswordReset: undefined;
};

type MyFeedTabParamList = {
  MyFeed: undefined;
};

type FeedsTabParamList = {
```

306

```
    Feeds: undefined;
    FeedListOnly: undefined;
};

type ProfileTabParamList = {
  Profile: undefined;
};
```

8장과는 다르게 상세 페이지를 표시하기 위한 ID 매개변수가 없으므로, 모든 화면 컴포넌트의 매개변수의 undefined를 대입했다.

4) App 컴포넌트

앞에서 만든 내비게이션을 앱에 적용하기 위해 App 컴포넌트를 수정해야 한다. ./src/App.tsx 파일을 열고 다음과 같이 수정한다.

```
import React from 'react';
import {StatusBar} from 'react-native';

import Navigator from '~/Screens/Navigator';
import {UserContextProvider} from '~/Context/User';
import {RandomUserDataProvider} from '~/Context/RandomUserData';

interface Props {}

const App = ({}: Props) => {
  return (
    <RandomUserDataProvider cache={true}>
      <UserContextProvider>
        <StatusBar barStyle="default" />
        <Navigator />
      </UserContextProvider>
    </RandomUserDataProvider>
  );
```

```
};
export default App;
```

App 컴포넌트에서는 상태 바에 색깔을 조정하기 위해 StatusBar를 사용하였고, 앞에서 만든 내비게이션(Navigator)을 화면에 표시하도록 설정하였다. 또한 앱 내에서 전역적으로 사용할 데이터를 사용하기 위해 RandomUserData, User 컨텍스트를 만들고 적용할 예정이다.

5) 컨텍스트

이번 예제에서는 RandomUserData 컨텍스트와 User 컨텍스트, 두 가지 컨텍스트를 사용할 예정이다

우선 8장과 동일하게 로그인, 로그아웃, 사용자 정보를 가지고 있는 User 컨텍스트를 만들기 위해 먼저 타입을 선언할 필요가 있다. ./src/Context/User/@types/index.d.ts 파일을 생성하고 다음과 같이 수정한다.

```
interface IUserInfo {
  name: string;
  email: string;
}

interface IUserContext {
  isLoading: boolean;
  userInfo: IUserInfo | undefined;
  login: (email: string, password: string) => void;
  getUserInfo: () => void;
  logout: () => void;
}
```

다음으로 실제 User 컨텍스트를 구현하기 위해 ./src/Context/User/index.tsx 파일을 생성하고 다음과 같이 수정한다.

308

```
import React, {createContext, useState, useEffect} from 'react';
import AsyncStorage from '@react-native-community/async-storage';

const defaultContext: IUserContext = {
  isLoading: false,
  userInfo: undefined,
  login: (email: string, password: string) => {},
  getUserInfo: () => {},
  logout: () => {},
};

const UserContext = createContext(defaultContext);

interface Props {
  children: JSX.Element | Array<JSX.Element>;
}

const UserContextProvider = ({children}: Props) => {
  const [userInfo, setUserInfo] = useState<IUserInfo |
  undefined>(undefined);
  const [isLoading, setIsLoading] = useState<boolean>(false);

  const login = (email: string, password: string): void => {
    // Use Eamil and Passowrd for login API
    // Get token and UserInfo via Login API
    AsyncStorage.setItem('token', 'save your token').then(() => {
      setUserInfo({
        name: 'dev-yakuza',
        email: 'dev.yakuza@gamil.com',
      });
      setIsLoading(true);
    });
  };

  const getUserInfo = (): void => {
    AsyncStorage.getItem('token')
      .then(value => {
        if (value) {
          setUserInfo({
```

```
            name: 'dev-yakuza',
            email: 'dev.yakuza@gamil.com',
          });
        }
        setIsLoading(true);
      })
      .catch(() => {
        setUserInfo(undefined);
        setIsLoading(true);
      });
  };

  const logout = (): void => {
    AsyncStorage.removeItem('token');
    setUserInfo(undefined);
  };

  useEffect(() => {
    getUserInfo();
  }, []);

  return (
    <UserContext.Provider
      value={{
        isLoading,
        userInfo,
        login,
        getUserInfo,
        logout,
      }}>
      {children}
    </UserContext.Provider>
  );
};
export {UserContextProvider, UserContext};
```

User 컨텍스트는 8장과 동일하므로 자세한 설명은 생략한다. 그 다음 컨텍스트는 화면에 표시될 이미지, 사용자 정보 등을 API를 통해 가져오고 랜덤(Random)으로 표시되는 RandomUserData 컨텍스트이다.

이 컨텍스트는 실제로 사용 가능한 API를 사용할 예정이다. 또한, 여기서 사용할 API가 분당 호출 제한이 있어서, 가져온 데이터를 캐시하도록 만들 예정이다. App.tsx 파일에서 사용한 RandomUserDataProvider의 Props인 cache 값을 false로 설정하면 매번 API를 통해 새로운 데이터를 가져올 것이다. cache를 true로 설정하면 한번 가져온 데이터를 저장하여 사용하도록 구현할 예정이다.

우선, 컨텍스트에서 사용될 데이터 타입을 구현하기 위해 ./src/Context/RandomUserData/@types/index.d.ts 파일을 만들고 다음과 같이 수정한다.

```
interface IUserProfile {
  name: string;
  photo: string;
}

interface IFeed extends IUserProfile {
  images: Array<string>;
  description: string;
}
```

컨텍스트는 앱 내에서 공통적으로 사용될 데이터이므로, 컴포넌트 파일 안에 변수 타입을 선언하지 않고 @types/index.d.ts에 선언하였다. 이로써 여기서 선언한 IUserProfile과 IFeed는 앱 전체에서 사용할 수 있는 타입이 되었다. IUserProfile은 사용자의 이름과 이미지를 저장하기 위한 타입이다. IFeed는 이런 사용자 타입을 확장하여 이미지 리스트와 설명문을 추가할 수 있도록 선언하였다.

다음으로 실제 컨텍스트를 구현하기 위해 ./src/Context/RandomUserData/index.tsx 파일을 만들고 다음과 같이 수정한다.

```
import React, {createContext, useState, useEffect} from 'react';
import {Image} from 'react-native';
```

```
import AsyncStorage from '@react-native-community/async-storage';

import Loading from '~/Components/Loading';

interface Props {
  cache?: boolean;
  children: JSX.Element | Array<JSX.Element>;
}

interface IRnadomUserData {
  getMyFeed: (number?: number) => Array<IFeed>;
}

const RandomUserDataContext = createContext<IRnadomUserData>({
  getMyFeed: (number: number = 10) => {
    return [];
  },
});

const RandomUserDataProvider = ({cache, children}: Props) => {
  const [userList, setUserList] = useState<Array<IUserProfile>>([]);
  const [descriptionList, setDescriptionList] =
  useState<Array<string>>([]);
  const [imageList, setImageList] = useState<Array<string>>([]);

  const getCacheData = async (key: string) => {
    const cacheData = await AsyncStorage.getItem(key);
    if (cache === false || cacheData === null) {
      return undefined;
    }

    const cacheList = JSON.parse(cacheData);

    if (cacheList.length !== 25) {
      return undefined;
    }

    return cacheList;
  };
```

```
const setCachedData = (key: string, data: Array<any>) => {
  AsyncStorage.setItem(key, JSON.stringify(data));
};

const setUsers = async () => {
  const cachedData = await getCacheData('UserList');
  if (cachedData) {
    setUserList(cachedData);
    return;
  }

  try {
    const response = await fetch(
      'https://raw.githubusercontent.com/dev-yakuza/users/master/api.
      json',
    );
    const data = await response.json();
    setUserList(data);
    setCachedData('UserList', data);
  } catch (error) {
    console.log(error);
  }
};

const setDescriptions = async () => {
  const cachedData = await getCacheData('DescriptionList');
  console.log(cachedData);
  if (cachedData) {
    setDescriptionList(cachedData);
    return;
  }

  try {
    const response = await fetch(
      'https://opinionated-quotes-api.gigalixirapp.com/v1/
      quotes?rand=t&n=25',
    );
    const data = await response.json();
```

```
      let text = [];
      for (const index in data.quotes) {
        text.push(data.quotes[index].quote);
      }

      setDescriptionList(text);
      setCachedData('DescriptionList', text);
    } catch (error) {
      console.log(error);
    }
  }
};

const setImages = async () => {
  const cachedData = await getCacheData('ImageList');
  if (cachedData) {
    if (Image.queryCache) {
      Image.queryCache(cachedData);
      cachedData.map((data: string) => {
        Image.prefetch(data);
      });
    }
    setImageList(cachedData);
    return;
  }

  setTimeout(async () => {
    try {
      const response = await fetch('https://source.unsplash.com/
      random/');
      const data = response.url;
      if (imageList.indexOf(data) >= 0) {
        setImages();
        return;
      }
      setImageList([...imageList, data]);
    } catch (error) {
      console.log(error);
    }
  }, 400);
```

```
};

useEffect(() => {
  setUsers();
  setDescriptions();
}, []);

useEffect(() => {
  if (imageList.length !== 25) {
    setImages();
  } else {
    setCachedData('ImageList', imageList);
  }
}, [imageList]);

const getImages = (): Array<string> => {
  let images: Array<string> = [];
  const count = Math.floor(Math.random() * 4);

  for (let i = 0; i <= count; i++) {
    images.push(imageList[Math.floor(Math.random() * 24)]);
  }

  return images;
};
const getMyFeed = (number: number = 10): Array<IFeed> => {
  let feeds: Array<IFeed> = [];
  for (let i = 0; i < number; i++) {
    const user = userList[Math.floor(Math.random() * 24)];
    feeds.push({
      name: user.name,
      photo: user.photo,
      description: descriptionList[Math.floor(Math.random() * 24)],
      images: getImages(),
    });
  }
  return feeds;
};
```

```
  console.log(
    `${userList.length} / ${descriptionList.length} / ${imageList.length}`,
  );
  return (
    <RandomUserDataContext.Provider
      value={{
        getMyFeed,
      }}>
      {userList.length === 25 &&
      descriptionList.length === 25 &&
      imageList.length === 25 ? (
        children
      ) : (
        <Loading />
      )}
    </RandomUserDataContext.Provider>
  );
};

export {RandomUserDataProvider, RandomUserDataContext};
```

이 컨텍스트에서는 3가지 데이터를 준비할 예정이다. 사용자의 이름과 이미지를 가지는 사용자 리스트(userList), 사용자의 이미지에 대한 설명을 가지고 있는 설명문 리스트(descriptionList), 마지막으로 사용자의 이미지를 가지고 있는 이미지 리스트(imageList)이다.

각각의 리스트는 25개의 데이터를 준비할 것이며, 준비된 데이터들을 랜덤 조합하여 화면에 표시되도록 할 예정이다. 데이터는 Fetch API를 통해 가져오며 useState를 통해 만든 State에 할당한다. 또한 캐싱이 필요한 경우, AsyncStorage를 통해 데이터를 캐싱한다.

```
import React, { createContext, useState, useEffect } from 'react';
...
import AsyncStorage from '@react-native-community/async-storage';
```

```
...
const RandomUserDataProvider = ({ cache, children }: Props) => {
  const [userList, setUserList] = useState<Array<IUserProfile>>([]);
  const [descriptionList, setDescriptionList] =
  useState<Array<string>>([]);
  const [imageList, setImageList] = useState<Array<string>>([]);
  ...
  const getCacheData = async (key: string) => {
    const cacheData = await AsyncStorage.getItem(key);
    if (cache === false || cacheData === null) {
      return undefined;
    }

    const cacheList = JSON.parse(cacheData);

    if (cacheList.length !== 25) {
      return undefined;
    }

    return cacheList;
  };
  const setCachedData = (key: string, data: Array<any>) => {
    AsyncStorage.setItem(key, JSON.stringify(data));
  };
  ...
};
```

getCacheData는 컨텍스트의 Props인 cache를 false로 선언하였거나 이전에 캐싱한 데이터가 없는 경우, Fetch API를 통해 새롭게 데이터를 가져온다. 또한, AsyncStorage는 문자열만 저장할 수 있으므로 캐싱한 데이터를 JSON.parse를 통해 문자열 리스트로 복원할 필요가 있다. 마지막으로 복원한 캐싱 데이터가 25개인지 판단하여, 25개가 아닌 경우 다시 Fetch API를 통해 데이터를 가져왔다.

setCachedData는 단순히 전달받은 배열 데이터를 JSON.stringify를 통해 문자열로 변환하여 AysncStorage에 저장하였다.

이제 각각의 데이터를 Fetch API를 통해 가져오고, 캐싱하는 부분을 살펴보자.

사용자의 이름과 이미지를 가지고 있는 사용자 리스트 데이터는 미리 준비한 JSON 데이터를 사용하여 가져왔다.

- https://raw.githubusercontent.com/dev-yakuza/users/master/api.json

이 데이터를 통해서 미리 정의된 사용자 데이터를 가져올 수 있다. 사용자 정보에는 사용자 이름과 프로필 이미지가 있다. 이렇게 준비된 데이터를 Fetch API를 통해 가져와 useState로 생성한 State에 할당할 예정이다. 또한 State에 할당한 데이터를 다시 랜덤하게 가져와 화면에 표시할 예정이다.

```
...
const RandomUserDataProvider = ({ cache, children }: Props) => {
  const [userList, setUserList] = useState<Array<IUserProfile>>([]);
  ...
  const setUsers = async () => {
    const cachedData = await getCacheData('UserList');
    if (cachedData) {
      setUserList(cachedData);
      return;
    }

    try {
      const response = await fetch(' https://raw.githubusercontent.com/
      dev-yakuza/users/master/api.json ');
      const data = await response.json();
      setUserList(data);
      setCachedData('UserList', data);
    } catch (error) {
      console.log(error);
    }
  };
  ...
  useEffect(() => {
```

```
    setUsers();
    setDescriptions();
  }, []);
  ...
};
```

setUsers 함수에서 캐싱 여부 및 캐시 데이터 존재 여부를 확인하고 나서 존재하는 경우 캐싱한 데이터를 setUserList를 통해 State에 저장하였다. 캐싱한 데이터가 존재하지 않는 경우 Fetch API를 통해 미리 준비한 25개의 사용자 리스트를 가져오며, 가져온 데이터를 setUserList를 통해 State에 저장하고 setCachedData를 통해 캐싱하도록 설정하였다. setUsers 함수는 useEffect를 통해, 컴포넌트가 화면에 표시된 후, 한번만 실행되도록 설정하였다.

사용자의 이미지 데이터를 설명하는 데 사용될 설명문 리스트 데이터도 사용자 리스트 데이터와 동일한 방식으로 데이터를 가져오고 캐싱한다. 설명문 리스트 데이터는 Opinionated Quotes API에서 제공하는 무료 API를 통해 가져왔다.

- Opinionated Quotes API: https://opinionated-quotes-api.gigalixirapp.com/

이 API를 통해 습득한 랜덤한 설명문 데이터를 useState를 통해 State에 할당하고, AsyncStorage에 캐싱한 후, 다시 랜덤하게 데이터를 만들어 화면에 표시할 예정이다.

```
  ...
const RandomUserDataProvider = ({ cache, children }: Props) => {
  ...
  const [descriptionList, setDescriptionList] =
  useState<Array<string>>([]);
  ...
  const setDescriptions = async () => {
    const cachedData = await getCacheData('DescriptionList');
    console.log(cachedData);
```

```
      if (cachedData) {
        setDescriptionList(cachedData);
        return;
      }

      try {
        const response = await fetch(
          'https://opinionated-quotes-api.gigalixirapp.com/v1/
          quotes?rand=t&n=25'
        );
        const data = await response.json();

        let text = [];
        for (const index in data.quotes) {
          text.push(data.quotes[index].quote);
        }

        setDescriptionList(text);
        setCachedData('DescriptionList', text);
      } catch (error) {
        console.log(error);
      }
    };
    ...
  useEffect(() => {
    setUsers();
    setDescriptions();
  }, []);
    ...
};
```

setDescriptions 함수 역시 앞에서 살펴본 setUsers 함수와 동일하게 캐싱 데이터를 확인하고 나서 데이터가 없는 경우 Fetch API를 통해 데이터를 가져왔다. setUsers 함수와 다른 점은, 가져온 데이터 형식이 바로 사용할 수 있는 형식이 아니므로 for 문을 사용하여 예제에서 사용할 데이터로 가공하였다.

setDescriptions 함수도 setUsers 함수와 마찬가지로 useEffect를 통해 컴포넌트가 화면에 표시된 후, 한번만 호출하게 하여, 데이터를 준비하였다.

마지막으로, 사용자가 업로드한 이미지 데이터로 사용할 이미지 리스트 데이터는 unsplash에서 제공하는 API를 통해 가져오도록 설정하였다.

- unsplash: https://source.unsplash.com

이 API는 랜덤으로 이미지를 한 장만 얻을 수 있으며, 일정 시간 내에 보내는 요청은 동일한 이미지가 반환된다. 따라서 앞에서 살펴본 사용자 리스트, 설명문 리스트와는 다르게 좀 더 복잡하게 구현되었다.

기본적으로 Fetch API를 통해 데이터를 가져와 useState로 생성한 State에 데이터를 저장하고 AsyncStorage에 데이터를 캐싱하는 부분은 동일하다. 다만 setTimeout을 사용하여 400ms의 간격을 두고 데이터를 습득하게 하였으며, 가져온 데이터는 이미 이전에 가져온 데이터와 동일한 경우, 해당 데이터를 저장하지 않고 다시 Fetch API를 통해 가져왔다.

```
...
const RandomUserDataProvider = ({ cache, children }: Props) => {
  ...
  const [imageList, setImageList] = useState<Array<string>>([]);
  ...
  const setImages = async () => {
    const cachedData = await getCacheData('ImageList');
    if (cachedData) {
      if (Image.queryCache) {
        Image.queryCache(cachedData);
        cachedData.map((data: string) => {
          Image.prefetch(data);
        });
      }
      setImageList(cachedData);
```

```
      return;
    }

  setTimeout(async () => {
    try {
      const response = await fetch('https://source.unsplash.com/
      random/');
      const data = response.url;
      if (imageList.indexOf(data) >= 0) {
        setImages();
        return;
      }
      setImageList([...imageList, data]);
    } catch (error) {
      console.log(error);
    }
  }, 400);
};
...
useEffect(() => {
  if (imageList.length !== 25) {
    setImages();
  } else {
    setCachedData('ImageList', imageList);
  }
}, [imageList]);
...
};
```

또한, 다른 API들과는 다르게 이미지 API는 API를 통해 습득할 수 있는 이미지가 하나뿐이므로, useEffect를 통해 imageList 데이터에 변화가 있으면 imageList 데이터의 저장된 이미지 수를 확인한 후 25개보다 적은 경우 반복해서 데이터를 습득하였다. 데이터가 우리가 원하는 25개를 만족할 경우 setCachedData를 통해 데이터를 캐싱하였다.

이렇게 저장한 25장의 이미지 데이터는 다음과 같이 getImages 함수를 통해 랜덤하게 가져오도록 설정하였다.

```
...
const RandomUserDataProvider = ({ cache, children }: Props) => {
  ...
  const getImages = (): Array<string> => {
    let images: Array<string> = [];
    const count = Math.floor(Math.random() * 4);

    for (let i = 0; i <= count; i++) {
      images.push(imageList[Math.floor(Math.random() * 24)]);
    }

    return images;
  };
  ...
};
```

우리가 이번에 만들 예제에는 [그림 9-4]와 같이 사용자가 업로드한 하나의 피드 (Feed)에 여러 이미지를 표시할 예정이다. 하나에 피드에는 최대 5개의 이미지를 랜덤 하게 가지고 있으며, 이 부분을 구현하기 위해 Math.radom과 Math.floor를 사용하여 0~4 사이의 랜덤한 count 변수에 할당하였다. 이렇게 할당한 변수를 사용하여 그 개수 만큼의 이미지를 25개 이미지 리스트에서 랜덤하게 가져왔다.

[그림 9-4] 여러 이미지를 포함한 피드

이제 사용자가 업로드한 피드를 랜덤하게 가져오는 getMyFeed 함수를 살펴보자.
getMyFeed 함수는 몇 개의 피드 데이터가 필요한지 매개변수 number로 받아온다.
number 매개변수는 기본값을 10으로 가지고 있어, 만약 getMyFeed 함수를 호출할
때, 매개변수를 설정하지 않는다면, 10개의 피드 데이터를 반환할 예정이다.

```
...
const RandomUserDataProvider = ({ cache, children }: Props) => {
  ...
  const getMyFeed = (number: number = 10): Array<IFeed> => {
    let feeds: Array<IFeed> = [];
    for (let i = 0; i < number; i++) {
      const user = userList[Math.floor(Math.random() * 24)];
```

```
      feeds.push({
        name: user.name,
        photo: user.photo,
        description: descriptionList[Math.floor(Math.random() * 24)],
        images: getImages(),
      });
    }
    return feeds;
  };
  ...
};
```

피드 데이터는 @types/index.d.ts에서 정의한 IFeed처럼, 이름(name), 프로필 이미지(photo), 피드 설명문(description), 피드 이미지(images)를 가지고 있다. 피드 이미지는 앞에서 설명한 getImages 함수를 통해 25개의 이미지 리스트에서 랜덤하게 가져와 채워진 최대 5개의 이미지 배열을 설정하였다.

마지막으로 우리가 만든 getMyFeed 함수를 값으로 가지는 컨텍스트의 프로바이더(RandomUserDataContext.Provider)를 반환하였다. 이때 우리가 API를 통해 가져온 데이터의 개수를 비교하여 25개가 아닌 경우, 로딩 화면을 표시하였다.

```
...
const RandomUserDataProvider = ({ cache, children }: Props) => {
  ...
  const getMyFeed = (number: number = 10): Array<IFeed> => {
    ...
  console.log(
    `${userList.length} / ${descriptionList.length} / ${imageList.length}`
  );
  return (
    <RandomUserDataContext.Provider
      value={{
        getMyFeed,
      }}>
      {userList.length === 25 &&
```

```
    descriptionList.length === 25 &&
    imageList.length === 25 ? (
      children
    ) : (
      <Loading />
    )}
  </RandomUserDataContext.Provider>
  );
};
```

사용자 리스트, 이미지 리스트, 설명문 리스트가 모두 25개인 경우, 자식 컴포넌트를
화면에 표시함으로써, 가져온 데이터를 기반으로 화면에 표시할 컴포넌트들이 표시되
도록 설정하였다.

6) Loading 컴포넌트

사용자의 로그인 여부를 확인할 때, 랜덤 데이터를 가져오는 동안 표시할 Loading 컴
포넌트이다.

```
import React from 'react';
import {ActivityIndicator} from 'react-native';
import Styled from 'styled-components/native';

const Container = Styled.View`
  flex: 1;
  background-color: #FEFFFF;
  align-items: center;
  justify-content: center;
`;

const Loading = () => {
  return (
    <Container>
      <ActivityIndicator color="#D3D3D3" size="large" />
```

```
      </Container>
  );
};


export default Loading;
```

Loading 컴포넌트는 8장에서 제작한 컴포넌트와 동일하므로 자세한 설명은 생략
한다.

7) Login 컴포넌트

8장과 마찬가지로 User 컨텍스트에서 사용자의 정보가 없으면 LoginNavigator를 호
출한다. ./src/Screens/Navigator.tsx 파일을 다시 확인해 보면 LoginNavigator는
Login 컴포넌트, Signup 컴포넌트, PasswordReset 컴포넌트로 구성되어 있으며,
Login 컴포넌트를 기본 컴포넌트로 사용하고 있음을 확인할 수 있다.

```
const LoginNavigator = () => {
  return (
    <Stack.Navigator screenOptions={{headerShown: false}}>
      <Stack.Screen name="Login" component={Login} />
      <Stack.Screen name="Signup" component={Signup} />
      <Stack.Screen name="PasswordReset" component={PasswordReset} />
    </Stack.Navigator>
  );
};
...
export default () => {
  const {isLoading, userInfo} = useContext<IUserContext>(UserContext);

  if (isLoading === false) {
    return <Loading />;
  }

  return (
```

```
    <NavigationContainer>
      {userInfo ? <MainNavigator /> : <LoginNavigator />}
    </NavigationContainer>
  );
};
```

그럼 LoginNavigator의 기본 화면인 Login 컴포넌트를 제작해 보도록 하자. Login
컴포넌트를 제작하기 위해 ./src/Screens/Login/index.tsx 파일을 생성하고 다음과
같이 수정한다.

```
import React, {useContext, useEffect} from 'react';
import Styled from 'styled-components/native';
import {StackNavigationProp} from '@react-navigation/stack';
import SplashScreen from 'react-native-splash-screen';

import {UserContext} from '~/Context/User';

import Input from '~/Components/Input';
import Button from '~/Components/Button';

const Container = Styled.SafeAreaView`
  flex: 1;
  background-color: #FEFFFF;
`;
const FormContainer = Styled.View`
  flex: 1;
  width: 100%;
  align-items: center;
  justify-content: center;
  padding: 32px;
`;

const Logo = Styled.Text`
  color: #292929;
  font-size: 40px;
  font-weight: bold;
  text-align: center;
```

```
    margin-bottom: 40px;
`;

const PasswordReset = Styled.Text`
  width: 100%;
  color: #3796EF;
  text-align: right;
  margin-bottom: 24px;
`;

const SignupText = Styled.Text`
  color: #929292;
  text-align: center;
`;
const SignupLink = Styled.Text`
  color: #3796EF;
`;

const Footer = Styled.View`
  width: 100%;
  border-top-width: 1px;
  border-color: #D3D3D3;
  padding: 8px;
`;
const Copyright = Styled.Text`
  color: #929292;
  text-align: center;
`;

type NavigationProp = StackNavigationProp<LoginNaviParamList, 'Login'>;
interface Props {
  navigation: NavigationProp;
}

const Login = ({navigation}: Props) => {
  const {login} = useContext<IUserContext>(UserContext);

  useEffect(() => {
    SplashScreen.hide();
```

```
  }, []);

  return (
    <Container>
      <FormContainer>
        <Logo>SNS App</Logo>
        <Input style={{marginBottom: 16}} placeholder="이메일" />
        <Input
          style={{marginBottom: 16}}
          placeholder="비밀번호"
          secureTextEntry={true}
        />
        <PasswordReset onPress={() => navigation.navigate('PasswordReset')}>
          비밀번호 재설정
        </PasswordReset>
        <Button
          label="로그인"
          style={{marginBottom: 24}}
          onPress={() => {
            login('dev.yakuza@gmail.com', 'password');
          }}
        />
        <SignupText>
          계정이 없으신가요?{' '}
          <SignupLink onPress={() => navigation.navigate('Signup')}>
            가입하기.
          </SignupLink>
        </SignupText>
      </FormContainer>
      <Footer>
        <Copyright>SNSApp from dev-yakuza</Copyright>
      </Footer>
    </Container>
  );
};

export default Login;
```

로그인 컴포넌트는 [그림 9-5]와 같이 크게 로그인 정보를 입력하는 폼(Form)과 하단에 카피라이트(Copyright)를 표시하는 풋터(Footer)로 나누어져 있다.

[그림 9-5] 로그인 화면 구성

로그인 화면에서 메인 화면으로만 전환했던 8장과는 다르게 로그인 화면에서 다른 화면으로 전환 가능하도록 구성했다. 이번 예제에서는 패스워드를 잊어버렸을 때 화면(PasswordRest)과 회원 가입 화면(Signup)으로 이동할 수 있도록 구성했다.

```
...
const Login = ({ navigation }: Props) => {
  return (
    <Container>
```

```
<FormContainer>
  ...
  <Input style={{ marginBottom: 16 }} placeholder="이메일" />
  <Input
    style={{ marginBottom: 16 }}
    placeholder="비밀번호"
    secureTextEntry={true}
  />
  <PasswordReset onPress={() => navigation.navigate('PasswordReset')}>
    비밀번호 재설정
  </PasswordReset>
  <Button
    label="로그인"
    style={{ marginBottom: 24 }}
    onPress={() => {
      AsyncStorage.setItem('key', 'JWT_KEY');
      navigation.navigate('MainNavigator');
    }}
  />
  <SignupText>
    계정이 없으신가요?{' '}
    <SignupLink onPress={() => navigation.navigate('Signup')}>
      가입하기.
    </SignupLink>
  </SignupText>
</FormContainer>
  ...
</Container>
  );
};
...
```

또한 8장과 동일하게 로그인 버튼을 누르면 User 컨텍스트의 login 함수를 통해 사용자를 로그인시킨 후, 메인 화면(MainNavigator)으로 이동하도록 설정하였다. 그리고 사용자의 정보를 입력하는 Input 컴포넌트와 Button 컴포넌트는 여러 곳에서 사용되므로 공통 컴포넌트로 제작하여 사용하였다.

로그인을 하지 않은 상태라면, 제일 먼저 표시되는 화면이 Login 컴포넌트이다. 따라서 이 화면에서 스플래시 이미지를 닫아줄 필요가 있다.

```
useEffect(() => {
  SplashScreen.hide();
}, []);
```

8) Input 컴포넌트

여러 화면에서 사용되는 Input 컴포넌트를 만들기 위해 ./src/Components/Input/index.tsx 파일을 생성하고 다음과 같이 수정한다.

```
import React from 'react';
import Styled from 'styled-components/native';

const Container = Styled.View`
  width: 100%;
  height: 40px;
  padding-left: 16px;
  padding-right: 16px;
  border-radius: 4px;
  background-color: #FAFAFA;
  border-width: 1px;
  border-color: #D3D3D3;
`;
const InputField = Styled.TextInput`
  flex: 1;
  color: #292929;
`;

interface Props {
  placeholder?: string;
  keyboardType?: 'default' | 'email-address' | 'numeric' | 'phone-pad';
  secureTextEntry?: boolean;
```

```
  style?: Object;
  clearMode?: boolean;
  onChangeText?: (text: string) => void;
}

const Input = ({
  placeholder,
  keyboardType,
  secureTextEntry,
  style,
  clearMode,
  onChangeText,
}: Props) => {
  return (
    <Container style={style}>
      <InputField
        selectionColor="#292929"
        secureTextEntry={secureTextEntry}
        keyboardType={keyboardType ? keyboardType : 'default'}
        autoCapitalize="none"
        autoCorrect={false}
        allowFontScaling={false}
        placeholderTextColor="#C3C2C8"
        placeholder={placeholder}
        clearButtonMode={clearMode ? 'while-editing' : 'never'}
        onChangeText={onChangeText}
      />
    </Container>
  );
};

export default Input;
```

8장에서 만든 Input 컴포넌트와 디자인만 다를 뿐 동일하므로, 자세한 설명은 생략하
겠다.

9) Button 컴포넌트

Input 컴포넌트와 마찬가지로 많은 화면에서 공통적으로 사용될 Button 컴포넌트를 만들어 보자. Button 컴포넌트를 제작하기 위해 ./src/Components/Button/index. tsx 파일을 생성하고 다음과 같이 수정한다.

```tsx
import React from 'react';
import Styled from 'styled-components/native';

const StyleButton = Styled.TouchableOpacity`
  width: 100%;
  height: 40px;
  border-radius: 4px;
  justify-content: center;
  align-items: center;
  background-color: #3796EF;
`;
const Label = Styled.Text`
  color: #FFFFFF;
`;

interface Props {
  label: string;
  style?: Object;
  color?: string;
  onPress?: () => void;
}

const Button = ({ label, style, color, onPress }: Props) => {
  return (
    <StyleButton style={style} onPress={onPress}>
      <Label style={{ color: color ? color : '#FFFFFF' }}>{label}</Label>
    </StyleButton>
  );
};

export default Button;
```

Input 컴포넌트와 동일하게 8장에서 만든 Button 컴포넌트와 디자인만 다를 뿐 동일하므로 자세한 설명은 생략하겠다.

10) PasswordReset 컴포넌트

로그인 화면에서 비밀번호 재설정 버튼을 누르면 이동할 수 있는 PasswordReset 화면이다. 비밀번호 재설정 화면은 [그림9-6]과 같다.

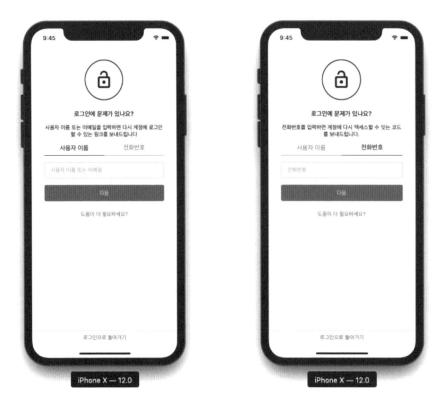

[그림 9-6] 비밀번호 재설정

비밀번호 재설정 화면은 특별한 기능을 가지고 있지 않다. 다만 8장과는 다르게 로그인 화면에서도 다양하게 내비게이션을 활용할 수 있음을 보여주기 위해 만든 화면이다.

그럼 비밀번호 재설정 화면을 제작하기 위해 ./src/Screens/PasswordReset/index.
tsx 파일을 생성하고 다음과 같이 수정한다.

```tsx
import React, {useState} from 'react';
import {StackNavigationProp} from '@react-navigation/stack';

import Styled from 'styled-components/native';

import Input from '~/Components/Input';
import Button from '~/Components/Button';
import Tab from '~/Components/Tab';

const Container = Styled.SafeAreaView`
  flex: 1;
  background-color: #FEFFFF;
`;

const FormContainer = Styled.View`
  flex: 1;
  width: 100%;
  align-items: center;
  padding: 32px;
`;

const LockImageContainer = Styled.View`
  padding: 24px;
  border-width: 2px;
  border-color: #292929;
  border-radius: 80px;
  margin-bottom: 24px;
`;
const LockImage = Styled.Image``;
const Title = Styled.Text`
  font-size: 16px;
  margin-bottom: 16px;
`;
const Description = Styled.Text`
  text-align: center;
```

```
    margin-bottom: 16px;
    color: #292929;
`;
const TabContainer = Styled.View`
  flex-direction: row;
  margin-bottom: 16px;
`;
const HelpLabel = Styled.Text`
    color: #3796EF;
`;
const Footer = Styled.View`
  width: 100%;
  border-top-width: 1px;
  border-color: #D3D3D3;
  padding: 8px;
`;
const GoBack = Styled.Text`
    color: #3796EF;
    text-align: center;
`;

type NavigationProp = StackNavigationProp<LoginNaviParamList,
'PasswordReset'>;
interface Props {
  navigation: NavigationProp;
}

const PasswordReset = ({navigation}: Props) => {
  const [tabIndex, setTabIndex] = useState<number>(0);
  const tabs = ['사용자 이름', '전화번호'];
  const tabDescriptions = [
    '사용자 이름 또는 이메일을 입력하면 다시 계정에 로그인 할 수 있는 링크를 보내드립니다.',
    '전화번호를 입력하면 계정에 다시 액세스할 수 있는 코드를 보내드립니다.',
  ];
  const placeholders = ['사용자 이름 또는 이메일', '전화번호'];

  return (
    <Container>
      <FormContainer>
```

```
              <LockImageContainer>
                <LockImage source={require('~/Assets/Images/lock.png')} />
              </LockImageContainer>
              <Title>로그인에 문제가 있나요?</Title>
              <Description>{tabDescriptions[tabIndex]}</Description>
              <TabContainer>
                {tabs.map((label: string, index: number) => (
                  <Tab
                    key={`tab-${index}`}
                    selected={tabIndex === index}
                    label={label}
                    onPress={() => setTabIndex(index)}
                  />
                ))}
              </TabContainer>
              <Input
                style={{{marginBottom: 16}}
                placeholder={placeholders[tabIndex]}
              />
              <Button label="다음" style={{{marginBottom: 24}} />
              <HelpLabel>도움이 더 필요하세요?</HelpLabel>
          </FormContainer>
          <Footer>
            <GoBack onPress={() => navigation.goBack()}>로그인으로 돌아가기</
            GoBack>
          </Footer>
      </Container>
    );
};

export default PasswordReset;
```

비밀번호 재설정 화면은 특별한 기능을 가지고 있지 않지만, useState를 사용하여 중
간에 사용자 이름, 전화번호 탭을 구성하였고, 탭을 선택할 시, 설명문과 입력 창에 표
시될 문구를 변경해 주었다.

사용자가 입력하는 입력 창과 버튼은 로그인 화면을 구성할 때 만든 공통 컴포넌트를

사용하였으며, 탭으로 사용될 Tab 컴포넌트도 많은 곳에서 사용되므로 공통 컴포넌트로 제작하였다.

```
import React, { useState } from 'react';
...
const PasswordReset = ({ navigation }: Props) => {
  const [tabIndex, setTabIndex] = useState<number>(0);
  const tabs = ['사용자 이름', '전화번호'];
  const tabDescriptions = [
    '사용자 이름 또는 이메일을 입력하면 다시 계정에 로그인 할 수 있는 링크를 보내드립니다.',
    '전화번호를 입력하면 계정에 다시 액세스할 수 있는 코드를 보내드립니다.',
  ];
  const placeholders = ['사용자 이름 또는 이메일', '전화번호'];

  return (
    <Container>
      <FormContainer>
        ...
        <Description>{tabDescriptions[tabIndex]}</Description>
        <TabContainer>
          {tabs.map((label: string, index: number) => (
            <Tab
              key={`tab-${index}`}
              selected={tabIndex === index}
              label={label}
              onPress={() => setTabIndex(index)}
            />
          ))}
        </TabContainer>
        <Input
          style={{ marginBottom: 16 }}
          placeholder={placeholders[tabIndex]}
        />
        ...
      </FormContainer>
      <Footer>
        <GoBack onPress={() => navigation.goBack()}>로그인으로 돌아가기</GoBack>
```

```
      </Footer>
    </Container>
  );
};
```

또한 스택 내비게이션이 기본적으로 제공하는 헤더의 돌아가기 버튼(Back Button)을
사용하지 않고, navigation.goBack()을 사용하여 원하는 이벤트에 돌아가기 버튼을
구현하였다.

11) Tab 컴포넌트

Tab 컴포넌트는 비밀번호 재설정 화면 이외에도 많은 곳에서 사용될 예정이다. 따라서
공통 컴포넌트로 탭을 구현하였다. Tab 컴포넌트를 만들기 위해 ./src/Components
/Tab/index.tsx 파일을 생성하고 다음과 같이 수정한다.

```
import React from 'react';
import { ImageSourcePropType } from 'react-native';
import Styled from 'styled-components/native';

const Container = Styled.TouchableOpacity`
  flex: 1;
  border-bottom-width: 1px;
  border-color: #929292;
  padding-bottom: 8px;
  align-items: center;
  justify-content: center;
`;
const Label = Styled.Text`
  font-size: 16px;
  color: #929292;
  text-align: center;
`;
const TabImage = Styled.Image`
  margin-top: 8px;
```

```
`;

interface Props {
  selected: boolean;
  label?: string;
  imageSource?: ImageSourcePropType;
  onPress?: () => void;
}

const Tab = ({ selected, label, imageSource, onPress }: Props) => {
  let color: string = selected ? '#292929' : '#929292';

  return (
    <Container
      activeOpacity={1}
      style={{ borderColor: color }}
      onPress={onPress}>
      {label && <Label style={{ color: color }}>{label}</Label>}
      {imageSource && <TabImage source={imageSource} />}
    </Container>
  );
};

export default Tab;
```

Tab 컴포넌트는 부모로부터 전달받을 Props인 selected에 따라 글자 색과 테두리 색을 변경하도록 만들었다. 또한 Label로 문자열을 전달받으면 문자열을 화면에 표시하고, imageSource를 통해 이미지를 전달받으면 이미지를 화면에 표시하였다.

12) Signup 컴포넌트

로그인 화면에서 가입하기를 누르면 이동할 수 있는 회원 가입 화면이다. 회원 가입 화면은 [그림 9-7]과 같다.

[그림 9-7] 회원 가입 화면

회원 가입 화면을 만들기 위해 ./src/Screens/Signup/index.tsx 파일을 생성하고 다음과 같이 수정한다.

```
import React, {useState} from 'react';
import {StackNavigationProp} from '@react-navigation/stack';
import Styled from 'styled-components/native';

import Input from '~/Components/Input';
import Button from '~/Components/Button';
import Tab from '~/Components/Tab';

const Container = Styled.SafeAreaView`
  flex: 1;
```

```
    background-color: #FEFFFF;
`;

const FormContainer = Styled.View`
  flex: 1;
  width: 100%;
  align-items: center;
  padding: 32px;
`;
const Description = Styled.Text`
  text-align: center;
  font-size: 12px;
  color: #929292;
  margin: 0px 8px;
`;
const TabContainer = Styled.View`
  flex-direction: row;
  margin-bottom: 16px;
`;
const Footer = Styled.View`
  width: 100%;
  border-top-width: 1px;
  border-color: #D3D3D3;
  padding: 8px;
`;
const FooterDescription = Styled.Text`
  color: #929292;
  text-align: center;
`;
const GoBack = Styled.Text`
  color: #3796EF;
`;

type NavigationProp = StackNavigationProp<LoginNaviParamList, 'Signup'>;
interface Props {
  navigation: NavigationProp;
}

const Signup = ({navigation}: Props) => {
```

```
  const [tabIndex, setTabIndex] = useState<number>(0);
  const tabs = ['전화번호', '이메일'];

  return (
    <Container>
      <FormContainer>
        <TabContainer>
          {tabs.map((label: string, index: number) => (
            <Tab
              key={`tab-${index}`}
              selected={tabIndex === index}
              label={label}
              onPress={() => setTabIndex(index)}
            />
          ))}
        </TabContainer>
        <Input
          style={{marginBottom: 16}}
          placeholder={tabIndex === 0 ? '전화번호' : '이메일'}
        />
        <Button label="다음" style={{marginBottom: 24}} />
        {tabIndex === 0 && (
          <Description>
            SNS App의 업데이트 내용을 SMS로 수신할 수 있으며, 언제든지 수신을
            취소할 수 있습니다.
          </Description>
        )}
      </FormContainer>
      <Footer>
        <FooterDescription>
          이미 계정이 있으신가요?{' '}
          <GoBack onPress={() => navigation.goBack()}>로그인</GoBack>
        </FooterDescription>
      </Footer>
    </Container>
  );
};

export default Signup;
```

회원 가입 화면도 비밀번호 재설정 화면과 동일하게 별다른 기능을 하지 않는다. 비밀번호 재설정에서 사용한 공통 컴포넌트인 Input, Button, Tab 컴포넌트를 사용하여 화면을 구성하였으며, Tab 컴포넌트를 선택할 시 화면에 표시되는 내용이 변경되었다.

13) MyFeed 컴포넌트

이제 로그인 이후의 화면을 만들어 보자. ./src/Screens/Navigator.tsx에서 로그인 이후, 내비게이션을 살펴보면 MainNavigator > MainTabs > MyFeed이 표시되는 것을 확인할 수 있다.

```
...
const MainTabs = () => {
  return (
    <BottomTab.Navigator tabBarOptions={{showLabel: false}}>
      <BottomTab.Screen
        name="MyFeed"
        component={MyFeedTab}
        options={{
          tabBarIcon: ({color, focused}) => (
            <Image
              source={
                focused
                  ? require('~/Assets/Images/Tabs/ic_home.png')
                  : require('~/Assets/Images/Tabs/ic_home_outline.png')
              }
            />
          ),
        }}
      />
      <BottomTab.Screen
        name="Feeds"
        component={FeedsTab}
        options={{
          tabBarIcon: ({color, focused}) => (
```

```
      <Image
        source={
          focused
            ? require('~/Assets/Images/Tabs/ic_search.png')
            : require('~/Assets/Images/Tabs/ic_search_outline.png')
        }
      />
    ),
  }}
/>
<BottomTab.Screen
  name="Upload"
  component={UploadTab}
  options={{
    tabBarLabel: 'Third',
    tabBarIcon: ({color, focused}) => (
      <Image
        source={
          focused
            ? require('~/Assets/Images/Tabs/ic_add.png')
            : require('~/Assets/Images/Tabs/ic_add_outline.png')
        }
      />
    ),
  }}
/>
<BottomTab.Screen
  name="Notification"
  component={Notification}
  options={{
    tabBarIcon: ({color, focused}) => (
      <Image
        source={
          focused
            ? require('~/Assets/Images/Tabs/ic_favorite.png')
            : require('~/Assets/Images/Tabs/ic_favorite_outline.
          png')
        }
      />
```

```
      ),
    }}
  />
  <BottomTab.Screen
    name="Profile"
    component={ProfileTab}
    options={{
      tabBarIcon: ({color, focused}) => (
        <Image
          source={
            focused
              ? require('~/Assets/Images/Tabs/ic_profile.png')
              : require('~/Assets/Images/Tabs/ic_profile_outline.
                png')
          }
        />
      ),
    }}
  />
</BottomTab.Navigator>
  );
};

const MainNavigator = () => {
  return (
    <Drawer.Navigator
      drawerPosition="right"
      drawerType="slide"
      drawerContent={(props) => <CustomDrawer props={props} />}>
      <Drawer.Screen name="MainTabs" component={MainTabs} />
    </Drawer.Navigator>
  );
);
```

MyFeed 컴포넌트는 [그림 9-8]과 같은 화면으로 구성된다. 여기에서 표시되는 이미지, 사용자 이름, 설명문은 우리가 만든 컨텍스트(RandomUserData)에서 가져와 표시할 예정이다.

348

[그림 9-8] 내 피드 화면

그럼 MyFeed 컴포넌트를 제작하기 위해 ./src/Screens/MyFeed/index.tsx 파일을
생성하고 다음과 같이 수정한다.

```
import React, {useContext, useState, useEffect} from 'react';
import {StackNavigationProp} from '@react-navigation/stack';
import {FlatList} from 'react-native';
import Styled from 'styled-components/native';
import SplashScreen from 'react-native-splash-screen';

const HeaderRightContainer = Styled.View`
  flex-direction: row;
`;
```

```typescript
import {RandomUserDataContext} from '~/Context/RandomUserData';
import IconButton from '~/Components/IconButton';
import Feed from '~/Components/Feed';

import StoryList from './StoryList';

type NavigationProp = StackNavigationProp<MyFeedTabParamList, 'MyFeed'>;
interface Props {
  navigation: NavigationProp;
}

const MyFeed = ({navigation}: Props) => {
  const {getMyFeed} = useContext(RandomUserDataContext);
  const [feedList, setFeedList] = useState<Array<IFeed>>([]);
  const [storyList, setStoryList] = useState<Array<IFeed>>([]);
  const [loading, setLoading] = useState<boolean>(false);

  React.useLayoutEffect(() => {
    navigation.setOptions({
      headerLeft: () => <IconButton iconName="camera" />,
      headerRight: () => (
        <HeaderRightContainer>
          <IconButton iconName="live" />
          <IconButton iconName="send" />
        </HeaderRightContainer>
      ),
    });
  }, []);

  useEffect(() => {
    setFeedList(getMyFeed());
    setStoryList(getMyFeed());
    SplashScreen.hide();
  }, []);

  return (
    <FlatList
      data={feedList}
      keyExtractor={(item, index) => {
```

```
        return `myfeed-${index}`;
      }}
      showsVerticalScrollIndicator={false}
      onRefresh={() => {
        setLoading(true);
        setTimeout(() => {
          setFeedList(getMyFeed());
          setStoryList(getMyFeed());
          setLoading(false);
        }, 2000);
      }}
      onEndReached={() => {
        setFeedList([...feedList, ...getMyFeed()]);
      }}
      onEndReachedThreshold={0.5}
      refreshing={loading}
      ListHeaderComponent={<StoryList storyList={storyList} />}
      renderItem={({item, index}) => (
        <Feed
          id={index}
          name={item.name}
          photo={item.photo}
          description={item.description}
          images={item.images}
        />
      )}
    />
  );
};

export default MyFeed;
```

화면의 헤더(Header)에 표시될 스토리 리스트(storyList)와 피드 리스트(feedList)를
useState로 State를 만들어 사용할 예정이다. 이때, useEffect를 사용하여 MyFeed 컴
포넌트가 화면에 표시되면 useContext의 getMyFeed 함수를 사용하여 데이터를 가
져와 State에 값을 설정하였다.

```
import React, { useContext, useState, useEffect } from 'react';
...
import { RandomUserDataContext } from '~/Context/RandomUserData';
...
const MyFeed = ({ navigation }: Props) => {
  const { getMyFeed } = useContext(RandomUserDataContext);
  const [feedList, setFeedList] = useState<Array<IFeed>>([]);
  const [storyList, setStoryList] = useState<Array<IFeed>>([]);
  ...
  useEffect(() => {
    setFeedList(getMyFeed());
    setStoryList(getMyFeed());
    SplashScreen.hide();
  }, []);

  return (
    <FlatList
      data={feedList}
      keyExtractor={(item, index) => {
        return `myfeed-${index}`;
      }}
      showsVerticalScrollIndicator={false}
      onRefresh={() => {
        setLoading(true);
        setTimeout(() => {
          setFeedList(getMyFeed());
          setStoryList(getMyFeed());
          setLoading(false);
        }, 2000);
      }}
      onEndReached={() => {
        setFeedList([...feedList, ...getMyFeed()]);
      }}
      onEndReachedThreshold={0.5}
      refreshing={loading}
      ListHeaderComponent={
        ...
      }
      renderItem={({ item, index }) => (
```

```
      ...
      )}
    />
  );
};
```

또한 FlatList의 onRefresh를 사용하여 당겨서 새로고침을 구현하였다. 이때 헤더의 스토리 리스트와 피드 리스트를 다시 가져와 화면을 갱신하였다. 마지막으로, onEndReached를 사용하여 스크롤이 최하단으로 이동했을 때, 데이터를 다시 가져와 추가함으로써 무한 스크롤을 구현하였다.

```
...
import Feed from '~/Components/Feed';
...
const MyFeed = ({ navigation }: Props) => {
  ...
  return (
    <FlatList
      ...
      ListHeaderComponent={<StoryList storyList={storyList} />}
      renderItem={({ item, index }) => (
        <Feed
          id={index}
          name={item.name}
          photo={item.photo}
          description={item.description}
          images={item.images}
        />
      )}
    />
  );
};
```

MyFeed 컴포넌트는 기본적으로 FlatList를 사용하여 데이터를 표시하고 있다. FlastList의 renderItem에 공통 컴포넌트인 Feed 컴포넌트를 설정하여 컨텍스트로부터 얻은 랜덤 데이터를 화면에 표시하였다. 또한 FlatList의 ListHeaderComponent 에 MyFeed에 종속되어 있는 StoryList 컴포넌트를 설정하였다. 이때 역시 컨텍스트로 부터 얻은 랜덤 데이터를 전달하여 화면을 표시하였다.

```
useEffect(() => {
  ..
  SplashScreen.hide();
}, []);
```

마지막으로 MyFeed 컴포넌트는 로그인한 사용자가 가장 먼저 보는 화면이다. 따라서 이 화면에서도 스플래시 이미지를 닫아줄 필요가 있다.

14) StoryList 컴포넌트

MyFeed 컴포넌트의 상단에서 세로로 스크롤이 가능한 StoryList 컴포넌트를 만들기 위해 ./src/Screens/MyFeed/StoryList/index.tsx 파일을 생성하고 다음과 같이 수정 한다.

```
import React from 'react';
import { FlatList } from 'react-native';

import Styled from 'styled-components/native';

const StoryContainer = Styled.View`
  padding: 8px;
  width: 72px;
`;
const Story = Styled.View`
  width: 56px;
  height: 56px;
  border-radius: 56px;
  overflow: hidden;
  align-items: center;
```

```
    justify-content: center;
`;
const StoryBackground = Styled.Image`
  position: absolute;
`;
const StoryImage = Styled.Image`
  width: 50px;
  height: 50px;
  border-radius: 50px;
`;
const StoryName = Styled.Text`
  width: 100%;
  text-align: center;
`;

interface Props {
  storyList: Array<IFeed>;
}

const StoryList = ({ storyList }: Props) => {
  return (
    <FlatList
      data={storyList}
      horizontal={true}
      showsHorizontalScrollIndicator={false}
      keyExtractor={(item, index) => {
        return `story-${index}`;
      }}
      renderItem={({ item, index }) => (
        <StoryContainer>
          <Story>
            <StoryBackground
              source={require('~/Assets/Images/story_background.png')}
            />
            <StoryImage
              source={{ uri: item.photo }}
              style={{ width: 52, height: 52 }}
            />
          </Story>
```

```
            <StoryName numberOfLines={1}>{item.name}</StoryName>
          </StoryContainer>
        )}
      />
    );
};


export default StoryList;
```

StoryList 컴포넌트는 부모 컴포넌트인 MyFeed로부터 Props를 통해 화면에 표시될
데이터(storyList)를 전달받는다. 전달받은 데이터를 화면에 표시할 때에는 가로로 스
크롤이 될 수 있도록 FlatList를 사용하였다.

15) IconButton 컴포넌트

주어진 아이콘을 표시하고 버튼 역할을 하는 IconButton 컴포넌트를 만들어 보자.
IconButton 컴포넌트를 만들기 위해 ./src/Components/IconButton/index.tsx 파
일을 만들고 다음과 같이 수정한다.

```
import React from 'react';
import Styled from 'styled-components/native';

const Container = Styled.TouchableOpacity`
  padding: 8px;
`;
const Icon = Styled.Image`
`;

interface Props {
  iconName:
    | 'camera'
    | 'live'
    | 'send'
```

```
      | 'dotMenu'
      | 'favorite'
      | 'comment'
      | 'bookmark'
      | 'menu';
    style?: object;
    onPress?: () => void;
}

const IconButton = ({ iconName, style, onPress }: Props) => {
  const imageSource = {
    camera: require('~/Assets/Images/ic_camera.png'),
    live: require('~/Assets/Images/ic_live.png'),
    send: require('~/Assets/Images/ic_send.png'),
    dotMenu: require('~/Assets/Images/ic_dot_menu.png'),
    favorite: require('~/Assets/Images/Tabs/ic_favorite_outline.png'),
    comment: require('~/Assets/Images/ic_comment.png'),
    bookmark: require('~/Assets/Images/ic_bookmark.png'),
    menu: require('~/Assets/Images/ic_menu.png'),
  };

  return (
    <Container
      style={style}
      onPress={() => {
        if (onPress && typeof onPress === 'function') {
          onPress();
        }
      }}>
      <Icon source={imageSource[iconName]} />
    </Container>
  );
};

export default IconButton;
```

IconButton 컴포넌트는 타입스크립트로 정의한 Props를 통해, 부모 컴포넌트로부터 지정된 아이콘 이미지 이름을 전달받아, 해당 아이콘 이미지를 표시하는 단순한 컴포넌트이다.

16) Feed 컴포넌트

MyFeed 컴포넌트뿐만 아니라 다른 컴포넌트에서도 사용자 피드를 표시하기 위한 공통 Feed 컴포넌트를 구현했다. 공통 Feed 컴포넌트를 만들기 위해 ./src/Components /Feed/index.tsx 파일을 생성하고 다음과 같이 수정한다.

```tsx
import React from 'react';
import Styled from 'styled-components/native';

import IconButton from '~/Components/IconButton';
import FeedBody from './FeedBody';

const Container = Styled.View`
  padding: 8px 0px;
`;
const FeedHeader = Styled.View`
  flex-direction: row;
  padding: 8px 16px;
  justify-content: space-between;
`;
const ProfileContainer = Styled.View`
  flex-direction: row;
  align-items: center;
`;
const ProfileImage = Styled.Image`
  border-radius: 48px;
  border-width: 1px;
  border-color: #D3D3D3;
`;
const UserName = Styled.Text`
  font-weight: bold;
  margin-left: 8px;
`;
const FeedFooter = Styled.View`
  padding: 0px 8px;
`;
const Description = Styled.Text``;
```

```
interface Props {
  id: number;
  name: string;
  photo: string;
  description: string;
  images: Array<string>;
}

const Feed = ({ id, name, photo, description, images }: Props) => {
  return (
    <Container>
      <FeedHeader>
        <ProfileContainer>
          <ProfileImage
            source={{
              uri: photo,
            }}
            style={{ width: 32, height: 32 }}
          />
          <UserName>{name}</UserName>
        </ProfileContainer>
        <IconButton iconName="dotMenu" />
      </FeedHeader>
      <FeedBody id={id} images={images} />
      <FeedFooter>
        <Description numberOfLines={2}>
          <UserName>{name} </UserName>
          {description}
        </Description>
      </FeedFooter>
    </Container>
  );
};

export default Feed;
```

부모 컴포넌트로부터 Props를 통해 화면에 표시할 피드 데이터를 전달받는다. 이렇게 전달받은 데이터를 사용자 프로필 정보를 표시하는 헤더, 사용자 이미지 리스트를 표시하는 보디(Body), 마지막으로 피드에 대한 설명을 표시하는 풋터로 나누어 표시한다.

사용자의 이미지 리스트를 표시하는 보디는 조금 복잡하게 구성되어 있어, FeedBody 컴포넌트를 별도로 만들어 구성하였다.

17) FeedBody 컴포넌트

사용자 피드에서 사용자의 이미지 리스트를 표시할 FeedBody 컴포넌트를 제작해 보자. FeedBody 컴포넌트는 사용자의 피드에서만 사용되는 Feed 컴포넌트에 종속적인 컴포넌트이다. FeedBody 컴포넌트를 생성하기 위해 ./src/Components/Feed/FeedBody/index.tsx 파일을 생성하고 다음과 같이 수정한다.

```
import React, { useState } from 'react';
import {
  Dimensions,
  ScrollView,
  NativeSyntheticEvent,
  NativeScrollEvent,
  Image,
} from 'react-native';

import Styled from 'styled-components/native';

import IconButton from '~/Components/IconButton';

const Container = Styled.View``;

const ImageContainer = Styled.View`
  border-top-width: 1px;
  border-bottom-width: 1px;
  border-color: #D3D3D3;
```

```
    width: ${Dimensions.get('window').width}px;
    height: 400px;
`;

const FeedImageIndicatorContainer = Styled.View`
    flex: 1;
    flex-direction: row;
    justify-content: center;
    align-items: center;
`;
const FeedImageIndicator = Styled.View`
    width: 8px;
    height: 8px;
    border-radius: 8px;
    margin: 2px;
`;

const FeedMenuContainer = Styled.View`
    flex-direction: row;
`;
const MenuContainer = Styled.View`
    flex: 1;
    flex-direction: row;
`;

interface Props {
    id: number;
    images: Array<String>;
}

const FeedBody = ({ id, images }: Props) => {
    const [indicatorIndex, setIndicatorIndex] = useState<number>(0);
    const imageLength = images.length;

    return (
        <Container>
            <ScrollView
                horizontal={true}
                pagingEnabled={true}
```

```
        showsHorizontalScrollIndicator={false}
        scrollEnabled={imageLength > 1}
        onScroll={(event: NativeSyntheticEvent<NativeScrollEvent>) => {
          setIndicatorIndex(
            event.nativeEvent.contentOffset.x / Dimensions.get('window').
            width
          );
        }}>
        {images.map((image, index) => (
          <ImageContainer key={`FeedImage-${id}-${index}`}>
            <Image
              source={{ uri: image as string }}
              style={{ width: Dimensions.get('window').width, height: 400 }}
            />
          </ImageContainer>
        ))}
      </ScrollView>
      <FeedMenuContainer>
        <MenuContainer>
          <IconButton iconName="favorite" />
          <IconButton iconName="comment" />
          <IconButton iconName="send" />
        </MenuContainer>
        <MenuContainer>
          <FeedImageIndicatorContainer>
            {imageLength > 1 &&
              images.map((image, index) => (
                <FeedImageIndicator
                  key={`FeedImageIndicator-${id}-${index}`}
                  style={{
                    backgroundColor:
                      indicatorIndex >= index && indicatorIndex < index + 1
                        ? '#3796EF'
                        : '#D3D3D3',
                  }}
                />
              ))}
          </FeedImageIndicatorContainer>
        </MenuContainer>
```

```
        <MenuContainer style={{ justifyContent: 'flex-end' }}>
          <IconButton iconName="bookmark" />
        </MenuContainer>
      </FeedMenuContainer>
    </Container>
  );
};


export default FeedBody;
```

이미지 리스트를 페이지 형식으로 스크롤 하기 위해 pagingEnabled를 true로 설정하였다. 또한 우리가 직접 제작한 인디케이터(Indicator)를 사용하기 위해, shows HorizontalScrollIndicator에 false를 설정함으로써 ScrollView가 기본적으로 제공하는 인디케이터를 비활성화하였다.

부모 컴포넌트로 전달받은 이미지 리스트에 이미지가 한 장만 있는 경우, 스크롤이 되지 않게 하기 위해 scrollEnabled를 설정하였다.

```
import React, { useState } from 'react';
...
const FeedBody = ({ id, images }: Props) => {
  const [indicatorIndex, setIndicatorIndex] = useState<number>(0);
  const imageLength = images.length;

  return (
    <Container>
      <ScrollView
        horizontal={true}
        pagingEnabled={true}
        showsHorizontalScrollIndicator={false}
        scrollEnabled={imageLength > 1}
        onScroll={(event: NativeSyntheticEvent<NativeScrollEvent>) => {
          setIndicatorIndex(
            event.nativeEvent.contentOffset.x / Dimensions.get('window').
            width
          );
```

```
      }}>
      {images.map((image, index) => (
        ...
      ))}
    </ScrollView>
    <FeedMenuContainer>
      ...
      <MenuContainer>
        <FeedImageIndicatorContainer>
          {imageLength > 1 &&
            images.map((image, index) => (
              <FeedImageIndicator
                key={`FeedImageIndicator-${id}-${index}`}
                style={{
                  backgroundColor:
                    indicatorIndex >= index && indicatorIndex < index + 1
                      ? '#3796EF'
                      : '#D3D3D3',
                }}
              />
            ))}
        </FeedImageIndicatorContainer>
      </MenuContainer>
      ...
    </FeedMenuContainer>
  </Container>
  );
};
```

부모 컴포넌트로 전달받은 이미지 리스트를 표시하고 이미지 리스트의 현재 위치를 표시하는 인디케이터를 다루기 위해 useState를 사용하였다. 사용자에 의해 스크롤 이벤트가 발생하면(onScroll), 스크롤의 x 좌표와 스크린의 가로 사이즈로 계산하여 현재 스크롤의 위치를 구한다. 그렇게 구한 스크롤의 위치를 useState를 사용하여 생성한 setIndicatorIndex 함수를 통해 설정하였다.

이렇게 setIndicatorIndex 함수를 통해 설정된 indicatorIndex를 사용하여, 화면에

표시된 인디케이터의 색상을 변경하여 사용자에게 현재 이미지의 위치가 이미지 리스트에서 어디에 해당하는지 알 수 있다.

18) Feeds 컴포넌트

하단의 탭 컴포넌트에서 돋보기 아이콘을 선택하면 이미지 리스트만 보이는 Feeds 컴포넌트를 표시하도록 탭 내비게이션을 설정하였다. Feeds 컴포넌트는 [그림 9-9]와 같이 단순히 이미지를 화면에 표시한다.

[그림 9-9] Feeds 컴포넌트

Feeds 컴포넌트는 다른 컴포넌트들과 다르게 내비게이션 헤더에 검색 창을 가지고 있다. 또한 화면에 표시되는 이미지를 누르면 [그림 9-10]과 같이 둘러보기 화면으로 이동하도록 설정해 보았다.

[그림 9-10] 둘러보기 화면

그럼 Feed 컴포넌트를 만들기 위해 ./src/Screens/Feeds/index.tsx 파일을 생성하고 다음과 같이 수정한다.

```
import React, {useContext, useState, useEffect} from 'react';
import {StackNavigationProp} from '@react-navigation/stack';

import {RandomUserDataContext} from '~/Context/RandomUserData';
```

```
import ImageFeedList from '~/Components/ImageFeedList';

type NavigationProp = StackNavigationProp<FeedsTabParamList, 'Feeds'>;
interface Props {
  navigation: NavigationProp;
}

const Feeds = ({navigation}: Props) => {
  const {getMyFeed} = useContext(RandomUserDataContext);
  const [feedList, setFeedList] = useState<Array<IFeed>>([]);
  const [loading, setLoading] = useState<boolean>(false);

  useEffect(() => {
    setFeedList(getMyFeed(24));
  }, []);

  return (
    <ImageFeedList
      feedList={feedList}
      loading={loading}
      onRefresh={() => {
        setLoading(true);
        setTimeout(() => {
          setFeedList(getMyFeed(24));
          setLoading(false);
        }, 2000);
      }}
      onEndReached={() => {
        setFeedList([...feedList, ...getMyFeed(24)]);
      }}
      onPress={() => {
        navigation.navigate('FeedListOnly');
      }}
    />
  );
};

export default Feeds;
```

Feeds 컴포넌트는 우리가 만든 컨텍스트를 사용하여, 컴포넌트가 화면에 표시되면 24개의 데이터를 가져와 화면에 표시하였다. 이때 useState를 사용하여 컴포넌트 내에서 변경이 가능한 State를 만들었으며, 당겨서 새로고침(onRefresh) 부분과 무한 스크롤(onEndReached) 부분에서 데이터를 수정하였다.

또한 화면에 표시된 이미지를 선택하면 navigation.navigate('FeedListOnly')를 사용하여 피드 리스트만을 표시하는 화면으로 이동하였다.

```jsx
import React, { useContext, useState, useEffect } from 'react';
...
const Feeds = ({ navigation }: Props) => {
  const { getMyFeed } = useContext(RandomUserDataContext);
  const [feedList, setFeedList] = useState<Array<IFeed>>([]);
  const [loading, setLoading] = useState<boolean>(false);

  useEffect(() => {
    setFeedList(getMyFeed(24));
  }, []);

  return (
    <ImageFeedList
      feedList={feedList}
      loading={loading}
      onRefresh={() => {
        setLoading(true);
        setTimeout(() => {
          setFeedList(getMyFeed(24));
          setLoading(false);
        }, 2000);
      }}
      onEndReached={() => {
        setFeedList([...feedList, ...getMyFeed(24)]);
      }}
      onPress={() => {
        navigation.navigate('FeedListOnly');
      }}
```

```
    />
  );
};
...
```

마지막으로, 내비게이션의 헤더의 검색 바를 넣기 위해 ./src/Screens/Navigator.tsx
파일에서, 내비게이션 옵션의 header에 특정 컴포넌트를 반환하도록 설정하였다.

```
const FeedsTab = () => {
  return (
    <Stack.Navigator>
      <Stack.Screen
        name="Feeds"
        component={Feeds}
        options={{
          header: () => <SearchBar />,
        }}
      />
      ...
    </Stack.Navigator>
  );
};
```

19) SearchBar 컴포넌트

Feeds 컴포넌트의 헤더에 표시하는 SearchBar 컴포넌트를 만들어보자. ./src/Com
ponents/SearchBar/index.tsx 파일을 만들고 아래와 같이 수정한다.

```
import React from 'react';
import Styled from 'styled-components/native';

import IconButton from '~/Components/IconButton';
import Input from '~/Components/Input';
```

```
const Container = Styled.SafeAreaView`
  flex: 1;
  flex-direction: row;
  align-items: center;
  background-color: #FEFFFF;
`;

const SearchBar = () => {
  return (
    <Container>
      <Input style={{flex: 1, marginLeft: 8, height: 32}} placeholder=
      "검색" />
      <IconButton iconName="camera" />
    </Container>
  );
};
export default SearchBar;
```

20) ImageFeedList 컴포넌트

ImageFeedList 컴포넌트는 사용자의 피드 이미지 중 첫 이미지만을 리스트로 표시하는 컴포넌트이다. 앞에서 살펴본 Feeds 컴포넌트와 뒤에서 살펴볼 Upload 컴포넌트에서 사용된다. 그럼 ImageFeedList 컴포넌트를 만들기 위해 ./src/Components/ImageFeedList/index.tsx 파일을 생성하고 다음과 같이 수정한다.

```
import React from 'react';
import {
  FlatList,
  Image,
  Dimensions,
  NativeSyntheticEvent,
  NativeScrollEvent,
} from 'react-native';

import Styled from 'styled-components/native';
```

```
const ImageContainer = Styled.TouchableHighlight`
  background: #FEFFFF;
  padding: 1px;
`;

interface Props {
  id?: number;
  bounces?: boolean;
  scrollEnabled?: boolean;
  feedList: Array<IFeed>;
  loading?: boolean;
  onRefresh?: () => void;
  onEndReached?: () => void;
  onScroll?: (event: NativeSyntheticEvent<NativeScrollEvent>) => void;
  onPress?: () => void;
}

const ImageFeedList = ({
  id,
  bounces = true,
  scrollEnabled = true,
  feedList,
  loading,
  onRefresh,
  onEndReached,
  onScroll,
  onPress,
}: Props) => {
  const width = Dimensions.get('window').width;
  const imageWidth = width / 3;

  return (
    <FlatList
      data={feedList}
      style={{ width }}
      keyExtractor={(item, index) => {
        return `image-feed-${id}-${index}`;
      }}
```

```
          showsVerticalScrollIndicator={false}
          scrollEnabled={scrollEnabled}
          bounces={bounces}
          numColumns={3}
          onRefresh={onRefresh}
          onEndReached={onEndReached}
          onEndReachedThreshold={0.5}
          refreshing={loading}
          onScroll={onScroll}
          scrollEventThrottle={400}
          renderItem={({ item, index }) => (
            <ImageContainer
              style={{
                paddingLeft: index % 3 === 0 ? 0 : 1,
                paddingRight: index % 3 === 2 ? 0 : 1,
              }}
              onPress={onPress}>
              <Image
                source={{ uri: item.images[0] }}
                style={{ width: imageWidth, height: imageWidth }}
              />
            </ImageContainer>
          )}
        />
    );
};

export default ImageFeedList;
```

지금까지 만들어 왔던 컴포넌트와 같은 패턴이다. 부모 컴포넌트로 전달받은 Props 데이터를 이용하여 화면을 구성하고 표시한다.

이 컴포넌트에서는 부모 컴포넌트로부터 전달받은 이미지 리스트를 3줄로 표시하기 위해, Dimensions.get('windows').width를 통해 화면의 가로 길이를 가져와 3등분 하여 이미지의 가로 길이를 결정하였다. 또한 화면에 표시되는 이미지의 테두리를 이미지의 표시 위치에 따라 왼쪽 또는 오른쪽에 표시되도록 설정하였다.

```
import {
  ...
  Dimensions,
  ...
} from 'react-native';
...
const ImageFeedList = ({
  ...
}: Props) => {
  const width = Dimensions.get('window').width;
  const imageWidth = width / 3;

  return (
    <FlatList
      ...
      numColumns={3}
      ...
      renderItem={({ item, index }) => (
        <ImageContainer
          style={{
            paddingLeft: index % 3 === 0 ? 0 : 1,
            paddingRight: index % 3 === 2 ? 0 : 1,
          }}
          onPress={onPress}>
          ...
        </ImageContainer>
      )}
    />
  );
};
```

21) FeedListOnly 컴포넌트

Feeds 컴포넌트의 이미지 리스트에서 이미지를 선택하면 [그림 9-11]과 같이 피드 리스트만을 표시하는 둘러보기 화면으로 이동한다. 이 둘러보기 화면을 FeedListOnly 컴포넌트로 만들어 구성하였다.

[그림 9-11] 둘러보기 화면

FeedListOnly 컴포넌트를 만들기 위해 ./src/Screens/FeedListOnly/index.tsx 파일을 생성하고 다음과 같이 수정한다.

```tsx
import React, {useContext, useState, useEffect} from 'react';
import {FlatList} from 'react-native';

import {RandomUserDataContext} from '~/Context/RandomUserData';
import Feed from '~/Components/Feed';

const FeedListOnly = () => {
  const {getMyFeed} = useContext(RandomUserDataContext);
  const [feedList, setFeedList] = useState<Array<IFeed>>([]);
  const [loading, setLoading] = useState<boolean>(false);
```

```
  useEffect(() => {
    setFeedList(getMyFeed());
  }, []);

  return (
    <FlatList
      data={feedList}
      keyExtractor={(item, index) => {
        return `myfeed-${index}`;
      }}
      showsVerticalScrollIndicator={false}
      onRefresh={() => {
        setLoading(true);
        setTimeout(() => {
          setFeedList(getMyFeed());
          setLoading(false);
        }, 2000);
      }}
      onEndReached={() => {
        setFeedList([...feedList, ...getMyFeed()]);
      }}
      onEndReachedThreshold={0.5}
      refreshing={loading}
      renderItem={({item, index}) => (
        <Feed
          id={index}
          name={item.name}
          photo={item.photo}
          description={item.description}
          images={item.images}
        />
      )}
    />
  );
};

export default FeedListOnly;
```

이 컴포넌트는 지금까지 만든 컴포넌트와 동일한 패턴으로, Props와 State, FlatList를 사용하여 데이터를 표시하고 있다. 다른 컴포넌트들을 만들면서 설명한 내용들이므로, 자세한 설명은 생략하겠다.

22) Upload 컴포넌트

사용자의 단말기에 저장된 이미지를 보여주고, 해당 이미지를 선택하면 이미지 파일을 업로드하는 Upload 컴포넌트이다. 이번 예제에서는 실제로 사용자 단말기의 이미지를 가져오거나 표시하거나, 선택 시 파일을 업로드하는 기능은 구현하지 않는다. [그림 9-12]와 같이 단순히 앞에서 만든 ImageFeedList 컴포넌트를 표시하여 이미지를 표시하도록 만들었다.

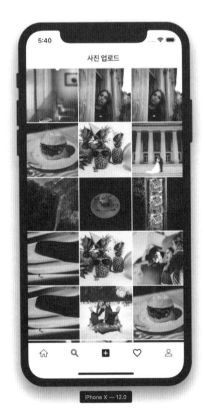

[그림 9-12] 사진 업로드 화면

Upload 컴포넌트를 만들기 위해 ./src/Screens/Upload/index.tsx 파일을 생성하고
다음과 같이 수정한다.

```tsx
import React, {useContext, useState, useEffect} from 'react';
import {RandomUserDataContext} from '~/Context/RandomUserData';
import ImageFeedList from '~/Components/ImageFeedList';

const Upload = () => {
  const {getMyFeed} = useContext(RandomUserDataContext);
  const [feedList, setFeedList] = useState<Array<IFeed>>([]);
  const [loading, setLoading] = useState<boolean>(false);

  useEffect(() => {
    setFeedList(getMyFeed(24));
  }, []);

  return (
    <ImageFeedList
      feedList={feedList}
      loading={loading}
      onRefresh={() => {
        setLoading(true);
        setTimeout(() => {
          setFeedList(getMyFeed(24));
          setLoading(false);
        }, 2000);
      }}
      onEndReached={() => {
        setFeedList([...feedList, ...getMyFeed(24)]);
      }}
    />
  );
};

export default Upload;
```

Upload 컴포넌트는 앞에서 만든 ImageFeedList 컴포넌트와 State 데이터를 활용하여 단순히 이미지를 화면에 표시하였다. 다른 컴포넌트를 만들면서 설명한 부분이므로, 자세한 설명은 생략하겠다.

23) Notification 컴포넌트

다른 사용자가 좋아요, 팔로우 버튼을 눌렀을 때, [그림 9-13]과 같이 알림을 보여주는 Notification 컴포넌트이다.

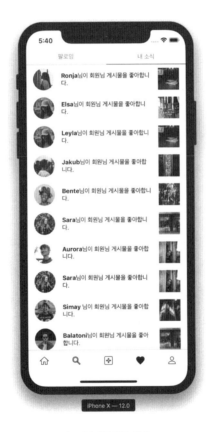

[그림 9-13] 알림 화면

Notification 컴포넌트를 만들기 위해 ./src/Screens/Notification/index.tsx 파일을
생성하고 다음과 같이 수정한다.

```tsx
import React, {useContext, useState, useEffect, createRef} from 'react';
import {
  Dimensions,
  NativeSyntheticEvent,
  NativeScrollEvent,
  ScrollView,
} from 'react-native';

import Styled from 'styled-components/native';

import {RandomUserDataContext} from '~/Context/RandomUserData';
import Tab from '~/Components/Tab';
import NotificationList from './NotificationList';

const ProfileTabContainer = Styled.SafeAreaView`
  flex-direction: row;
  background-color: #FEFFFF;
`;

const TabContainer = Styled.View`
  width: 100%;
  height: ${Dimensions.get('window').height}px;
`;

interface Props {}

const Notification = ({}: Props) => {
  const {getMyFeed} = useContext(RandomUserDataContext);
  const [followingList, setFollowingList] = useState<Array<IFeed>>([]);
  const [myNotifications, setMyNotifications] =
  useState<Array<IFeed>>([]);
  const [tabIndex, setTabIndex] = useState<number>(1);
  const width = Dimensions.get('window').width;
  const tabs = ['팔로잉', '내 소식'];
  const refScrollView = createRef<ScrollView>();
```

```
useEffect(() => {
  setFollowingList(getMyFeed(24));
  setMyNotifications(getMyFeed(24));
}, []);

return (
  <TabContainer>
    <ProfileTabContainer>
      {tabs.map((label: string, index: number) => (
        <Tab
          key={`tab-${index}`}
          selected={tabIndex === index}
          label={label}
          onPress={() => {
            setTabIndex(index);
            const node = refScrollView.current;
            if (node) {
              node.scrollTo({x: width * index, y: 0, animated: true});
            }
          }}
        />
      ))}
    </ProfileTabContainer>
    <ScrollView
      ref={refScrollView}
      horizontal={true}
      showsHorizontalScrollIndicator={false}
      pagingEnabled={true}
      stickyHeaderIndices={[[0]]}
      onScroll={(event: NativeSyntheticEvent<NativeScrollEvent>) => {
        const index = event.nativeEvent.contentOffset.x / width;
        setTabIndex(index);
      }}
      contentOffset={{x: width, y: 0}}>
      <NotificationList
        id={0}
        width={width}
        data={followingList}
```

```
        onEndReached={() => {
          setFollowingList([...followingList, ...getMyFeed(24)]);
        }}
      />
      <NotificationList
        id={1}
        width={width}
        data={myNotifications}
        onEndReached={() => {
          setMyNotifications([...myNotifications, ...getMyFeed(24)]);
        }}
      />
    </ScrollView>
  </TabContainer>
  );
};

export default Notification;
```

[그림 9-13]에서 알 수 있듯이, Notification 컴포넌트는 탭으로 구성되어 있다. 탭을 구현하기 위해 앞에서 만든 Tab 컴포넌트를 활용하였으며, State을 사용하여 현재 선택되어 있는 탭을 구분할 수 있도록 설정하였다.

이번 컴포넌트는 다른 컴포넌트들과는 다르게 createRef를 사용하였다. createRef는 리액트에서 컴포넌트를 컴포넌트 외부에서 직접 컨트롤하여 컴포넌트의 이벤트 또는 함수를 다룰 때 사용한다. 이번 예제에서는 탭을 선택하였을 때 이벤트에서, ScrollView를 직접 컨트롤하여 선택된 탭으로 스크롤을 시켜 해당하는 화면을 표시하도록 설정하였다.

createRef를 사용하여 ScrollView를 다루기 위해서는, 다음과 같이 createRef를 사용하여 refScrollView 변수를 할당해야 한다.

```
const refScrollView = createRef<ScrollView>();
```

이렇게 할당한 refScrollView 변수를 연결하고자 하는 ScrollView 컴포넌트의 ref에 설정한다.

```
<ScrollView
  ref={refScrollView}
  ...
>
```

이제 연결된 refScrollView 변수를 사용하여 외부에서 직접 ScrollView에 접근이 가능하다. 이렇게 접근이 가능하게 되면 다음과 같이 ScrollView의 함수를 호출함으로써 화면 이동을 구현할 수 있다.

```
<Tab
  ...
  onPress={() => {
    …
    const node = refScrollView.current;
    if (node) {
      node.scrollTo({ x: width * index, y: 0, animated: true });
    }
  }}
/>
```

24) NotificationList 컴포넌트

NotificationList 컴포넌트는 알림을 보여주는 Notification 컴포넌트에서 탭 하단에서 실제로 알림 리스트를 보여주는 컴포넌트이다.

NotificationList 컴포넌트를 제작하기 위해 ./src/Screens/Notification/Notification List/index.tsx 파일을 생성하고 다음과 같이 수정한다.

```
import React from 'react';
import {FlatList} from 'react-native';

import Styled from 'styled-components/native';

const NotificationContainer = Styled.View`
  flex-direction: row;
  padding: 8px 16px;
  align-items: center;
`;
const ProfileImage = Styled.Image`
  border-radius: 40px;
`;
const LabelName = Styled.Text`
  font-weight: bold;
`;
const Message = Styled.Text`
  flex: 1;
  padding:0 16px;
`;
const PostImage = Styled.Image``;

interface Props {
  id: number;
  width: number;
  data: Array<IFeed>;
  onEndReached: () => void;
}

const NotificationList = ({id, width, data, onEndReached}: Props) => {
  return (
    <FlatList
      data={data}
      style={{width}}
      keyExtractor={(item, index) => {
        return `notification-${id}-${index}`;
      }}
      showsVerticalScrollIndicator={false}
      onEndReached={onEndReached}
```

```
      onEndReachedThreshold={0.5}
      renderItem={({item, index}) => (
        <NotificationContainer>
          <ProfileImage
            source={{uri: item.photo}}
            style={{width: 50, height: 50}}
          />
          <Message numberOfLines={2}>
            <LabelName>{item.name}</LabelName>님이 회원님 게시물을 좋아합니다.
          </Message>
          <PostImage
            source={{uri: item.images[0]}}
            style={{width: 50, height: 50}}
          />
        </NotificationContainer>
      )}
    />
  );
};

export default NotificationList;
```

다른 예제 소스와 같은 패턴으로, 부모 컴포넌트로부터 받은 Props를 화면에 표시하
는 컴포넌트이다. 다른 예제에서 설명한 내용이므로 자세한 설명은 생략하겠다.

25) Profile 컴포넌트

메인 탭 내비게이션의 마지막 탭인 Profile 컴포넌트는 사용자의 프로필 정보와 사용
자가 가지고 있는 이미지 리스트를 표시하는 컴포넌트이다. Profile 컴포넌트는 [그림
9-14]와 같은 화면으로 구성되어 있다.

[그림 9-14] 사용자 프로필 화면

그럼 Profile 컴포넌트를 제작하기 위해 ./src/Screens/Profile/index.tsx 파일을 생성
하고 다음과 같이 수정한다.

```
import React, {useState, useContext, useLayoutEffect, useEffect} from
'react';
import {
  NativeScrollEvent,
  Image,
  Dimensions,
  NativeSyntheticEvent,
  ScrollView,
  ImageSourcePropType,
} from 'react-native';
```

```
import Styled from 'styled-components/native';
import {StackNavigationProp} from '@react-navigation/stack';
import {DrawerActions} from '@react-navigation/native';

import {RandomUserDataContext} from '~/Context/RandomUserData';

import IconButton from '~/Components/IconButton';
import Tab from '~/Components/Tab';
import ProfileHeader from './ProfileHeader';
import ProfileBody from './ProfileBody';

const ProfileTabContainer = Styled.View`
  flex-direction: row;
  background-color: #FEFFFF;
`;

const FeedContainer = Styled.View`
  flex-direction: row;
  flex-wrap: wrap;
`;

const ImageContainer = Styled.TouchableHighlight`
  background: #FEFFFF;
  padding: 1px;
`;

type NavigationProp = StackNavigationProp<ProfileTabParamList,
'Profile'>;
interface Props {
  navigation: NavigationProp;
}

const Profile = ({navigation}: Props) => {
  const {getMyFeed} = useContext(RandomUserDataContext);
  const [feedList, setFeedList] = useState<Array<IFeed>>([]);
  const imageWidth = Dimensions.get('window').width / 3;
  const tabs = [
    require('~/Assets/Images/ic_grid_image_focus.png'),
    require('~/Assets/Images/ic_tag_image.png'),
```

```
];

useLayoutEffect(() => {
  navigation.setOptions({
    headerRight: () => (
      <IconButton
        iconName="menu"
        onPress={() => navigation.dispatch(DrawerActions.openDrawer())}
      />
    ),
  });
}, []);

useEffect(() => {
  setFeedList(getMyFeed(24));
}, []);

const isBottom = ({
  layoutMeasurement,
  contentOffset,
  contentSize,
}: NativeScrollEvent) => {
  return layoutMeasurement.height + contentOffset.y >= contentSize.
  height;
};

return (
  <ScrollView
    stickyHeaderIndices={[[2]}
    onScroll={(event: NativeSyntheticEvent<NativeScrollEvent>) => {
      if (isBottom(event.nativeEvent)) {
        setFeedList([...feedList, ...getMyFeed(24)]);
      }
    }}>
    <ProfileHeader
      image="http://api.randomuser.me/portraits/women/68.jpg"
      posts={3431}
      follower={6530}
      following={217}
```

```
      />
      <ProfileBody
        name="Sara Lambert"
        description="On Friday, April 14, being Good-Friday, I repaired
        to him in the\nmorning, according to my usual custom on that day,
        and breakfasted\nwith him. I observed that he fasted so very
        strictly, that he did not\neven taste bread, and took no milk
        with his tea; I suppose because it\nis a kind of animal food."
      />
      <ProfileTabContainer>
        {tabs.map((image: ImageSourcePropType, index: number) => (
          <Tab
            key={`tab-${index}`}
            selected={index === 0}
            imageSource={image}
          />
        ))}
      </ProfileTabContainer>
      <FeedContainer>
        {feedList.map((feed: IFeed, index: number) => (
          <ImageContainer
            key={`feed-list-${index}`}
            style={{
              paddingLeft: index % 3 === 0 ? 0 : 1,
              paddingRight: index % 3 === 2 ? 0 : 1,
              width: imageWidth,
            }}>
            <Image
              source={{uri: feed.images[0]}}
              style={{width: imageWidth, height: imageWidth}}
            />
          </ImageContainer>
        ))}
      </FeedContainer>
    </ScrollView>
  );
};

export default Profile;
```

Profile 컴포넌트도 대부분 다른 컴포넌트들과 같은 패턴을 가지고 있다. 따라서 자세한 내용은 설명하지 않고 몇 가지 중요한 특징만 살펴보겠다.

우선 화면을 스크롤하다 보면, [그림 9-15]와 같이 중간에 있는 탭이 상단에 고정되는 것을 확인할 수 있다.

[그림 9-15] 프로필 화면 탭 고정

이렇게 스크롤 중 리스트의 특정 아이템을 상단 부분에 고정하기 위해서는 ScrollView의 stickyHeaderIndices를 설정하면 된다.

```
<ScrollView
  stickyHeaderIndices={[[2]}
```

```
  ...
>
```

stickyHeaderIndices는 상단에 고정하고 싶은 리스트 아이템의 인덱스(Index)를 리스트 형태로 지정해 주면, 해당 아이템이 상단 부분에 도착하였을 때 고정되도록 설정할 수 있다.

ScrollView 컴포넌트는 FlatList 컴포넌트와 다르게 onEndReached를 Props로 가지고 있지 않다. 따라서 스크롤하여 제일 하단으로 이동하였을 때, 새로운 정보를 추가적으로 가져오는 무한 스크롤을 간단하게 구현할 수 없다. 이번 예제에서는 onScroll 이벤트를 활용하여 ScrollView의 무한 스크롤을 구현하였다.

```
...
const Profile = ({ navigation }: Props) => {
  ...
  const isBottom = ({
    layoutMeasurement,
    contentOffset,
    contentSize,
  }: NativeScrollEvent) => {
    return layoutMeasurement.height + contentOffset.y >= contentSize.
    height;
  };

  return (
    <ScrollView
      stickyHeaderIndices={[2]}
      onScroll={(event: NativeSyntheticEvent<NativeScrollEvent>) => {
        if (isBottom(event.nativeEvent)) {
          setFeedList([...feedList, ...getMyFeed(24)]);
        }
      }}>
  ...
```

보통은 FlatList 컴포넌트를 사용하여 리스트 데이터를 표현하지만, 이렇게 부득이하게 ScrollView를 사용하여 컴포넌트를 표시할 때에는 onScroll을 활용하여 추가적인 정보를 가져와 표시할 수 있다.

[그림 9-16] 드로어 내비게이션

마지막으로 내비게이션 헤더의 오른쪽에 메뉴 버튼을 추가하였고, 해당 메뉴 버튼을 누르면 [그림 9-16]과 같이 드로어 메뉴가 표시되도록 설정하였다.

```
import {DrawerActions} from '@react-navigation/native';
...
useLayoutEffect(() => {
    navigation.setOptions({
```

```
    headerRight: () => (
      <IconButton
        iconName="menu"
        onPress={() => navigation.dispatch(DrawerActions.openDrawer())}
      />
    ),
  });
}, []);
```

26) ProfileHeader 컴포넌트

ProfileHeader 컴포넌트는 Profile 컴포넌트의 상단에 사용자 이미지, 게시물, 팔로워, 팔로잉 수, 프로필 수정 버튼을 표시하는 역할을 한다. ProfileHeader 컴포넌트를 제작하기 위해 ./src/Screens/Profile/ProfileHeader/index.tsx 파일을 생성하고 다음과 같이 수정한다.

```
import React from 'react';
import Styled from 'styled-components/native';

import Button from '~/Components/Button';

const Container = Styled.View`
  flex-direction: row;
`;
const ProfileImageContainer = Styled.View`
  padding: 16px;
`;
const ProfileImage = Styled.Image`
  border-radius: 100px;
`;
const ProfileContent = Styled.View`
  flex: 1;
  padding: 16px;
  justify-content: space-around;
`;
```

```
const LabelContainer = Styled.View`
  flex-direction: row;
`;

const ProfileItem = Styled.View`
  flex: 1;
  align-items: center;
`;
const LabelCount = Styled.Text`
  font-size: 16px;
  font-weight: bold;
`;
const LabelTitle = Styled.Text`
  font-weight: 300;
`;
interface Props {
  image: string;
  posts: number;
  follower: number;
  following: number;
}

const ProfileHeader = ({ image, posts, follower, following }: Props) => {
  return (
    <Container>
      <ProfileImageContainer>
        <ProfileImage
          source={{ uri: image }}
          style={{ width: 100, height: 100 }}
        />
      </ProfileImageContainer>
      <ProfileContent>
        <LabelContainer>
          <ProfileItem>
            <LabelCount>{posts}</LabelCount>
            <LabelTitle>게시물</LabelTitle>
          </ProfileItem>
          <ProfileItem>
            <LabelCount>{follower}</LabelCount>
```

```
        <LabelTitle>팔로워</LabelTitle>
      </ProfileItem>
      <ProfileItem>
        <LabelCount>{follower}</LabelCount>
        <LabelTitle>팔로잉</LabelTitle>
      </ProfileItem>
    </LabelContainer>
    <Button
      label="프로필 수정"
      style={{
        borderRadius: 4,
        backgroundColor: '#FEFFFF',
        borderWidth: 1,
        borderColor: '#D3D3D3',
        height: 32,
      }}
      color="#292929"
    />
    </ProfileContent>
  </Container>
  );
};

export default ProfileHeader;
```

부모 컴포넌트로부터 Props 데이터를 받아 화면에 표시하는 일반적인 컴포넌트이다.
따라서 자세한 설명은 생략하겠다.

27) ProfileBody 컴포넌트

ProfileBody 컴포넌트는 Profile 컴포넌트의 상단에 사용자 이름과 설명문을 표시
하는 역할을 한다. ProfileBody 컴포넌트를 제작하기 위해 ./src/Screens/Profile/
ProfileBody/index.tsx 파일을 생성하고 다음과 같이 수정한다.

```
import React from 'react';
import Styled from 'styled-components/native';

const Container = Styled.View`
  padding: 0 16px 8px 16px;
  border-bottom-width: 1px;
  border-color: #D3D3D3;
`;
const LabelName = Styled.Text`
  font-weight: bold;
  margin-bottom: 8px;
`;
const LabelDescription = Styled.Text`
  line-height: 20px;
`;

interface Props {
  name: string;
  description?: string;
}

const ProfileBody = ({ name, description }: Props) => {
  return (
    <Container>
      <LabelName>{name}</LabelName>
      <LabelDescription numberOfLines={5}>{description}</
      LabelDescription>
    </Container>
  );
};

export default ProfileBody;
```

ProfileBody 컴포넌트도 부모 컴포넌트로부터 전달받은 Props 데이터를 화면에 표시하는 간단한 컴포넌트이다. 다른 컴포넌트를 만들면서 설명한 부분이므로 자세한 설명은 생략하겠다.

28) Drawer 컴포넌트

드디어 마지막 컴포넌트이다. 프로필 화면에서 오른쪽 상단의 메뉴를 누르면 드로어 메뉴가 활성화되도록 Navigator.tsx에 다음과 같이 설정하였다.

```
...
const MainNavigator = () => {
  return (
    <Drawer.Navigator
      drawerPosition="right"
      drawerType="slide"
      drawerContent={(props) => <CustomDrawer props={props} />}>
      <Drawer.Screen name="MainTabs" component={MainTabs} />
    </Drawer.Navigator>
  );
};
...
```

해당 설정을 확인해 보면 [그림 9-17]과 같이 드로어 메뉴는 오른쪽에서 활성화되며, 화면에 표시된 컴포넌트 위에 표시되는 게 아니라, 전체 화면을 슬라이드(slide) 시키면서 표시된다.

또한 drawerContent에 우리가 지금부터 만들 Drawer 컴포넌트를 설정함으로써, 기본적으로 제공되는 드로어 컴포넌트가 아닌 커스텀 드로어 컴포넌트를 화면에 표시하도록 설정하였다.

[그림 9-17] 커스텀 드로어 컴포넌트

그럼 Drawer 컴포넌트를 만들기 위해 ./src/Screens/Drawer/index.tsx 파일을 생성하고 다음과 같이 수정한다.

```
import React, {useContext} from 'react';
import Styled from 'styled-components/native';
import {
  DrawerContentScrollView,
  DrawerContentComponentProps,
  DrawerContentOptions,
} from '@react-navigation/drawer';

import {UserContext} from '~/Context/User';
```

```
const Header = Styled.View`
  border-bottom-width: 1px;
  border-color: #D3D3D3;
  padding: 8px 16px;
`;
const Title = Styled.Text``;
const Button = Styled.TouchableHighlight`
  padding: 8px 16px;
`;
const ButtonContainer = Styled.View`
  flex-direction: row;
  align-items: center;
`;
const Icon = Styled.Image`
  margin-right: 8px;
`;
const Label = Styled.Text`
  font-size: 16px;
`;
const Footer = Styled.View`
  width: 100%;
  border-top-width: 1px;
  border-color: #D3D3D3;
`;

interface Props {
  props: DrawerContentComponentProps<DrawerContentOptions>;
}

const Drawer = ({props}: Props) => {
  const {logout} = useContext<IUserContext>(UserContext);

  return (
    <DrawerContentScrollView {...props}>
      <Header>
        <Title>Sara Lambert</Title>
      </Header>
      <Button>
        <ButtonContainer>
```

```
            <Icon source={require('~/Assets/Images/ic_camera.png')} />
            <Label>사진</Label>
          </ButtonContainer>
        </Button>
        <Button>
          <ButtonContainer>
            <Icon source={require('~/Assets/Images/ic_live.png')} />
            <Label>라이브</Label>
          </ButtonContainer>
        </Button>
        <Button>
          <ButtonContainer>
            <Icon
              source={require('~/Assets/Images/Tabs/ic_favorite_outline.png')}
            />
            <Label>팔로워</Label>
          </ButtonContainer>
        </Button>
        <Footer>
          <Button
            onPress={() => {
              logout();
            }}>
            <ButtonContainer>
              <Icon
                source={require('~/Assets/Images/Tabs/ic_profile_outline.
              png')}
              />
              <Title>로그아웃</Title>
            </ButtonContainer>
          </Button>
        </Footer>
      </DrawerContentScrollView>
    );
};

export default Drawer;
```

Drawer 컴포넌트도 기본적인 컴포넌트를 만드는 방법과 동일하다. 따라서 자세한 설명은 생략하겠다. 다만 이 컴포넌트에서는 로그아웃 버튼을 생성하여, 해당 버튼을 누르면 User 컨텍스트의 logout 함수를 통해 사용자가 로그아웃할 수 있다.

```
import {UserContext} from '~/Context/User';
...
const Drawer = ({props}: Props) => {
  const {logout} = useContext<IUserContext>(UserContext);
  ...
  <Button
        onPress={() => {
          logout();
        }}>
        <ButtonContainer>
          <Icon
            source={require('~/Assets/Images/Tabs/ic_profile_outline.
            png')}
          />
          <Title>로그아웃</Title>
        </ButtonContainer>
      </Button>
  ...
};
```

▶▶9.3 결과 확인

이것으로 길고 길었던, SNS UI 클론 코딩이 완료되었다. 이제 아래의 명령어를 사용하여 리액트 네이티브를 iOS 또는 안드로이드에서 구동시킨 후 우리가 만든 SNS UI 클론 앱의 결과를 확인해 보자.

```
npm run ios
or
npm run android
```

빌드가 완료되고 시뮬레이터가 실행되면 [그림 9-18]과 같이 로딩 화면을 확인할 수 있다.

[그림 9-18] 로딩 화면

처음 실행하면 우리가 만든 컨텍스트에서 사용자 데이터와 이미지 데이터를 가져오기 때문에 이 로딩 화면이 상단 시간 표시된다. 하지만 캐시 기능을 구현했기 때문에 두 번째 실행부터는 처음 실행보다는 빠르게 앱에 진입하게 된다.

전체 데이터의 로딩이 끝나면 [그림 9-19]와 같이 로그인 화면을 확인할 수 있다.

[그림 9-19] 로그인 화면

로그인 화면은 비밀번호 재설정 화면과 회원 가입 화면을 가지는 스택 내비게이션으로 구성되어 있다. 로그인 버튼 오른쪽 상단에 있는 비밀번호 재설정을 누르면 [그림 9-20]과 같이 비밀번호 재설정 화면이 표시되는 것을 확인할 수 있다.

[그림 9-20] 비밀번호 재설정 화면

또한, 로그인 버튼 하단의 가입하기를 누르면 [그림 9-21]과 같이 회원 가입 화면으로 전환되는 것을 확인할 수 있다.

[그림 9-21] 회원 가입 화면

비밀번호 재설정 화면과 회원 가입 화면은 내부적으로 탭을 가지고 있으며, 해당 탭을 선택하면 화면에 표시되는 내용이 변경된다. 또한, 내비게이션 헤더를 없애고, 이전 화면으로 돌아가기 위해 [로그인으로 돌아가기], [로그인] 글자에 navigation.goBack() 을 사용하였다.

로그인 화면에서 로그인 버튼을 누르면, 서버와의 통신으로 로그인을 했다고 가정하고, 로그인 인증 키를 AsyncStorage에 저장한 후, [그림 9-22]와 같이 메인 내비게이션으로 이동한다.

[그림 9-22] 메인 내비게이션 - 내 피드

하단에 보이는 탭 내비게이션에서 돋보기 모양의 탭을 선택하면 [그림 9-23]과 같이 이미지 리스트가 보이는 피드 검색 화면을 확인할 수 있다.

[그림 9-23] 메인 내비게이션 - 피드 검색

피드 검색 화면에 보이는 이미지를 선택하면 [그림 9-24]와 같이 해당 피드와 관련된
피드 리스트가 보이는 둘러보기 화면이 표시된다.

[그림 9-24] 메인 내비게이션 - 둘러보기

다시 하단의 메인 탭 내비게이션에서 정중앙에 있는 플러스 탭을 선택하면 [그림 9-25]
와 같이 사진 업로드 화면을 확인할 수 있다.

[그림 9-25] 메인 내비게이션 - 사진 업로드

실제로는 단말기의 카메라 또는 사진 라이브러리에 접근하여, 사진을 업로드하는 기능을 구현한다. 하지만, 이번 예제에서는 사진 라이브러리와 비슷하게 보이는 컴포넌트를 제작하여 화면을 표시하였다.

하단의 메인 탭 내비게이션에서 하트 모양을 선택하면 [그림 9-26]과 같이 좋아요, 팔로잉의 알림을 볼 수 있는 화면이 표시된다.

[그림 9-26] 메인 내비게이션 - 알림

이 화면은 안에 ScrollView를 사용하여 탭을 구현하였으며, 해당 탭을 선택하였을 때
ScrollView를 이동시키기 위해 createRef를 사용해 보았다.

마지막으로 하단의 탭 내비게이션의 사람 아이콘을 선택하면, [그림 9-27]과 같이 사용
자의 프로필을 볼 수 있다.

[그림 9-27] 메인 내비게이션 - 프로필

이 프로필 화면은 ScrollView의 stickyHeaderIndices를 사용하여 스크롤 도중 특정 아이템을 헤더에 고정할 수 있도록 설정하였다. 또한 내비게이션 헤더의 오른쪽에 메뉴 버튼을 추가하였으며, 해당 메뉴 버튼을 누르면 [그림 9-28]과 같이 드로어 내비게이션이 표시되는 것을 확인할 수 있다.

[그림 9-28] 드로어 내비게이션

▸▸9.4 요약

이것으로 SNS UI 클론 코딩 예제를 살펴보았다. 지금까지 배운 내용들을 복습하는 예제이기 때문에 소스코드가 상당히 많았다. 또한 새로운 내비게이션과 createRef 기능도 살펴볼 수 있는 좋은 기회였다.

이제 여러분은 웬만한 서비스의 앱을 개발할 수 있다고 생각한다. 이 책에서는 많이 다루지 않았지만 오픈소스로 공개된 네이티브 기능들을 사용하는 방법과 테스트 코드를 작성하는 방법을 익히면 좀 더 간단하고 검증된 앱을 제작할 수 있을 것이다.

저자가 앱을 개발할 때 사용한 네이티브 기능을, 오픈소스를 사용하여 구현하면서 작성한 블로그가 있다. 대부분의 네이티브 기능들을 구현하는 방법이 작성되어 있으므로 참고하기를 바란다.

- 리액트 네이티브 블로그: https://dev-yakuza.github.io/ko/react-native/

이제, 마지막으로 리액트 네이티브로 개발된 앱을 배포하는 방법을 살펴봄으로써, 이책을 마무리하려 한다. 앱 배포 과정까지 완전히 학습한다면, 리액트 네이티브를 사용하여 앱을 개발하고 배포할 수 있는 개발자가 될 것이다.

iOS 애플리케이션 배포하기

CHAPTER **10**

iOS 애플리케이션 배포하기

지금까지 리액트 네이티브를 사용하여 앱을 개발하는 방법에 대해서 설명했다. 이제 이렇게 개발된 앱을 배포하는 방법에 대해서 알아보자.

▸▸10.1 디바이스 테스트

지금까지 앱 개발은 xcode의 시뮬레이터를 사용하여 개발하였다. 따라서 실제 디바이스에서 잘 동작하는지 확인할 필요가 있다. 안드로이드와 다르게 iOS는 디바이스에 테스트하는 것이 쉽지 않다. 이번 장에서는 디바이스에서 테스트하는 방법에 대해서 알아보자.

1) 애플 개발자 계정 생성

디바이스에서 테스트하기 위해서는 애플 개발자 계정(Apple development account)이 필요하다. 앱의 배포를 위해 등록하는 애플 개발자 프로그램(Apple developer program)이 아니기 때문에, 무료로 생성이 가능하다.

애플 개발자 계정을 생성하기 위해 다음의 링크를 통해 애플 개발자 사이트로 이동한다.

- 애플 개발자 사이트: https://developer.apple.com/

링크를 통해 애플 개발자 사이트로 이동하면 [그림 10-1]과 같은 화면을 확인할 수 있다.

[그림 10-1] 애플 개발자 사이트

오른쪽 상단의 Account 메뉴를 선택하여 애플 개발자 사이트의 로그인 화면으로 이동하면, [그림 10-2]와 같은 화면을 확인할 수 있다.

[그림 10-2] 애플 개발자 사이트 - 로그인

애플 계정, 즉 디바이스에서 앱 스토어를 통해 앱을 다운로드할 때 사용하는 계정을 사용하여 로그인한다. 애플 계정이 없는 경우, Create Apple ID를 선택하여 애플 계정을 생성한다.

애플 계정을 입력하고 로그인하게 되면 [그림 10-3]과 같이 개인정보 보호에 관한 화면을 확인할 수 있다.

[그림 10-3] 애플 개발자 사이트 - 개인 정보 보호

하단에 있는 계속 버튼을 눌러 다음 화면으로 이동한다. 계속 버튼을 눌러 다음 화면으로 이동하면 [그림 10-4]와 같이 애플 개발자 계정 약관에 동의하는 화면을 확인할 수 있다.

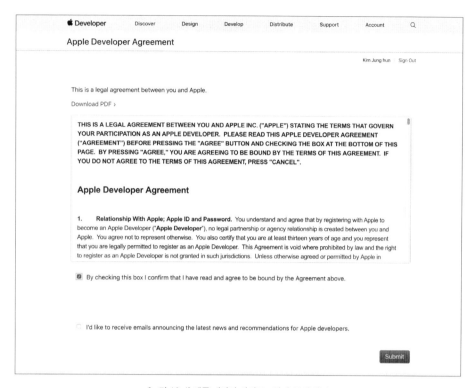

[그림 10-4] 애플 개발자 사이트 - 약관 동의 화면

약관 동의 화면에서 By checking this box I confirm that I have read and agree to be bound by the Agreement above.를 선택하고 오른쪽 하단의 Submit 버튼을 눌러 애플 개발자 계정 생성을 완료하자.

무사히 개발자 계정 생성을 완료하였다면 [그림 10-5]와 같이 개발자 관리 화면을 확인할 수 있다.

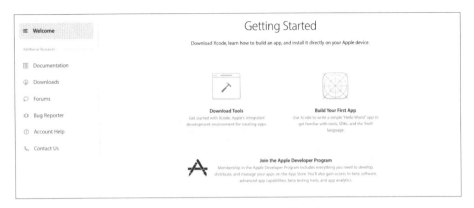

[그림 10-5] 애플 개발자 사이트 - 관리 화면

2) 디바이스 테스트

이제 우리가 만든 앱을 디바이스에서 테스트하기 위해 iOS/[프로젝트 명].xcwork space 파일을 선택하여 Xcode를 실행시킨다.

Xcode가 실행되면 [그림 10-6]과 같이 Xcode의 화면을 확인할 수 있다. Xcode를 실행하였다면, 테스트하기 위한 디바이스를 USB를 통해 PC와 연결하도록 하자.

[그림 10-6] Xcode 실행

디바이스가 USB를 통해 PC와 연결된 상태에서, [그림 10-7]과 같이 왼쪽 상단의 Generic iOS Device 부분을 선택한 후, 연결한 디바이스를 선택한다.

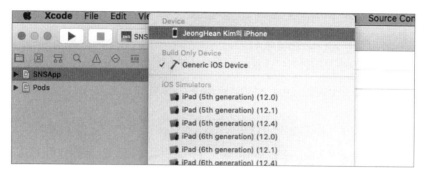

[그림 10-7] Xcode - 디바이스 선택

이렇게 디바이스가 선택된 상태에서 왼쪽에 있는 실행 버튼을 누르면 [그림 10-8]과 같이 에러가 발생하는 것을 확인할 수 있다.

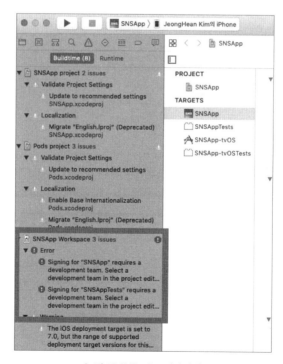

[그림 10-8] Xcode - 에러 화면

에러 화면이 보이지 않는다면 왼쪽에 실행 버튼 하단의 탭 중 느낌표 탭을 선택하면 에러 화면이 뜬다. 에러 내용을 보면 Signing이 되지 않아 발생한 것을 확인할 수 있다.

Signing을 설정하기 위해서는 느낌표 탭이 있는 탭 메뉴에서 제일 왼쪽에 있는 폴더 탭을 선택하고 프로젝트 명(SNSApp)을 선택한다. 프로젝트 명을 선택하면 오른쪽의 Project, Targets가 보이는데 Targets에서 다시 프로젝트 명(SNSApp)을 선택하고 상단의 General을 선택하면 Signing 섹션을 찾을 수 있다.

[그림 10-8]은 이미 애플 개발자 계정을 연결한 적이 있는 화면이다.(오른쪽의 Signing 섹션의 Team 부분이 None으로 되어 있는 것을 확인할 수 있다.) 따라서 한 번도 애플 개발자 계정을 연동한 적이 없는 화면과 다를 수 있다.

한 번도 애플 개발자 계정을 연동한 적이 없다면 [그림 10-9]와 같이 Signing 섹션의 Team 부분이 Add Account...로 표시된다.

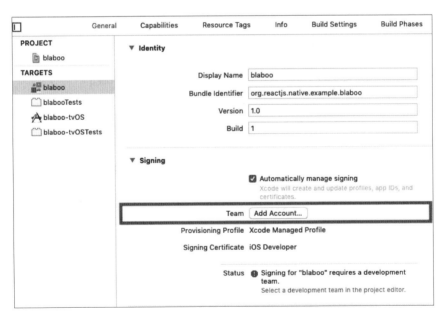

[그림 10-9] Xcode - 개발자 계정 추가

Add Account... 버튼을 누르면 [그림 10-10]과 같이 개발자 계정 로그인 화면을 볼 수 있다. 여기에 애플 개발자 사이트에서 생성한 애플 개발자 계정을 입력하여 로그인 한다.

> | 참고 | Xcode 버전이 변경되면서 Signing 섹션의 위치가 변경되었다. Xcode 11.1에서는 General 탭 안이 아닌 Signing & Capabilities 탭이 별도로 구성되었으며, 이 탭에서 Signing을 설정할 수 있다.

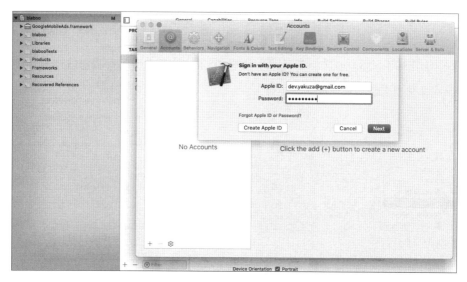

[그림 10-10] Xcode - 개발자 계정 로그인

로그인을 완료해도 Signing 섹션 하단에 [그림 10-11]과 같이 에러가 나오면 Identity 섹션의 Bundle Identifier의 이름을 변경한다. Signing 섹션에 [그림 10-11]과 같이 에러가 나오지 않는다면, 이 부분은 건너뛰어도 된다.

[그림 10-11] Xcode - 번들 이름 변경

Signing 섹션의 에러가 나오지 않았다면 정상적으로 애플 개발자 계정이 연결이 된 것이다. 이제 한 번 더 같은 작업을 해줄 필요가 있다. Identity 섹션의 왼쪽 부분에 PROJECT, TARGET이 표시되는 화면을 확인할 수 있다. [그림 10-12]와 같이 TARGET에서 SNSAppTests를 선택하고 Signing 섹션의 Team에 앞에서 연결한 애플 개발자 계정을 연결한다.

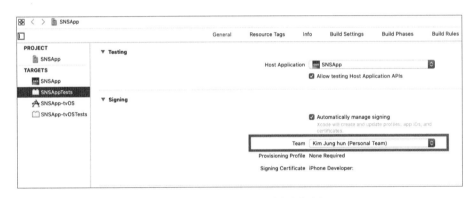

[그림 10-12] Xcode - 애플 개발자 계정 연결

이렇게 개발자 계정 연결이 모두 완료되었다면, 다시 왼쪽 상단의 실행 버튼 눌러 리액트 네이티브로 개발한 앱을 디바이스에서 구동시켜 본다. 실행 버튼을 눌러 앱을 실행시키면 [그림 10-13]과 같이 키체인 접근을 위한 패스워드 입력 화면이 나온다.

[그림 10-13] Xcode - 키체인 로그인

패스워드를 입력하고 Allow 버튼을 눌러 키체인에 접근할 수 있도록 하자. 패스워드는 애플 개발자 계정의 패스워드가 아닌, 자신의 PC에 로그인할 때 사용하는 패스워드이다. 이 점을 주의하도록 하자. 같은 화면이 몇 차례 표시될 것이다. 전부 패스워드를 입력하고 Allow를 눌러 진행한다.

이렇게 키체인에 접근하도록 하면 이번엔 [그림 10-14]와 같은 화면을 볼 수 있다. 이번에는 USB로 연결한 디바이스에서 개발자 앱을 신뢰하는 개발자로 설정할 필요가 있다.

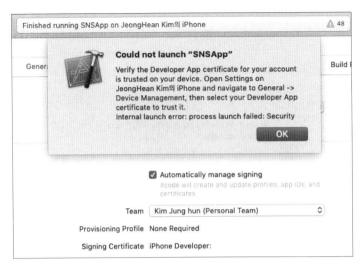

[그림 10-14] Xcode - 개발자 앱 신뢰

USB로 연결된 디바이스의 설정 앱을 실행하고 [그림 10-15]와 같이 일반 > 프로파일 및 기기 관리 > 개발자 앱 > 개발자를 신뢰함 > 신뢰를 눌러 개발자 앱을 신뢰하도록 설정한다.

[그림 10-15] 디바이스 설정 - 개발자 앱 신뢰

이제 다시 Xcode의 왼쪽 상단의 실행 버튼을 누르면 USB로 연결된 디바이스에서 앱 이 잘 실행되는 것을 확인할 수 있다.

⟫10.2 애플 개발자 프로그램 등록

iOS는 개발한 앱을 앱 스토어에 등록하기 위해서는 애플 개발자 프로그램에 꼭 등록해야 한다. 이 개발자 프로그램에 등록하기 위해서는 99달러를 결제해야 하며, 1년 단위로 갱신해야 한다.

그럼 애플 개발자 프로그램에 등록하는 방법을 자세히 알아보자.

1) 이중 인증 설정

애플 개발자 계정을 사용하여 애플 개발자 프로그램에 등록하기 위해서는 애플 개발자 계정의 이중 인증을 설정할 필요가 있다. [그림 10-16]과 같이 애플 개발자 계정과 연결이 된 디바이스의 설정을 열고, Apple ID > 암호 및 보안 > 이중 인증을 선택하여 이중 인증을 설정한다.

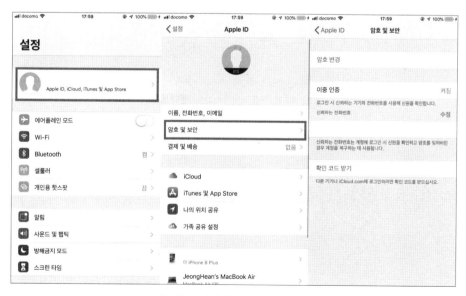

[그림 10-16] 디바이스 설정 - 이중 인증

2) 애플 개발자 프로그램 등록

이렇게 이중 인증을 설정한 상태에서 다음의 링크를 통해 애플 개발자 사이트로 이동한다.

- 애플 개발자 사이트: https://developer.apple.com/

애플 개발자 사이트에서 Account 메뉴를 통해 로그인하면 [그림 10-17]과 같이 관리화면을 볼 수 있다.

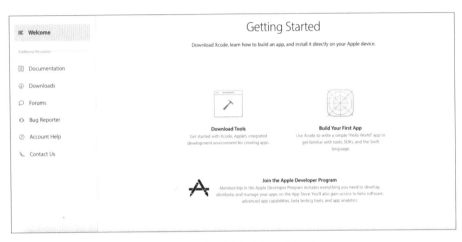

[그림 10-17] 애플 개발자 사이트 - 관리 화면

애플 개발자 사이트에 하단에 있는 Join the Apple Developer Program 메뉴를 선택한다. 해당 메뉴를 선택하면 [그림 10-18]과 같이 애플 개발자 사이트의 애플 개발자 프로그램 등록 화면으로 이동한다.

[그림 10-18] 애플 개발자 사이트 - 애플 개발자 프로그램 등록

[그림 10-18]에서 오른쪽 상단의 Enroll 버튼을 눌러 애플 개발자 프로그램 등록 페이지로 이동하자. Enroll 버튼을 누르면 [그림 10-19]와 같이 애플 개발자 프로그램 등록 페이지로 이동한다.

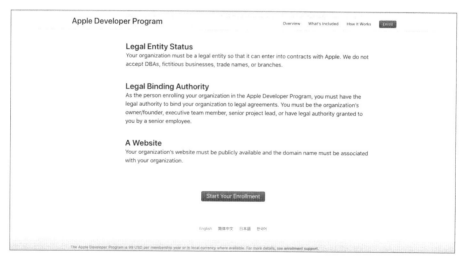

[그림 10-19] 애플 개발자 사이트 - 애플 개발자 프로그램 등록 시작

[그림 10-19]에서 하단의 Start Your Enrollment를 눌러 애플 개발자 프로그램 등록을 계속 진행한다. Start Your Enrollment를 누르면 [그림 10-20]과 같이 애플 개발자 프로그램을 선택하는 화면이 나온다.

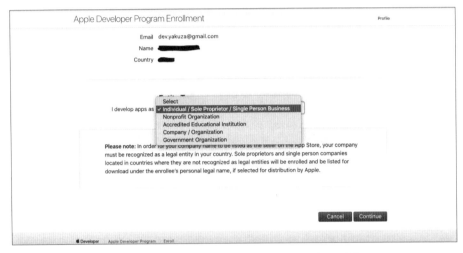

[그림 10-20] 애플 개발자 사이트 - 애플 개발자 프로그램 등록 선택

각 개발자 프로그램에 따라 진행 절차가 다르다. 여기에서는 Individual / Sole Proprietor / Single Person Business를 선택하여 진행한다. 다른 프로그램도 진행 절차를 잘 따르면 큰 문제 없이 진행할 수 있다.

자신에게 해당하는 애플 개발자 프로그램을 선택하였다면 오른쪽 하단의 Continue를 눌러 다음으로 진행한다. Continue를 누르면 [그림 10-21]과 같이 확인 화면이 표시된다.

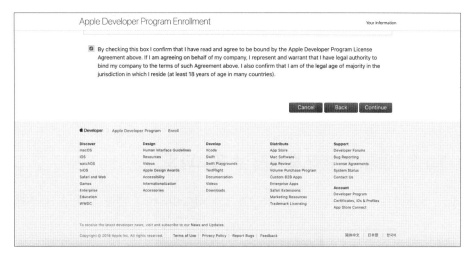

[그림 10-21] 애플 개발자 사이트 - 정보 확인 화면

지금까지 진행한 내용이 맞는지 확인하는 화면이다. 진행 내용이 이상이 없다면 체크 박스를 체크하고 Continue 버튼을 눌러 진행한다.

이 이후는 결제 부분이므로 설명을 생략하도록 하겠다. 결제 정보를 잘 입력하고 결제를 진행한다면 큰 문제 없이 등록이 가능할 것이다.

이렇게 등록 진행을 마치면, 48시간 안에 등록 완료 메일을 받을 수 있다. 애플에 등록한 계정 정보와 결제 정보가 불일치하는 경우, 애플에서 신분증을 요구하는 경우가 있다. 이런 경우 신분증의 사본을 보내면 애플에서 확인 후 승인 절차가 이뤄진다.

48시간을 기다릴 수 없거나, 급하게 등록을 빨리 진행하는 경우, 애플 개발자 사이트 (https://developer.apple.com)에 로그인한 후, 왼쪽 하단의 Contact Us 메뉴를 누르고, 멤버십 및 계정 메뉴를 선택한다. 그 다음, 프로그램 구입 및 갱신을 누르고 전화받기를 눌러 전화 상담을 통하면, 기다리지 않고 바로 처리가 가능하다.

기업 계정인 경우는, 법인명, D-U-N-S Number(국제 사업자 등록번호), 회사 웹 사이트, 신청자 전화번호, 신청자 이메일 주소가 필요하므로, 애플 개발자 프로그램에 등록

하기 전에 잘 준비하도록 하자. D-U-N-S Number를 모르거나, 할당받을 필요가 있는 경우, 애플에서 제공하는 D-N-U-S Number 조회 도구(https://developer.apple.com/enroll/duns-lookup/#!/search)를 통해 조회 및 신청을 할 수 있다.

▸▸10.3 인증서 및 프로비저닝 프로파일

애플 개발자 프로그램의 등록을 성공적으로 했다면, 이제 배포를 위한 인증서(Certificae)와 프로비저닝 프로파일(Provisioning Profile)을 생성하고 설정한다.

애플의 아이폰 초기 버전은 앱 스토어가 없었다. 애플만이 아이폰용 소프트웨어를 제작하고 배포할 수 있는 권한이 있었다. 이는 사용자에게 동일한 경험을 제공하고자 했던 애플의 방침 때문이었다. 스마트폰 시장에도 많은 변화가 있었다. 그로 인해 애플도 아이폰용 앱을 다른 개발자들이 개발할 수 있도록 허용할 필요가 있었다. 하지만, 개발자들이 애플이 중요시하는 사용자 경험을 해치지 않도록 하기 위해, 강력한 가이드라인을 제공하였고 검증된 개발자들만 앱을 개발할 수 있도록 설정하였다. 여기서 말한 검증된 개발자는 애플에서 인증서를 발급받은 개발자를 의미한다. 따라서 애플에서 제공하는 디바이스에 맞는 앱을 개발하기 위해서는 이 인증서가 필요하다.

프로비저닝 프로파일은 개발자 계정과 디바이스를 연결하는 역할을 한다. 이 파일에는 앱의 Bundle ID, 디바이스의 UUID, 개발자의 인증서가 포함되어 있다. 우리가 [10.1 디바이스 테스트]에서 개발한 앱을 디바이스에서 테스트하기 위해 디바이스 설정 화면에서 개발자 신뢰를 진행했던 것을 떠올려 보자. 이때도 프로비저닝 프로파일이 포함되어 있지만, 이때 사용된 개발자 인증서는 애플이 검증한 인증서가 아니기 때문에, 디바이스에서 직접 개발자를 신뢰할 필요가 있었다.

하지만 애플 개발자 프로그램을 통해 애플로부터 인증된 인증서를 받고, 배포용으로 프로비저닝 프로파일을 만들면, 이미 애플에서 개발자를 신뢰한다고 인증하였기 때문에, 배표용 앱은 디바이스 설정에서 개발자를 신뢰할 필요가 없다.

그럼 이제부터 애플 개발자 프로그램을 통해 인증서와 프로비저닝 파일을 생성하는 방법에 대해서 알아보자.

1) 인증서 발급

애플 개발자 프로그램 등록이 완료되고 애플 개발자 사이트(https://developer. apple.com)의 Account 페이지로 이동하면 [그림 10-22]와 같이 왼쪽에 메뉴가 늘어난 것을 확인할 수 있다.

[그림 10-22] 애플 개발자 사이트

애플 개발자 사이트의 왼쪽 메뉴에서 Certificates, IDs & Profiles를 선택하여 [그림 10-23]과 같이 인증서 발급 페이지로 이동한다.

[그림 10-23] 애플 개발자 사이트

최초로 애플 개발자 프로그램에 등록하면 [그림 10-23]과 같이 이미 인증서가 하나 만들어진다. 이 인증서는 개발용 인증서이다. 인증서를 선택하여 [그림 10-24]와 같이 인증서 다운로드 페이지로 이동하자.

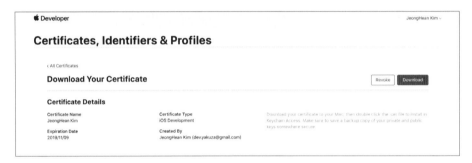

[그림 10-24] 애플 개발자 사이트 - 인증서 다운로드

오른쪽 상단에 보이는 Download 버튼을 눌러 인증서를 다운로드한다. 인증서 다운로드가 완료되면 인증서를 실행하여 키체인에 인증서를 등록하도록 하자.

이제 배포용 인증서를 만들어 보도록 하자. 맥에서 [그림 10-25]와 같이 키체인 접근을 실행하도록 한다.

[그림 10-25] 키체인 접근

키체인 접근이 실행되면 [그림 10-26]과 같이 왼쪽 상단의 키체인 접근 > 인증서 지원
> 인증 기관에서 인증서 요청... 메뉴를 눌러 인증서 지원을 실행시킨다.

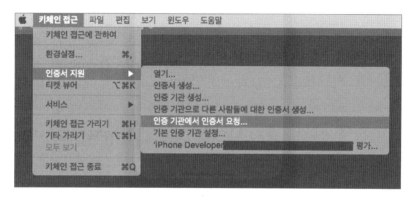

[그림 10-26] 키체인 접근 - 인증서 지원

인증서 지원이 실행되면 [그림 10-27]과 같은 화면을 볼 수 있다. 여기서 사용자 이메일
주소, 일반 이름을 입력한다. 또한, 요청 항목에서 디스크에 저장을 선택하고, 본인이
키 쌍 정보 지정을 체크한 후 오른쪽 하단에 계속 버튼을 눌러 다음으로 진행한다.

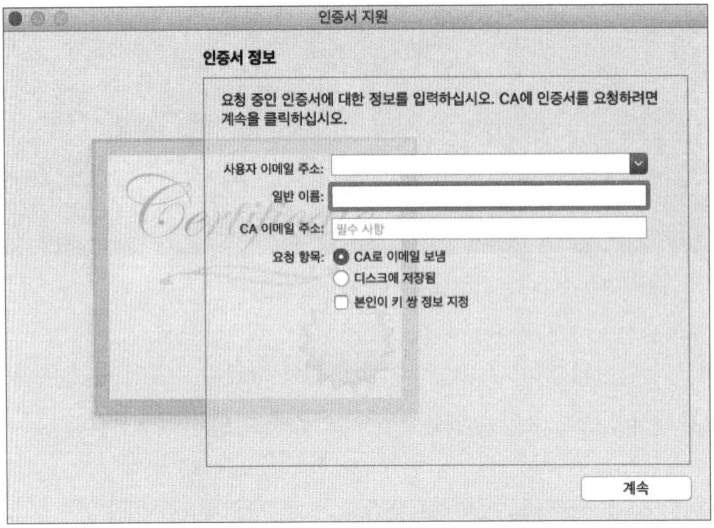

[그림 10-27] 키체인 접근 - 인증서 지원 입력

오른쪽 하단에 계속 버튼을 눌러 다음으로 진행하면 파일을 다운로드할 위치를 설정하는 화면이 나온다. 원하는 위치를 설정한 다음 저장 버튼을 누르면, [그림 10-28]과 같이 키 쌍 정보를 입력하는 화면이 나온다. 키 크기, 알고리즘은 기본값인 2048비트, RSA인 상태에서 오른쪽 하단의 계속 버튼을 누른다.

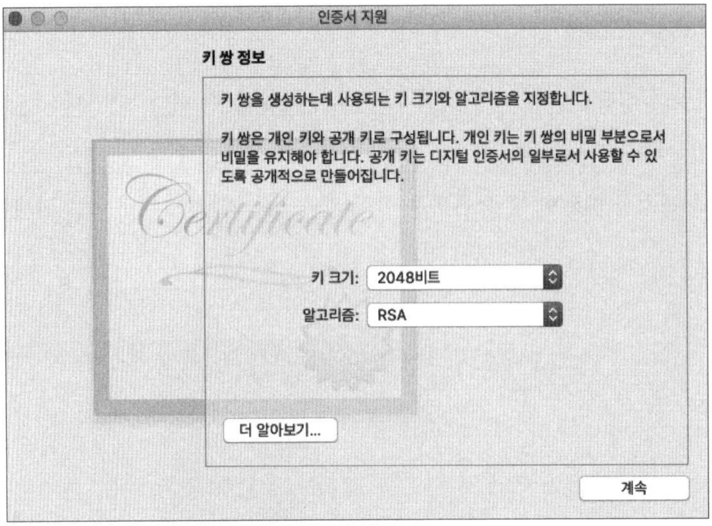

[그림 10-28] 키체인 접근 - 키 쌍 정보

434

오른쪽 하단의 계속 버튼을 눌러 진행하면 파일 다운로드가 진행되며, 다운로드가 완료되면 [그림 10-29]와 같은 화면을 볼 수 있다.

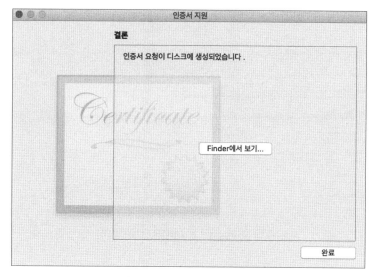

[그림 10-29] 키체인 접근 - 다운로드 완료

이제 다시 [그림 10-30]과 같이 애플 개발자 사이트의 인증서 페이지에서 Certificates 옆에 플러스 버튼(+)을 눌러 인증서 추가 페이지로 이동한다.

[그림 10-30] 애플 개발자 사이트 - 인증서 발급 페이지

플러스 버튼을 눌러 인증서 추가 페이지로 이동하면 [그림 10-31]과 같은 화면을 볼 수 있다. 우리는 앱 스토어에 앱을 배포할 예정이므로 iOS Distribution (App Store and

Ad Hoc)을 선택하고 오른쪽 상단의 Continue를 눌러 다음으로 진행한다.

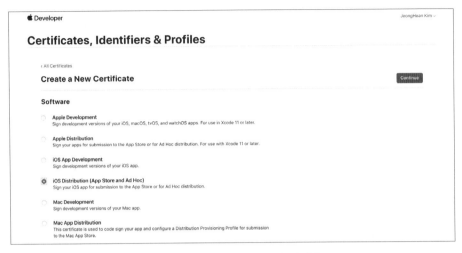

[그림 10-31] 인증서 발급 페이지 - 인증서 선택

오른쪽 상단의 Continue를 눌러 다음 페이지로 이동하면 [그림 10-32]와 같이 CSR(Certificate Signing Request) 파일을 업로드하는 화면이 나온다. 하단의 Choose File을 선택하고 키체인을 통해 만든 파일을 선택하여 업로드한다. 업로드가 완료되면 오른쪽 상단의 Continue 버튼을 눌러 다음 페이지로 이동한다.

[그림 10-32] 인증서 발급 페이지 - 인증서 생성

다음 페이지로 진행하면 [그림 10-33]과 같이 인증서를 다운로드하는 페이지를 확인할 수 있다. 개발용 인증서와 마찬가지로, Download 버튼을 눌러 인증서를 다운로드한

후, 다운로드 받은 파일을 선택하여 키체인에 등록한다.

[그림 10-33] 인증서 발급 페이지 - 인증서 다운로드

이것으로 인증서 발급 과정을 모두 진행하였다. 혹시 처음부터 개발용 인증서가 없는 경우, 이번 과정에서 인증서 생성 시 iOS App Development를 선택하고 진행하여 개발자용 인증서를 생성할 수 있다.

2) 앱 식별자

프로비저닝 파일을 생성하기 위한 준비 단계로 앱 식별자를 생성할 필요가 있다. [그림 10-34]와 같이 인증서 발급 페이지의 왼쪽 메뉴에서 Identifiers를 선택하고, 상단에 플러스 버튼을 눌러 새 식별자를 생성하는 페이지로 이동하자.

[그림 10-34] 인증서 발급 페이지 - 앱 식별자

플러스 버튼을 눌러 앱 식별자 생성 페이지로 이동하면 [그림 10-35]와 같이 식별자의

종류를 선택하는 화면이 나온다. App IDs를 선택하고 오른쪽 상단의 Continue를 눌러 다음으로 진행한다.

[그림 10-35] 앱 식별자 - 식별자 선택

식별자의 종류를 선택했다면, 이제 식별 정보를 입력한다. [그림 10-36]과 같은 화면에서 Description과 Bundle ID를 입력한다. Bundle ID는 Xcode에서 수정한 Bundle Identifier이다.

하단에 있는 Capabilities는 나중에도 변경이 가능하므로 현재는 아무것도 선택하지 않고 오른쪽 위에 Continue를 눌러 진행한다.

[그림 10-36] 앱 식별자 - 정보 등록

마지막으로, [그림 10-37]과 같이 지금까지 입력한 정보를 확인하는 화면이 나온다. 입력한 정보가 올바르다면 오른쪽 Register 버튼을 눌러 앱 식별자를 등록한다.

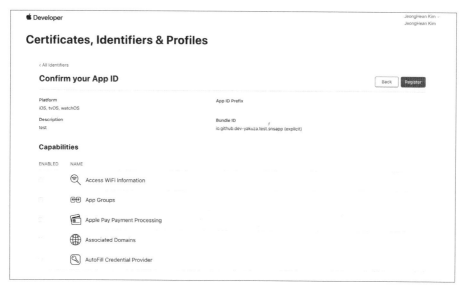

[그림 10-37] 앱 식별자 - 정보 확인

Register 버튼을 눌러 앱 식별자를 생성하였다면, [그림 10-38]과 같이 앱 식별자가 잘 생성된 것을 확인할 수 있다.

[그림 10-38] 앱 식별자 - 등록 완료

3) 디바이스 등록

배포용이 아닌 개발용으로 앱을 디바이스에서 테스트하려면, 애플 개발자 사이트에 디바이스를 등록해야 한다. 디바이스를 등록하기 위해서는 디바이스의 UUID가 필요하다. 디바이스의 UUID를 확인하기 위해서 디바이스를 USB로 연결하고 iTunes를 실행하면 [그림 10-39]와 같은 화면을 볼 수 있다.

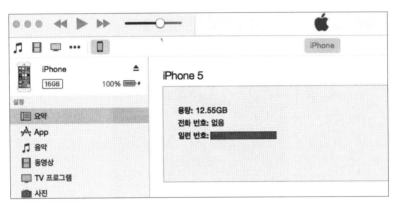

[그림 10-38] 디바이스 UUID 확인

[그림 10-39]에서 일련 번호 부분을 클릭하면 현재 USB로 연결된 디바이스의 UUID를 확인할 수 있다. 이 UUID를 복사한 후, 다시 애플 개발자 사이트로 이동한다. [그림 10-39]와 같이 왼쪽 메뉴에서 Devices를 선택하고 디바이스 리스트 화면 상단에 플러스 버튼을 눌러 디바이스 등록 화면으로 이동한다.

 Developer   JeongHean Kim ∨

Certificates, Identifiers & Profiles

Certificates	**Devices ⊕**		Q All Types ∨ [Edit]
Identifiers	NAME ∨	IDENTIFIER	TYPE
Devices			
Profiles			
Keys			
More			

[그림 10-39] 디바이스 리스트 화면

디바이스 리스트 화면에서 플러스 버튼을 누르면 [그림 10-40]과 같이 디바이스 등록 화면을 확인할 수 있다. iTunes에서 복사한 디바이스 UUID와 디바이스 구별을 위한 디바이스 이름을 입력하고 오른쪽 상단의 Continue 버튼을 누른다.

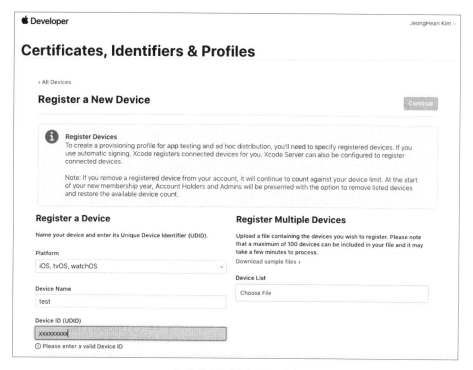

[그림 10-40] 디바이스 등록 화면

Continue를 누르면 [그림 10-41]과 같이 디바이스 정보 확인 화면을 볼 수 있다. 입력한 정보가 이상이 없다면 Register 버튼을 눌러 다음으로 진행한다.

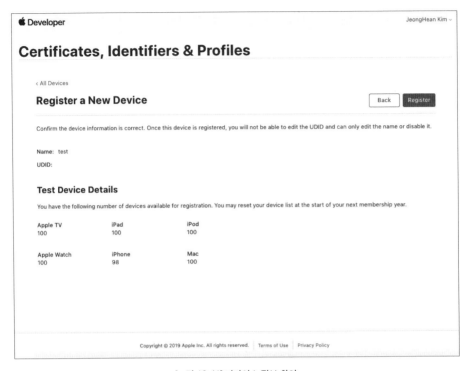

[그림 10-41] 디바이스 정보 확인

다음으로 진행하면, [그림 10-42]와 같은 화면이 보이며 오른쪽 상단의 Done을 눌러 디바이스를 등록한다.

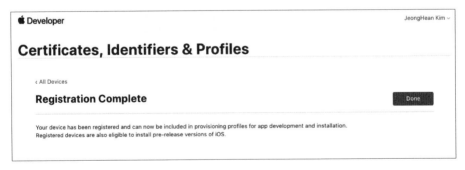

[그림 10-42] 디바이스 등록

디바이스 등록이 완료되면 [그림 10-43]과 같이 디바이스 리스트 화면에 방금 등록한 디바이스가 표시된다.

[그림 10-43] 디바이스 리스트 화면

이것으로 프로비저닝 프로파일을 만들 모든 준비가 끝났다. 이제 프로비저닝 프로파일을 만드는 방법에 대해 살펴보자.

4) 프로비저닝 프로파일

애플 개발자 사이트 왼쪽 메뉴에서 Profiles를 선택하면 [그림 10-44]와 같은 화면을 볼 수 있다. 역시 상단의 플러스 버튼을 눌러 프로비저닝 프로파일을 새로 만드는 페이지로 이동한다.

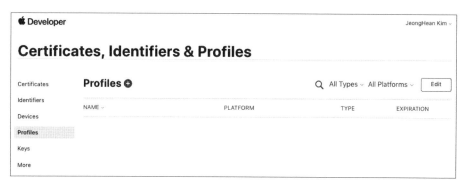

[그림 10-44] 프로비저닝 프로파일

프로비저닝 프로파일도 인증서와 같이, 개발용과 배포용 2개가 필요하다. 개발용은 테스트 디바이스를 선택하고 배포용은 앱 스토어를 통해 앱을 설치하므로 디바이스를 선택하지 않는 차이점이 있다. 우선 개발용 프로비저닝 프로파일을 생성해 보자. 플러스 버튼을 눌러 화면을 이동하면 [그림 10-45]와 같은 화면을 볼 수 있다.

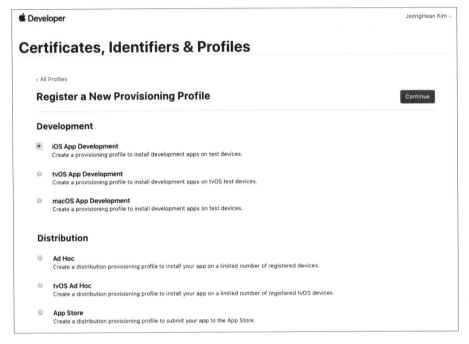

[그림 10-45] 프로비저닝 프로파일 - 개발용

개발용 프로비저닝 프로파일을 생성하기 위해 iOS App Development를 선택하고 오른쪽 상단의 Continue를 선택한다. Continue를 선택하면 [그림 10-46]과 같이 앱 아이디를 선택 화면으로 확인할 수 있다.

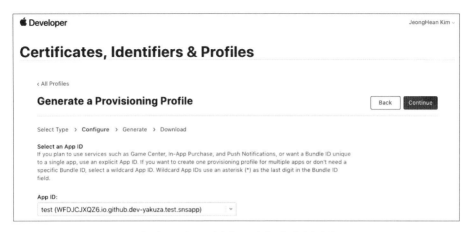

[그림 10-46] 프로비저닝 프로파일 - 앱 아이디 선택

App ID 하단에 있는 드롭다운 메뉴를 선택하면, 우리가 앱 식별자에서 만든 앱 아이디를 확인할 수 있다. 앱 식별자에서 만든 앱 아이디를 선택하고 오른쪽 상단에 Continue를 눌러 다음으로 진행한다.

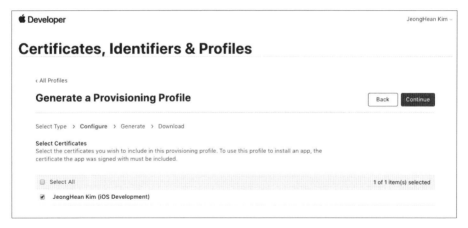

[그림 10-47] 프로비저닝 프로파일 - 인증서 연결

이제 [그림 10-47]과 같이 인증서를 연결하는 화면을 확인할 수 있다. 인증서 항목에서 만든 개발용 인증서를 선택하고 오른쪽 상단의 Continue를 눌러 다음으로 진행한다.

[그림 10-48] 프로비저닝 프로파일 - 디바이스 연결

[그림 10-48]과 같이 디바이스 연결 화면이 나오면 테스트하고자 하는 디바이스를 선택하여 연결한다. 디바이스 선택이 완료되었다면 오른쪽 상단의 Continue를 눌러 다음으로 진행한다.

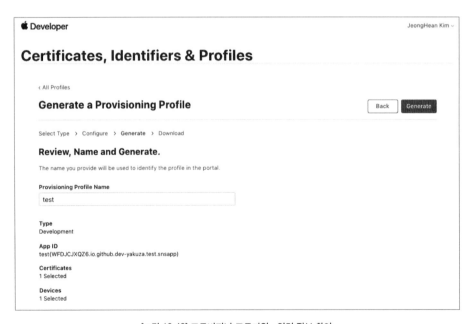

[그림 10-49] 프로비저닝 프로파일 - 입력 정보 확인

446

프로비저닝 프로파일을 생성하기 위해 입력한 정보가 [그림 10-49]와 같이 확인이 가능하다. 프로비저닝 프로파일의 이름을 입력하고 오른쪽 상단의 Generate 버튼을 눌러 프로비저닝 프로파일을 생성하자.

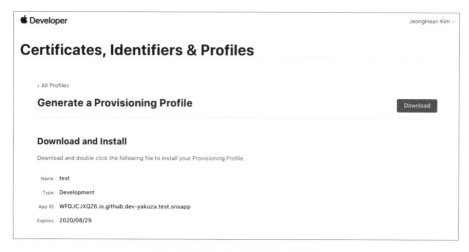

[그림 10-50] 프로비저닝 프로파일 - 다운로드

프로비저닝 프로파일의 생성이 완료되면 [그림 10-50]과 같이 다운로드 화면을 확인할 수 있다. 오른쪽 상단의 Download 버튼을 눌러, 생성한 프로비저닝 프로파일을 다운로드한다.

이제 배포용 프로비저닝 프로파일을 생성해 보자. [그림 10-50]의 왼쪽 상단의 [< All Profiles]를 선택하여 프로비저닝 프로파일 리스트 화면으로 이동하자. 프로비저닝 프로파일 리스트 화면으로 이동하면 [그림 10-51]과 같이 방금 생성한 개발용 프로비저닝 프로파일을 확인할 수 있다.

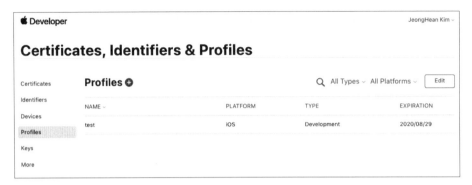

[그림 10-51] 프로비저닝 프로파일

다시 상단의 플러스 버튼을 눌러 등록 화면으로 이동하자. 플러스 버튼을 눌러 프로비저닝 프로파일을 선택할 때, [그림 10-52]와 같이 이번에는 App Store를 선택하고 오른쪽 상단의 Continue를 눌러 다음으로 진행하자.

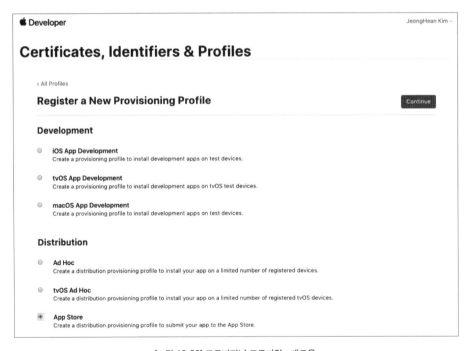

[그림 10-52] 프로비저닝 프로파일 - 배포용

개발용과 마찬가지로 배포용도 앱 아이디와 연결할 필요가 있다. [그림 10-53]과 같이 앱 아이디 연결 화면이 나오면 연결을 원하는 앱 아이디를 선택하고 오른쪽 상단의 Continue를 눌러 다음으로 진행한다.

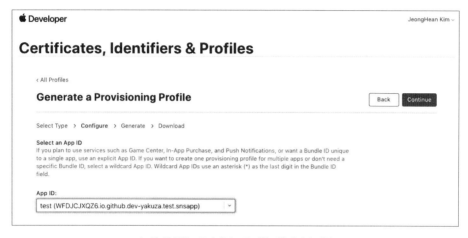

[그림 10-53] 프로비저닝 프로파일 - 앱 아이디 연결

배포용은 개발용과 다르게 디바이스 연결이 필요하지 않다. 따라서 [그림 10-54]와 같이 인증서 연결 화면으로 바로 이동한다.

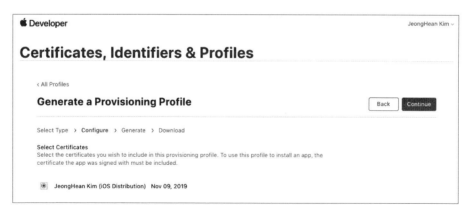

[그림 10-54] 프로비저닝 프로파일 - 인증서 연결

인증서를 선택하여 인증서를 연결했다면 오른쪽 상단의 Continue를 눌러 입력 정보 확인 화면으로 이동하자. 입력 정보 확인 화면으로 이동하면 [그림 10-55]와 같이 입력 정보를 확인할 수 있다. 입력한 내용이 정확하다면 Provisioning Profile Name에 원하는 이름을 입력하고 오른쪽 상단의 Generate 버튼을 눌러 프로비저닝 프로파일을 생성한다.

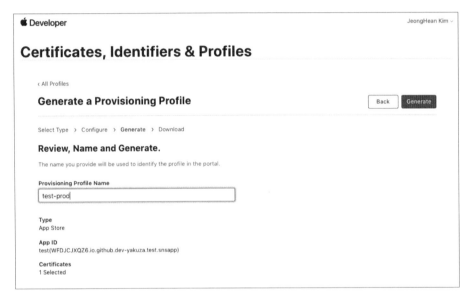

[그림 10-55] 프로비저닝 프로파일 - 정보 확인

Generate 버튼을 눌러 프로비저닝 프로파일을 생성하면, [그림 10-56]과 같이 생성한 프로비저닝 프로파일을 다운로드하는 화면을 볼 수 있다. 오른쪽 상단의 Download 버튼을 눌러 생성한 프로비저닝 프로파일을 다운로드한다.

[그림 10-56] 프로비저닝 프로파일 - 다운로드

이것으로 인증서와 프로비저닝 프로파일을 생성하는 방법에 대해서 알아보았다. 인증서, 프로비저닝 프로파일은 개발용, 배포용을 따로 생성한다. 프로비저닝 프로파일은 앱 ID, 디바이스 UUID(개발용인 경우), 인증서를 연결하는 과정이 필요하다.

▶▶10.4 앱 스토어 배포

드디어 앱 스토어에 앱을 배포할 준비가 끝났다. 지금부터는 앱을 배포하는 방법에 대해서 알아본다.

1) 신규 앱 생성

앱 스토어에 앱을 등록하기 위해서는 앱 스토어 커넥트(App store connect)를 사용하여 앱 스토어에 등록할 신규 앱을 생성한다. 다음의 링크를 통해 앱 스토어 커넥트로 이동한다.

- 앱 스토어 커넥트: https://appstoreconnect.apple.com

앱 스토어 커넥트로 이동하면 [그림 10-57]과 같이 로그인 화면을 확인할 수 있다. 애플 개발자 프로그램에 등록한 계정으로 로그인하자.

[그림 10-57] 앱 스토어 커넥트 - 로그인

로그인을 성공적으로 진행하면 [그림 10-58]과 같이 앱 스토어 커넥트 관리 화면을 볼 수 있다. 왼쪽 상단의 나의 앱을 선택한다.

[그림 10-58] 앱 스토어 커넥트 - 관리 화면

왼쪽 상단의 나의 앱을 선택하면 [그림 10-59]와 같이 앱을 관리하는 화면이 나온다. 왼쪽 상단의 플러스 버튼을 누르고 신규 앱 메뉴를 선택한다.

[그림 10-59] 앱 스토어 커넥트 - 신규 앱 생성

신규 앱 메뉴를 누르면 [그림 10-60]과 같이 신규 앱 정보를 입력하는 화면이 나온다. 우리는 iOS용 앱을 배포하는 것이므로, iOS를 선택하고 앱 이름을 입력하고 배포할 번들 ID를 선택한다. SKU는 앱 스토어에는 표시되지 않는 앱의 고유한 ID이다. 이 SKU도 입력해야 한다. 고유한 ID를 작성해도 되지만, 앱의 번들 ID가 이미 앱의 고유한 ID이므로, 여기서는 번들 ID를 그대로 입력하였다.

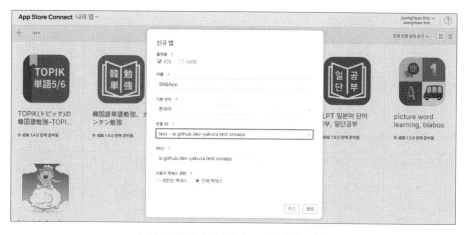

[그림 10-60] 앱 스토어 커넥트 - 신규 앱 정보 입력

앱 스토어 커넥트의 관리 화면에는 여러 사용자를 등록하고 관리할 수 있다. 이때 사용자 액세스 권한은 앱 스토어 커넥트에 등록한 사용자 중 특정 사용자만 이 앱에 접근하게 할지, 전체 사용자가 접근하게 할지 선택하는 기능이다. 현재는 혼자 사용하므로 전체 액세스로 설정한다. 언제든지 수정이 가능하므로 크게 걱정할 필요는 없다.

모든 정보를 입력하였다면, 오른쪽 하단의 생성 버튼을 눌러 신규 앱 정보를 등록한다.

2) 앱 스토어용 앱 정보 입력

신규 앱 정보를 입력하였다면 [그림 10-61]과 같이 앱 정보를 입력하는 화면을 볼 수 있다. 이곳에서 앱 이름, 부제, 개인정보 처리방침 URL과 오른쪽 하단의 카테고리를 선택하고 오른쪽 상단의 저장 버튼을 눌러 수정 사항을 저장한다.

[그림 10-61] 앱 스토어 커넥트 - 앱 정보 입력

다음은 왼쪽 메뉴에서 가격 및 사용 가능 여부를 선택하면 [그림 10-62]와 같은 화면을 볼 수 있다. 상단의 가격 메뉴를 선택하여 앱의 가격을 결정한다.

[그림 10-62] 앱 스토어 커넥트 - 앱 가격 결정

앱 가격을 결정하였다면 하단의 사용 가능 여부 섹션의 [모든 국가 및 지역이 선택됨]
옆, 편집 버튼을 눌러 [그림 10-63]과 같이 앱을 배포할 국가를 선택한다. 배포 국가를
결정하였다면 오른쪽 위에 저장 버튼을 눌러 수정 내용을 저장한다.

[그림 10-63] 앱 스토어 커넥트 - 배포 국가 설정

이제 앱 스토어에 표시되는 정보를 입력할 차례이다. 왼쪽의 [1.0 제출 준비 중] 메뉴를 선택하면 [그림 10-64]와 같이 앱 스토어에 표시되는 정보를 입력하는 화면을 볼 수 있다.

[그림 10-64] 앱 스토어 커넥트 - 앱 스토어 정보 입력(1)

앱 미리보기 및 스크린샷, 키워드, 설명, 지원 URL, 마케팅 URL을 입력한다. 스크롤해서 하단으로 이동하면 [그림 10-65]와 같은 화면을 볼 수 있다.

[그림 10-65] 앱 스토어 커넥트 - 앱 스토어 정보 입력(2)

이곳에서는 저작권, 성, 이름, 주소, 전화번호, 이메일을 입력한다. 입력을 완료했다면 왼쪽에 버전 밑, [등급] 옆에 있는 편집 버튼을 누른다. 편집 버튼을 누르면 [그림 10-66] 과 같은 화면을 볼 수 있다.

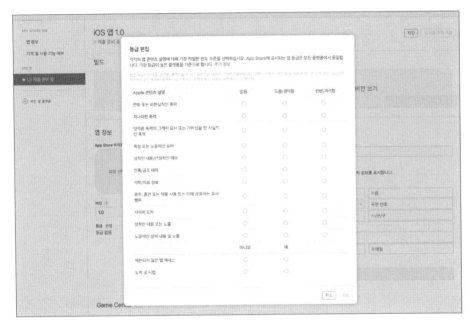

[그림 10-66] 앱 스토어 커넥트 - 앱 스토어 정보 입력(3)

자신의 앱에 맞게 체크해 준다. 여기서 기록한 내용을 기준으로 앱의 등급이 정해 진다. 전부 입력하였다면, 오른쪽 하단의 완료 버튼을 누른다.

좀 더 스크롤하면 [그림 10-67]과 같은 화면을 볼 수 있다.

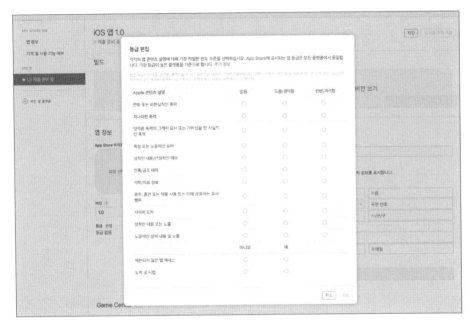

[그림 10-67] 앱 스토어 커넥트 - 앱 스토어 정보 입력(4)

자신의 앱을 앱 심사관이 테스트할 때 필요한 정보를 입력하는 부분이다. 연락처 정보를 입력하고, 개발한 앱이 로그인 기능을 가지고 있다면, 테스트를 위해 로그인 정보를 입력해야 한다. 마지막으로, 심사관에게 남길 메모를 작성한다. 모든 작성이 완료되었다면 오른쪽 상단의 저장을 누른다.

3) 앱 빌드 및 업로드

앱 스토어에 표시될 앱 정보를 모두 등록하였다. 이제 앱을 빌드하고 앱 스토어 커넥트에 업로드함으로써 실제로 앱을 배포한다.

프로젝트 폴더의 ./ios/[프로젝트 이름]/Info.plist 파일을 텍스트 에디터로 열고 다음의 내용을 찾아 삭제해 준다.

```
<key>NSAppTransportSecurity</key>
<dict>
    <key>NSAllowsArbitraryLoads</key>
    <true/>
    <key>NSExceptionDomains</key>
    <dict>
        <key>localhost</key>
        <dict>
            <key>NSExceptionAllowsInsecureHTTPLoads</key>
            <true/>
        </dict>
    </dict>
</dict>
<key>NSLocationWhenInUseUsageDescription</key>
<string></string>
```

NSAppTransportSecurity를 제거하면 앱 내에서 외부 API를 호출할 시, HTTPS만을 이용할 수 있게 된다. 앱을 개발할 때는, 로컬 서버와 HTTP로 통신하므로, 배포 후, 다시 개발할 때는 이 부분을 되살려서 사용한다.

만약 자신의 앱이 API를 호출할 때 HTTP를 사용한다면 다음과 같이 전부 삭제하지 않고 localhost 부분만 삭제한다.

```
<key>NSAppTransportSecurity</key>
<dict>
    <key>NSAllowsArbitraryLoads</key>
    <true/>
</dict>
```

NSLocationWhenInUseUsageDescription은 위치 정보를 사용할 때, 사용자에게 사용 내용을 설명하고 사용 허가(Permission)를 받기 위한 부분이다. 자신의 앱이 위치 정보를 사용하지 않는다면, 이 부분을 제거하고, 사용한다면 사용 이유를 작성한다.

다음으로, 프로젝트 폴더의 ./ios/[프로젝트 이름].xcworkspace을 실행하여 Xcode를 실행시킨다. [그림 10-68]과 같이 상단 메뉴의 Product > Scheme > Edit Scheme... 메뉴를 선택한다.

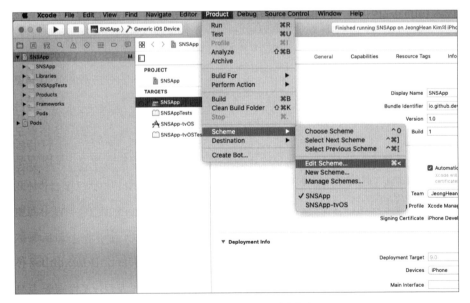

[그림 10-68] Xcode - 빌드 스키마 수정

Edit Scheme 메뉴를 선택하면 [그림 10-69]와 같이 스키마를 수정하는 화면을 볼 수 있다. Build Configuration의 드롭다운 메뉴를 선택하여 Release를 선택한다. 이 역시, 배포 후, 다시 개발할 때는 Debug로 꼭 수정한다.

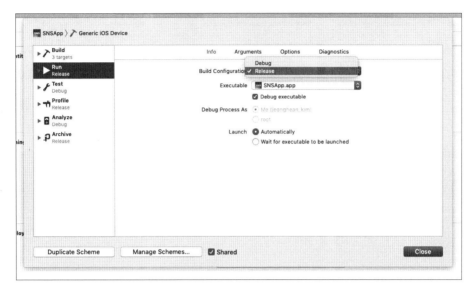

[그림 10-69] Xcode - 빌드 환경 수정

이제 배포용으로 앱을 빌드하기 위해 [그림 10-70]과 같이 왼쪽 상단의 시뮬레이터 부분을 Generic iOS Device로 변경하고 상단 메뉴의 Product > Archive를 눌러 앱을 빌드한다.

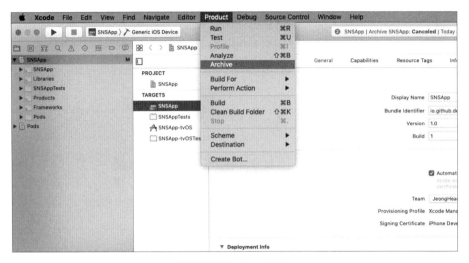

[그림 10-70] Xcode - Archive

빌드가 완료되면 [그림 10-71]과 같은 화면을 볼 수 있다. 오른쪽의 Distribute App 버튼을 눌러서 빌드한 앱을 앱 스토어 커넥트에 업로드하는 과정을 진행한다.

[그림 10-71] Xcode - 앱 배포 (1)

Distribute App 버튼을 누르면 [그림 10-72]와 같은 화면을 볼 수 있다. 우리는 앱 스토어에 앱을 배포할 예정이므로 iOS App Store를 선택하고 오른쪽 하단의 Next 버튼을 눌러 다음으로 진행한다.

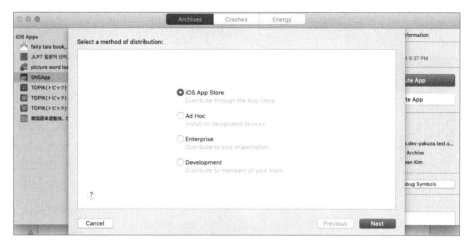

[그림 10-72] Xcode - 앱 배포 (2)

iOS App Store를 선택하고 다음으로 진행하면 [그림 10-73]과 같은 화면을 볼 수 있다. 빌드한 파일을 앱 스토어 커넥트에 업로드할지, iOS의 설치 파일인 ipa로 내보낼지 선택할 수 있다. 우리는 앱 스토어 커넥트에 업로드할 예정이므로 Upload를 선택하고 오른쪽 아래의 Next 버튼을 눌러 다음으로 진행한다.

[그림 10-73] Xcode - 앱 배포 (3)

[그림 10-74]와 같이 앱 스토어 배포의 옵션을 선택하는 화면이 나오면 모두 체크가 된

상태로 오른쪽 하단의 Next 버튼을 눌러 다음으로 진행한다.

[그림 10-74] Xcode - 앱 배포 (4)

다음으로 진행하면 [그림 10-75]와 같이 배포할 앱을 서명(Signing)하는 방법을 선택하는 화면이 나온다. 이전에 만든 인증서와 프로비저닝 프로파일을 연결하는 과정을 자동으로 할지, 수동으로 할지 결정한다. 특별한 이유가 있지 않다면, 자동(Automatically manage signing)을 선택하고 오른쪽 하단의 Next 버튼을 눌러 다음으로 진행한다.

[그림 10-75] Xcode - 앱 배포 (5)

464

마지막으로 [그림 10-76]과 같이 업로드 전 앱의 정보를 확인하는 화면이 나온다. 특별한 이상이 없다면 오른쪽 하단의 Upload 버튼을 눌러 앱을 업로드한다.

[그림 10-76] Xcode - 앱 배포 (6)

업로드가 완료되면 [그림 10-77]과 같이 성공적으로 업로드된 화면을 볼 수 있다.

[그림 10-77] Xcode - 앱 배포 (7)

이제 앱의 빌드와 업로드는 모두 완료하였다. 앱을 업로드하는 과정에서 실수로 창을 닫은 경우, [그림 10-78]과 같이 상단 메뉴의 Window > Organizer를 선택하여 다시 활성화할 수 있다.

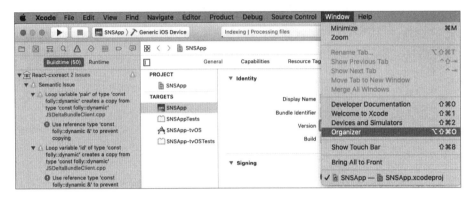

[그림 10-78] Organizer 메뉴

4) 앱 배포

앱이 업로드 되었다고 바로 앱을 바로 배포할 수 있는 것은 아니다. 앱 스토어 커넥트의 Testflight 항목으로 이동하면 [그림 10-79]와 같이 업로드한 앱이 처리 중이라는 상태를 확인할 수 있다.

[그림 10-79] Testflight - 앱 처리 중

조금 기다리면 [그림 10-80]과 같이 애플에서 앱 배포 준비가 끝났다는 메일을 받을 수 있다.

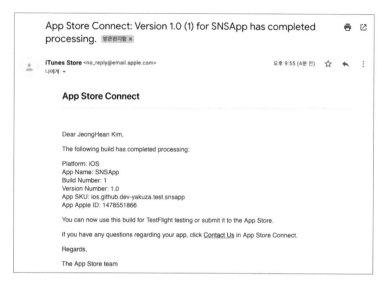

[그림 10-80] 앱 처리 완료

이제 배포할 모든 준비가 끝났다. 앱 스토어 커넥트의 App Store 메뉴로 이동한 후, 왼쪽에 1.0 제출 준비 중을 선택한다. 해당 페이지에서 조금 스크롤하면, [그림 10-81]과 같이 빌드된 앱을 선택하는 항목을 확인할 수 있다.

[그림 10-81] 빌드 선택 항목

[빌드] 옆 플러스 버튼을 누르면 [그림 10-82]와 같이 우리가 방금 전 Xcode를 통해 빌드한 파일을 볼 수 있다. 해당 빌드를 선택하고 오른쪽 하단의 완료 버튼을 눌러 배포할 앱을 설정한다.

[그림 10-82] 빌드 추가

이렇게 앱의 빌드를 추가하고 오른쪽 상단의 저장 버튼을 눌러 변경 내용을 저장한다. 저장이 완료되면 저장 옆 버튼인 [심사를 위한 제출] 버튼이 활성화된다. 심사를 위한 제출 버튼을 눌러 다음으로 진행한다.

심사를 위한 제출 버튼을 누르면 [그림 10-83]과 같이 수출 규정, 콘텐츠 권한, 광고 식별자에 대한 항목이 나온다. 수출 규정은 모두 예를 선택하고, 콘텐츠 권한과 광고 식별자는 자신의 앱에 맞게 선택한다.

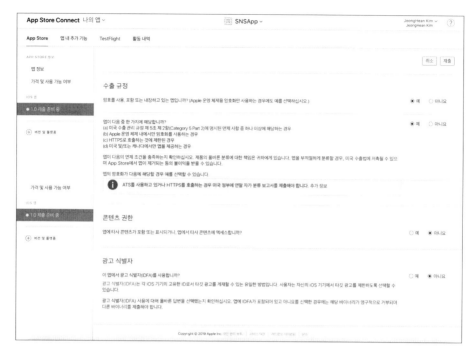

[그림 10-83] 수출 규정, 콘텐츠 권한 및 광고 식별자

모든 정보를 입력하였다면 오른쪽 상단의 제출 버튼을 눌러 앱 심사를 진행한다. 이 책에서는 예제 앱으로 진행하였기 때문에 실제로 제출하지 않았다. 여러분이 만든 앱을 제출하면, 일정 시간이 지난 후, 앱 심사 결과가 이메일로 통보된다. 만약 앱 심사가 거절(Reject)된 메일을 받으면, 앱 스토어 커넥트에 접속하여 자세한 이유를 확인할 수 있다.

≫10.5 요약

이것으로 iOS 앱을 배포하는 방법에 대해서 알아보았다. iOS에서 앱을 배포하기 위해서는 애플 개발자 계정을 생성하고, 개발자 프로그램에 등록한 후, 인증서와 프로비저닝 파일을 생성해야 한다. 프로비저닝 파일을 생성하기 위해서는 인증서, 앱 식별자,

디바이스가 필요하였다. 마지막으로 앱을 배포하기 위해서는 앱 스토어 커넥트에서 배포할 앱 정보를 입력하고, Xcode를 사용하여 앱을 빌드한 후, 앱 스토어 커넥트에 업로드해야 한다. 인증서, 프로비저닝 프로파일 생성 부분이 조금 어려울 수 있지만 여러 번 앱을 제작하다 보면 익숙해질 것이다.

애플은 앱 심사가 조금 까다롭다. 그로 인해, 많은 스트레스를 받을 수 있지만, 애플 심사원이 이야기하는 것이 틀린 것은 아니다. 애플 심사원은 앱을 개발하는 개발자보다, 앱을 사용하는 사용자 입장에서 심사를 본다. 따라서 우리가 생각하지 못하는 사용자 관점을 지적해 줄 수 있다. 그러므로 스트레스를 받기보다 새로운 관점을 얻는다는 긍정적인 마인드로 심사에 임하면 좋을 것 같다.

앱을 개발하기 전이나, 애플에 앱을 배포하기 전에 애플에서 제공하는 가이드라인을 참고하면, 좀 더 앱 심사를 수월하게 진행할 수 있다. 앱 심사 거절은 대부분 앱 스토어 심사 지침에 위배될 때 발생한다. 따라서 다음의 링크를 참고하여 앱을 개발하도록 하자.

- 앱 스토어 심사 지침: https://developer.apple.com/kr/app-store/review/guidelines/

안드로이드 애플리케이션 배포하기

CHAPTER **11**

안드로이드 애플리케이션 배포하기

10장에서는 iOS 앱을 배포하는 방법에 대해서 알아보았다. 리액트 네이티브는 하이브리드 앱이므로 안드로이드 애플리케이션 빌드 및 배포도 가능하다. 이번 장에서는 리액트 네이티브로 개발된 앱을 안드로이드 앱 스토어인 구글 플레이에 배포하는 방법에 대해서 알아본다.

안드로이드는 무수한 단말기들이 존재하므로 이 책에서 소개하는 방법과는 다르게 진행해야 할 부분이 발생할 수 있다. 만약 책에서 설명한 내용이 자신의 단말기에 존재하지 않는다면, 인터넷에서 해당 방법을 검색하여, 자신의 단말기에 맞는 방법으로 진행하길 권장한다.

≫11.1 디바이스 테스트

지금까지 이 책은 iOS를 기준으로 설명하였다. 하지만 안드로이드로 개발을 따라 한 독자들도 많을 것이라고 생각한다. 대부분 어떻게 안드로이드 단말기에서 동작하는지 알고 있다고 생각하지만, 여기에서 다시 한 번 안드로이드 단말기에서 테스트하는 방법을 설명하도록 하겠다.

1) 개발자 모드 활성화

안드로이드 단말기에서 개발 중인 앱을 테스트하기 위해서는 우선 개발자 모드를 활성화시킬 필요가 있다. 안드로이드 단말기의 설정 화면으로 이동하고 [그림 11-1]과 같이 안드로이드 디바이스 정보 메뉴를 선택한다.

[그림 11-1] 안드로이드 설정

안드로이드 디바이스 정보 화면으로 이동하면 [그림 11-2]와 같은 화면을 볼 수 있다. 소프트웨어 정보 메뉴를 선택한다.

[그림 11-2] 디바이스 정보

소프트웨어 정보 메뉴를 선택하면 [그림 11-3]과 같이 소프트웨어 정보 화면을 볼 수
있다. 소프트웨어 정보 화면 하단의 빌드 번호를 확인할 수 있으며, 빌드 번호 항목을
7번 정도 터치하면 [그림 11-3]과 같이 개발자 모드가 활성화되는 것을 확인할 수 있다.

[그림 11-3] 소프트웨어 정보

이것으로 안드로이드 단말기에서 앱을 테스트하기 위한 개발자 모드가 활성화되었다. 이제 USB 디버깅 설정에 대해서 알아보자.

2) USB 디버깅 모드 활성화

리액트 네이티브로 제작한 앱을 안드로이드 단말기에서 테스트하기 위해서는 안드로이드 단말기의 USB 디버깅 모드를 활성화해 줄 필요가 있다.

다시 안드로이드 단말기의 설정 앱을 실행하면 [그림 11-4]와 같이 이전과는 다르게 개발자 옵션 메뉴를 확인할 수 있다. 개발자 옵션 메뉴를 터치하여 개발자 옵션 화면으로 이동한다.

[그림 11-4] 안드로이드 설정

개발자 옵션 화면으로 이동하면 [그림 11-5]와 같이 USB 디버깅 모드를 활성화할 메뉴를 확인할 수 있다. USB 디버깅을 터치하여 USB 디버깅 기능을 활성화 시킨다.

[그림 11-5] USB 디버깅

3) 안드로이드 단말기 테스트

이렇게 USB 디버깅을 허용한 상태에서 안드로이드 단말기를 USB를 통해 PC에 연결하면 USB 디버깅을 허용하겠냐는 경고창이 나온다. 그 경고창에서 확인을 눌러 진행하면 안드로이드 단말기에서 개발하고 있는 앱을 테스트할 수 있다.

이렇게 PC에 연결된 상태에서 다음과 같이 리액트 네이티브를 실행하는 명령어를 실행하면, 안드로이드 단말기에서 앱을 테스트할 수 있다.

```
react-native run-android
```

만약 명령어로 안드로이드 단말기에서 리액트 네이티브 앱을 테스트할 수 없다면, 안드로이드 스튜디오를 사용하여 실행할 수 있다.

[그림 11-6]과 같이 안드로이드 스튜디오가 실행되었다면 왼쪽 상단의 메뉴에서 File > Open...을 선택한다.

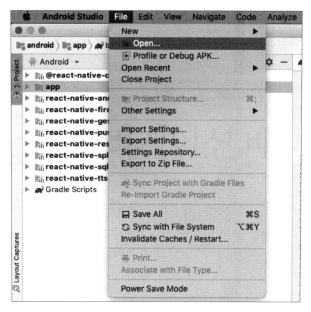

[그림 11-6] 안드로이드 스튜디오 프로젝트 열기

그리고 안드로이드 단말기에서 테스트 하고자 하는 리액트 네이티브 프로젝트에서 [그림 11-7]과 같이 Android 폴더를 선택하고 Open을 눌러 프로젝트를 불러온다.

[그림 11-7] 안드로이드 스튜디오 프로젝트 열기

| 참고 | 리액트 네이티브 프로젝트 폴더에서 아래에 명령어를 사용하여 안드로이드 스튜디오를
실행할 수 있다.

```
open -a /Applications/Android\\ Studio.app ./android
```

이렇게 프로젝트를 열었다면 [그림 11-8]과 같이 오른쪽 상단의 Sync Project With
Gradle Files 아이콘이 보일 것이다. 이 아이콘을 선택하여 프로젝트를 빌드한다.

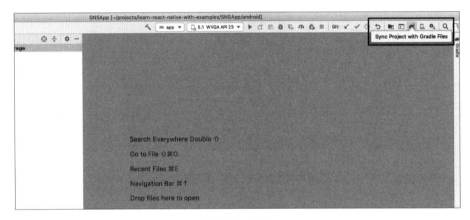

[그림 11-8] Gradle 빌드

특별한 문제가 없다면, 하단의 빌드창에 [그림 11-9]와 같이 빌드가 성공된 것을 확인
할 수 있다.

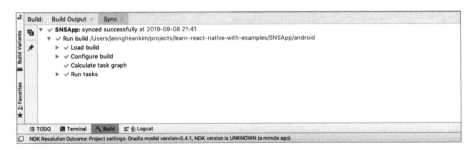

[그림 11-9] Gradle 빌드 완료

안드로이드 스튜디오 상단의 에뮬레이터, 장치를 선택하는 드롭다운 메뉴를 선택하고 USB로 연결된 안드로이드 단말기를 선택한 후 오른쪽 화살표 아이콘을 눌러 앱을 안드로이드 단말기에서 실행한다.

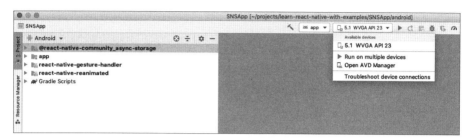

[그림 11-10] 안드로이드 단말기 테스트

»11.2 구글 플레이 개발자 등록

애플 개발자 프로그램 등록과 마찬가지로 안드로이드 앱을 구글 플레이에 배포하기 위해서는 구글 플레이 개발자 등록이 필요하다. 구글 플레이 개발자 등록 과정을 살펴보자.

1) 구글 플레이 개발자 등록 준비

구글 플레이 개발자 등록을 하기 위해서는 구글 계정(Google Account)이 필요하다. 구글 계정이 없는 분들은 구글 계정을 생성할 필요가 있다.

구글 플레이 개발자 등록 수수료는 25달러이며, 애플과는 달리 처음 등록 시 한 번만 발생한다. 등록 수수료는 다음과 같은 신용카드로 결제가 가능하다.

- Mastercard
- Visa

- American Express

구글 플레이 개발자 등록을 시작하기 전에 카드를 준비하자. 또한 구글 플레이 개발자 등록은 만 18세 이상이어야 등록이 가능하다.

2) 구글 플레이 개발자 등록

구글 플레이 개발자 등록을 하기 위해 다음의 링크를 통해 개발자 등록 사이트로 이동하자.

- 구글 플레이 개발자 등록 사이트: https://play.google.com/apps/publish/signup/

구글 플레이 개발자 등록 사이트로 이동하면 [그림 11-11]과 같이 개발자 계약 화면을 확인할 수 있다.

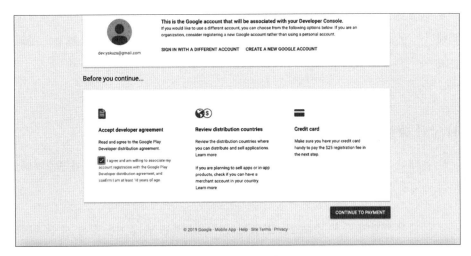

[그림 11-11] 구글 플레이 개발자 계약

왼쪽 하단의 개발자 계약을 수락하고 오른쪽 하단의 결제 페이지로 이동 버튼을 선택한다. 결제 페이지 이동 버튼을 선택하면 [그림 11-12]와 같이 결제 정보를 입력하는 화면이 나온다. 자신의 결제 정보를 입력하고 오른쪽 하단의 구매 버튼을 눌러 결제를 진행한다.

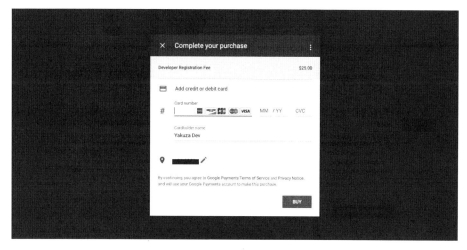

[그림 11-12] 구글 플레이 개발자 수수료 결제

결제 정보에 문제가 없고, 결제가 성공적으로 진행되었다면, [그림 11-13]과 같이 결제 성공 화면을 볼 수 있다.

[그림 11-13] 구글 플레이 개발자 수수료 결제 완료

결제 성공 화면이 확인되었다면 오른쪽 하단의 계속 등록 버튼을 눌러 구글 플레이 개
발자 등록을 진행한다. 계속 진행하면 [그림 11-14]와 같이 구글 플레이 개발자 정보를
입력하는 화면이 나온다. 자신의 개발자 정보를 입력한다.

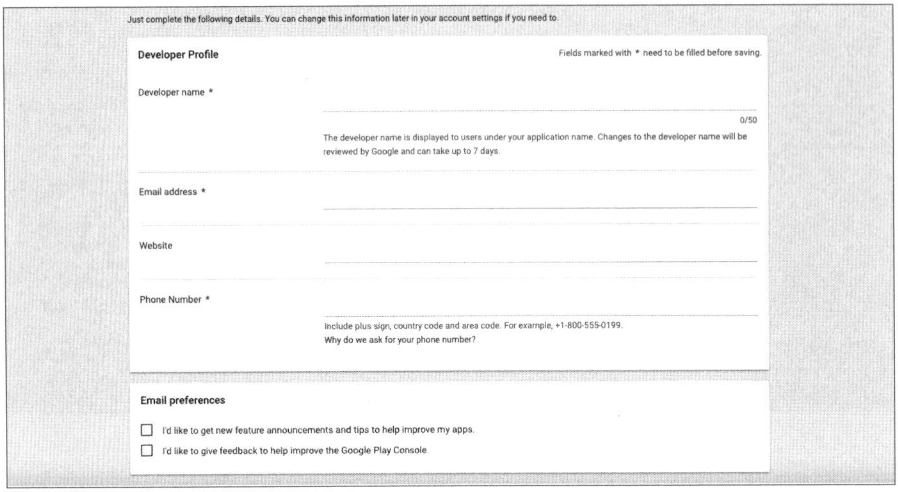

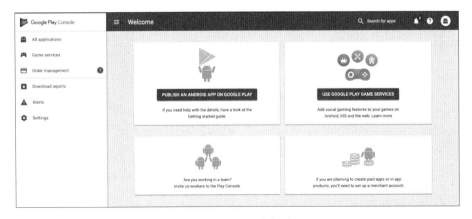

[그림 11-14] 구글 플레이 개발자 정보 입력

모든 정보를 입력하고 오른쪽 하단의 등록 완료 버튼을 누르면, 구글 플레이 개발자 등
록 절차가 완료된다. 구글 플레이 개발자 등록에 성공하였다면, [그림 11-15]와 같은 화
면을 볼 수 있다.

[그림 11-15] 구글 플레이 콘솔

≫11.3 서명 키 생성 및 설정

애플과 마찬가지로 개발한 앱에 서명(Signing)을 할 필요가 있다. 여기에서는 개발자 서명 키(Signing Key)를 생성하는 방법과 설정하는 방법을 알아본다.

1) 서명 키 생성

애플과 마찬가지로 구글 플레이에 앱을 등록하기 위해서는 개발한 앱에 개발자의 서명을 할 필요가 있다. 애플은 이 과정이 상당히 복잡하지만, 안드로이드는 애플의 과정보다는 간단하다.

우선 서명 키를 생성하기 위해 다음의 명령어를 리액트 네이티브 프로젝트의 ./android /app/ 폴더에서 실행한다.

```
# cd ./SNSApp/android/app/
keytool -genkey -v -keystore my-release-key.keystore -alias my-key-alias
 -keyalg RSA -keysize 2048 -validity 10000
```

명령어를 조금 자세히 살펴보면 다음과 같다.

```
keytool -genkey -v -keystore [key-name].keystore -alias [key alias]
 -keyalg RSA -keysize 2048 -validity 10000
```

구글 인증 키를 생성할 때, 저장할 키 이름(Key Name)을 지정하고 별칭(Key Alias)을 설정하여 생성하는 명령어이다.

명령어를 실행하면 다음과 같은 질문을 받는다. 질문에 해당하는 개발자 정보를 입력한다.

```
Enter keystore password:
Re-enter new password:
```

```
What is your first and last name?
  [Unknown]:
What is the name of your organizational unit?
  [Unknown]:
What is the name of your organization?
  [Unknown]:
What is the name of your City or Locality?
  [Unknown]:
What is the name of your State or Province?
  [Unknown]:
What is the two-letter country code for this unit?
  [Unknown]:
Is CN=*****, OU=Unknown, O=Unknown, L=*****, ST=*****, C=***** correct?
  [no]:

Enter key password for <my-key-alias>
    (RETURN if same as keystore password):
```

이렇게 모든 정보를 입력하면 ./android/app/my-release-key.keystore 파일이 생성되는 것을 확인할 수 있다.

2) 서명 키 설정

명령어를 통해 생성한 서명 키를 설정하기 위해 ./android/gradle.properties 파일을 열고 다음의 내용을 추가한다.

```
MYAPP_RELEASE_STORE_FILE=my-release-key.keystore
MYAPP_RELEASE_KEY_ALIAS=my-key-alias
MYAPP_RELEASE_STORE_PASSWORD=*****
MYAPP_RELEASE_KEY_PASSWORD=*****
```

패스워드에는 서명 키를 생성할 때, 입력한 암호로 수정한다. 이렇게 파일을 수정하였다면 ./android/app/build.gradle 파일을 열고 다음과 같이 수정한다.

```
...
android {
    ...
    defaultConfig { ... }
    signingConfigs {
        release {
            if (project.hasProperty('MYAPP_RELEASE_STORE_FILE')) {
                storeFile file(MYAPP_RELEASE_STORE_FILE)
                storePassword MYAPP_RELEASE_STORE_PASSWORD
                keyAlias MYAPP_RELEASE_KEY_ALIAS
                keyPassword MYAPP_RELEASE_KEY_PASSWORD
            }
        }
    }
    buildTypes {
        release {
            ...
            signingConfig signingConfigs.release
        }
    }
}
...
```

3) 확인

서명이 잘 되었는지 확인하기 위해, 리액트 네이티브 프로젝트의 android 폴더에서
다음 명령어로 앱을 빌드한다.

```
# cd android
./gradlew assembleRelease
```

성공적으로 빌드가 되었다면 android/app/build/outputs/apk/release/app-
release.apk 파일을 확인할 수 있다.

만약 다음과 같은 에러가 발생한다면,

```
> Task :react-native-gesture-handler:compileReleaseJavaWithJavac FAILED
/Users/jeongheankim/projects/learn-react-native-with-examples/SNSApp/
node_modules/react-native-g
esture-handler/android/src/main/java/com/swmansion/gesturehandler/react/
RNGestureHandlerEvent.ja
va:3: error: package android.support.v4.util does not exist
import android.support.v4.util.Pools;
...
```

다음의 명령어로 jetifier를 설치한다.

```
npm install jetifier --save-dev
```

그리고 jetifier를 실행한 후, 다시 빌드를 실행한다.

```
npx jetify
cd android
./gradlew assembleRelease
```

만약 다음과 같은 에러가 발생한다면,

```
Execution failed for task ':app:lintVitalRelease'.
> Lint found fatal errors while assembling a release target.
```

./android/app/build.gradle 파일을 열고 다음의 내용을 추가한다.

```
...
android {
  ...
  lintOptions {
      checkReleaseBuilds false
```

```
    // Or, if you prefer, you can continue to check for errors in
    release builds,
    // but continue the build even when errors are found:
    abortOnError false
  }
  ...
}
...
```

빌드된 파일을 안드로이드 단말기에서 테스트하기 위해, 설치된 앱을 제거하고 다음의 명령어를 실행한다.

```
# ./gradlew assembleRelease
react-native run-android --variant=release
```

빌드된 파일을 테스트하는 것이므로 명령어를 실행하기 전에 먼저 빌드해야 하는 것에 주의하자.

≫11.4 구글 플레이 배포

구글 플레이 개발자 등록, 서명 키를 이용한 앱 빌드를 살펴보았다. 이제 이렇게 빌드한 앱을 구글 플레이에 등록하기 위한 과정을 살펴보도록 하자.

1) 빌드 파일 최적화

앞에서 서명 키를 이용한 배포 파일 빌드 과정을 살펴보았다. 여기에서는 좀 더 배포 파일의 사이즈를 최적화하는 방법에 대해서 알아본다.

배포 파일을 최적화하기 위해서는 리액트 네이티브 프로젝트의 ./android/app/

build.gradle 파일을 열고 다음과 같이 수정한다.

```
...
project.ext.react = [
    entryFile: "index.js",
    enableHermes: true,  // clean and rebuild if changing
]
...
def enableSeparateBuildPerCPUArchitecture = true
...
def enableProguardInReleaseBuilds = true
...
buildTypes {
    release {
        shrinkResources enableProguardInReleaseBuilds
        ...
    }
}
...
```

이렇게 설정한 후, 다시 아래의 명령어를 사용하여 앱을 빌드한다.

```
# cd android
./gradlew app:assembleRelease
```

빌드가 완료되면 ./android/app/build/outputs/apk/release/ 폴더 안에 다음과 같이 빌드된 파일을 확인할 수 있다.

```
app-arm64-v8a-release.apk
app-armeabi-v7a-release.apk
app-x86_64-release.apk
app-x86-release.apk
```

구글 플레이에 앱을 배포할 시, 이 4개의 파일을 모두 업로드할 예정이다.

2) 스토어 등록 정보

구글 플레이에 표시될 앱 정보를 등록하기 위해 구글 플레이 콘솔 화면으로 이동한다.

- 구글 플레이 콘솔: https://play.google.com/apps/publish/

구글 플레이 콘솔 화면으로 이동하면 [그림 11-16]과 같은 화면을 볼 수 있다.

[그림 11-16] 구글 플레이 콘솔

화면 왼쪽 상단의 구글 플레이의 안드로이드 앱 배포(PUBLISH AN ANDROID APP ON GOOGLE PLAY) 버튼을 선택한다.

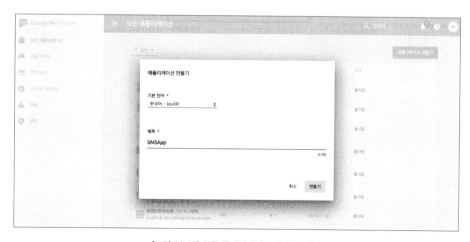

[그림 11-17] 구글 플레이 콘솔 - 앱 정보 입력

배포 버튼을 누르면 [그림 11-17]과 같이 앱의 기본 언어 설정과 제목을 입력하는 화면이 나온다. 배포하고자 하는 앱의 정보를 입력하고 오른쪽 하단의 만들기 버튼을 누른다.

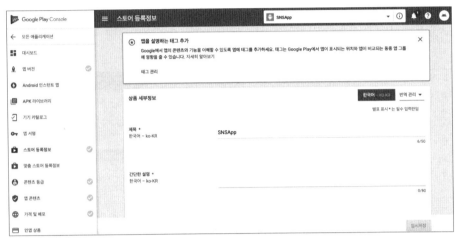

[그림 11-18] 구글 플레이 콘솔 - 스토어 등록 정보 입력

이렇게 앱 정보를 생성하면 [그림 11-18]과 같은 화면을 볼 수 있다. 왼쪽 메뉴 리스트에서 체크 박스가 표시된 항목들을 필수적으로 모두 입력해야, 앱을 구글 플레이에 등록할 수 있다.

우선, 스토어 등록 정보를 입력한다. 스토어 등록 정보에는 다음 항목들을 등록할 필요가 있다.

- 제목(title): 50자
- 요약 설명(short description): 80자
- 전체 설명(full description): 4000자
- 앱 이미지(Screenshots)
- 앱 아이콘(App icon): 512×512(32-bit PNG, alpha), 1024×500(JPG or 24-bit PNG), 180×120(JPG or 24-bit PNG), 1280×720(JPG or 24-bit PNG),

4096×4096(JPG or 24-bit PNG)

- 프로모션 비디오(Promo Video)
- 앱 카테고리(Category)
- 개발자 연락처(Contact details)
- 개인 정보 정책(Privacy Policy)

모든 정보를 등록하였다면 왼쪽 메뉴에서 앱 버전을 선택하여 빌드한 앱을 등록하는 화면으로 이동한다.

3) 앱 버전

왼쪽 메뉴에서 앱 버전 메뉴를 선택하면 [그림 11-19]와 같은 화면을 볼 수 있다. [프로 덕션 트랙]의 오른쪽에 있는 관리 버튼을 선택한다.

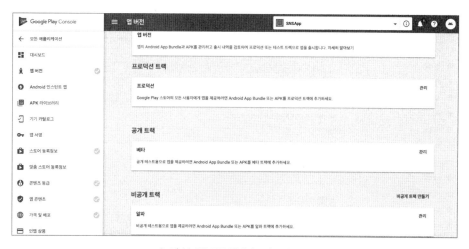

[그림 11-19] 구글 플레이 콘솔 - 앱 버전

관리 버튼을 눌러 프로덕션 페이지로 이동하면 [그림 11-20]과 같은 화면을 볼 수 있다. 왼쪽 하단의 새 버전 출시하기를 눌러 다음 화면으로 이동한다.

[그림 11-20] 구글 플레이 콘솔 - 프로덕션

새 버전 출시하기를 누르면 [그림 11-21]과 같은 화면을 볼 수 있다. 왼쪽 하단의 계속 버튼을 눌러 구글에서 앱 서명 키를 관리 및 보호하도록 허용한다.

[그림 11-21] 구글 플레이 콘솔 - 인증서 관리

이렇게 인증서 관리를 허용하면 [그림 11-22]와 같이 앱 번들 및 APK 파일을 업로드할 수 있는 화면을 볼 수 있다. 앞에서 빌드한 파일을 이곳에 업로드한다.

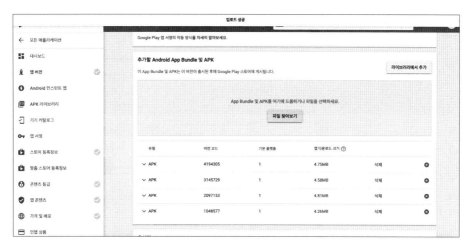

[그림 11-22] 구글 플레이 콘솔 - 앱 번들 및 APK 파일 업로드

APK 파일 업로드를 완료하였다면, 스크롤해서 하단으로 이동한다. 하단으로 이동하면 [그림 11-23]과 같이 앱 출시명과 새로운 기능에 대한 설명을 작성하는 화면을 볼 수 있다.

[그림 11-23] 구글 플레이 콘솔 - 출시명 및 기능 설명

이렇게 모든 정보를 입력하였다면 오른쪽 하단의 저장 버튼을 누른다. 저장 버튼을 누르면 [그림 11-24]와 같이 저장 버튼 옆 검토 버튼이 활성화되며, 왼쪽 메뉴의 앱 버전

의 체크 박스가 체크되는 것을 확인할 수 있다.

[그림 11-24] 구글 플레이 콘솔 - 앱 버전 완료

4) 콘텐츠 등급

이제 왼쪽 메뉴에서 콘텐츠 등급을 선택한다. 콘텐츠 등급을 선택하면 [그림 11-25]와 같은 화면을 볼 수 있다. 왼쪽 하단의 계속 버튼을 눌러 다음으로 진행한다.

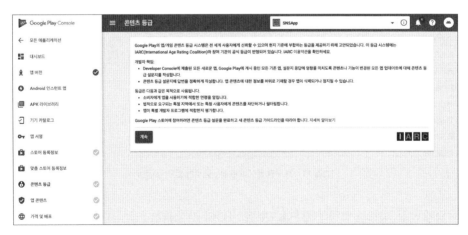

[그림 11-25] 구글 플레이 콘솔 - 콘텐츠 등급

계속 버튼을 눌러 다음으로 진행하면 [그림 11-26]과 같이 이메일을 입력하는 화면과 카테고리를 선택하는 화면이 보인다. 우선 자신의 이메일을 입력하고, 자신의 앱에 맞는 카테고리를 선택한다.

[그림 11-26] 콘텐츠 등급 - 이메일 입력

이메일을 입력하고 자신의 앱에 해당하는 카테고리를 선택하면 [그림 11-27]과 같이 설문지 화면을 볼 수 있다. 자신의 앱에 맞게 해당 설문에 대한 대답을 선택하고 왼쪽 하단의 설문지 저장 버튼을 누른다.

[그림 11-27] 콘텐츠 등급 - 설문지 입력

설문지 저장 버튼을 누르면 왼쪽의 등급 계산 버튼이 활성화된다. 활성화된 등급 계산 버튼을 눌러 앱의 등급을 계산하도록 한다. 등급 계산이 완료되면 [그림 11-28]과 같이 등급 계산 결과 화면을 볼 수 있다. 스크롤하여 하단으로 이동한 후 왼쪽 하단의 등급 적용 버튼을 눌러 앱에 등급을 적용한다.

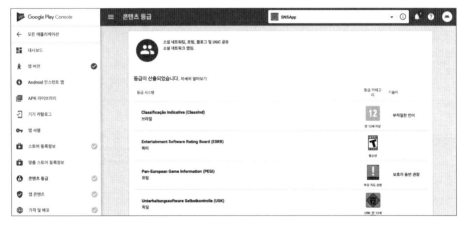

[그림 11-28] 콘텐츠 등급 - 등급 계산 결과

이것으로 앱의 콘텐츠 등급 적용에 대해 알아보았다. 앱의 등급에 영향이 있는 업데이트를 한다면, 다시 콘텐츠 등급 메뉴로 돌아와서 새 설문지 시작 버튼을 눌러 등급 계산을 꼭 다시 하기 바란다.

[그림 11-29] 콘텐츠 등급 - 새 설문지 시작

5) 가격 및 배포

이제 왼쪽 메뉴의 가격 및 배포를 선택하여 앱의 가격 및 배포 국가를 설정하자. 가격
및 배포 메뉴를 선택하면 [그림 11-30]과 같은 화면을 볼 수 있다.

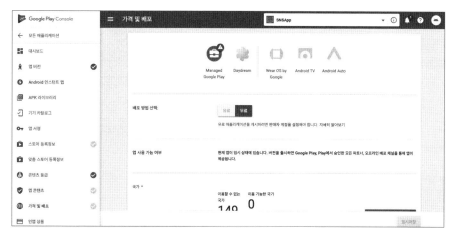

[그림 11-30] 가격 및 배포

가격과 배포 국가를 선택하고 하단으로 이동하면 [그림 11-31]과 같이 앱이 광고를 포
함하는지 여부를 선택하는 화면이 나온다. 자신의 앱에 해당하는 옵션을 선택하고 스
크롤하여 하단으로 이동한다.

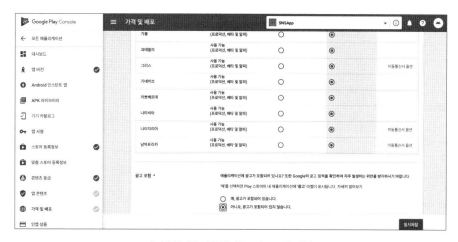

[그림 11-31] 가격 및 배포 - 광고 포함 여부

스크롤하여 하단으로 이동하면 [그림 11-32]와 같은 화면을 볼 수 있다. 콘텐츠 가이드 라인과 미국 수출 법규 부분을 체크하고 오른쪽 하단의 임시 저장 버튼을 누른다.

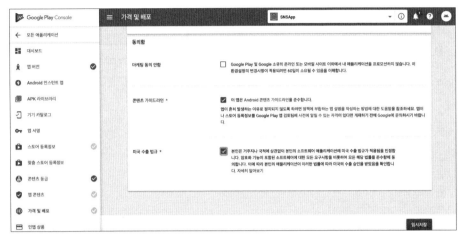

[그림 11-32] 가격 및 배포 - 콘텐츠 가이드라인 및 미국 수출 법규

6) 앱 콘텐츠

앱 콘텐츠를 설정하기 위해 왼쪽의 메뉴에서 앱 콘텐츠를 선택한다. 앱 콘텐츠를 선택 하면 [그림 11-33]과 같은 화면을 볼 수 있다.

[그림 11-33] 앱 콘텐츠

앱 콘텐츠를 설정하기 위해 오른쪽 하단의 시작 버튼을 선택한다. 시작 버튼을 누르면
[그림 11-34]와 같이 앱 사용자 연령대를 선택하는 화면이 나온다. 자신의 앱에 타깃층
연령대를 선택하고 오른쪽 하단의 다음 버튼을 눌러 다음으로 진행한다.

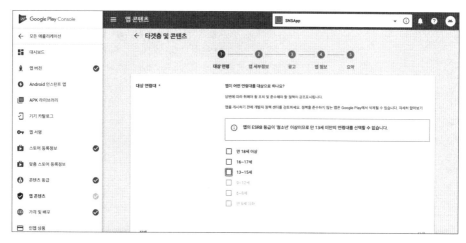

[그림 11-34] 앱 콘텐츠 - 타깃층 연령대

타깃층 연령대를 선택하고 다음 버튼을 눌러 화면을 이동하면 [그림 11-35]와 같은 화
면을 볼 수 있다. 오른쪽 하단의 다음 버튼을 눌러 다음 화면으로 이동한다.

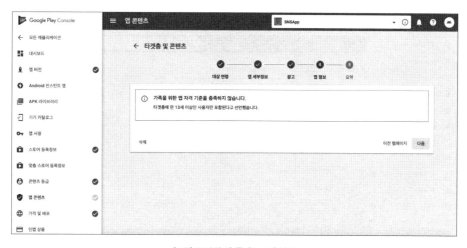

[그림 11-35] 앱 콘텐츠 - 앱 정보

이제 마지막으로 [그림 11-36]과 같이 지금까지 선택한 내용을 요약해주는 화면을 확인할 수 있다. 오른쪽 하단의 제출 버튼을 눌러 앱 콘텐츠에 대한 정보를 제출한다.

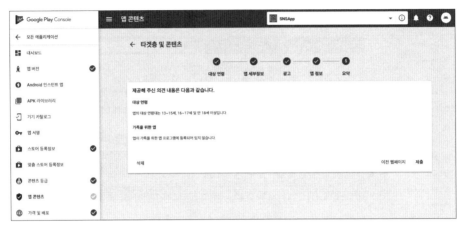

[그림 11-36] 앱 콘텐츠 - 요약

7) 배포

이제 배포를 위한 모든 준비가 끝났다. 다시 왼쪽 메뉴에서 앱 버전을 선택한다. 앱 버전을 선택하면 [그림 11-37]과 같은 화면을 볼 수 있다.

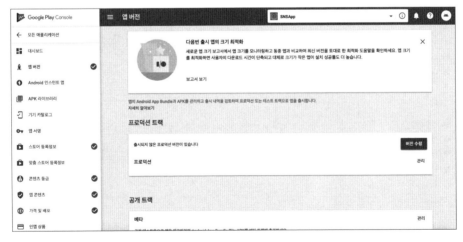

[그림 11-37] 앱 버전

우리는 프로덕션의 앱 버전을 이미 작성하였다. 따라서 [프로덕션 트랙]의 오른쪽에 버전 수정이라는 버튼이 활성화되어 있다. 버전 수정 버튼을 눌러 앱 배포 화면으로 이동한다.

버전 수정 버튼을 눌러 앱 배포 화면으로 이동하면 우리가 이미 작성한 내용이 보인다. 스크롤 하여 하단으로 이동하면 [그림 11-38]과 같이 오른쪽 하단의 검토 버튼을 확인할 수 있다.

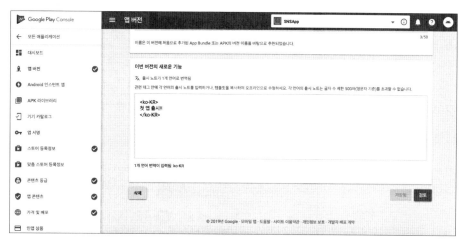

[그림 11-38] 앱 버전 - 검토

검토 버튼을 눌러 다음 화면으로 이동하면 [그림 11-39]와 같은 경고 화면을 볼 수 있다. 이 화면은 단지 경고 화면이므로 무시하고 진행해도 된다. 오른쪽 하단의 프로덕션 출시 시작 버튼을 눌러 앱을 배포한다.

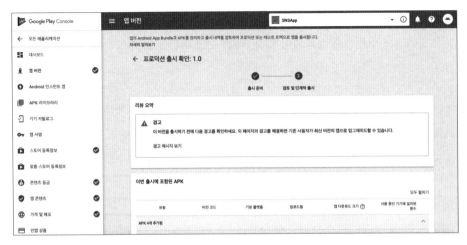

[그림 11-39] 앱 버전 - 프로덕션 출시 시작

경고 메시지를 없애고 싶은 분은 앱을 빌드할 때, 다음의 명령어를 사용하여 앱을 빌드한다.

```
./gradlew app:bundleRelease
```

앱이 빌드되면 ./android/app/build/outputs/bundle/release/app-release.aab 파일을 찾을 수 있다. 이 파일 하나를 apk 파일들 대신 업로드하면 [그림 11-40]과 같이 경고가 사라진다.

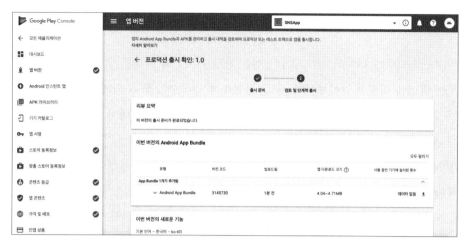
[그림 11-40] 앱 버전 - 번들 파일 업로드

이제 오른쪽 하단의 프로덕션 출시 시작 버튼을 누르면 [그림 11-41]과 같은 화면을 볼수 있다. 확인 버튼을 눌러 앱을 출시하도록 하자.

[그림 11-41] 앱 버전 - 앱 출시

➤➤11.5 요약

이것으로 리액트 네이티브로 제작한 앱을 안드로이드 앱 마켓인 구글 플레이에 배포하는 방법에 대해서 알아보았다. 구글 플레이에 앱을 배포하기 위해서는 iOS와 마찬가지로 개발자 등록을 해야 한다. 개발자 등록비는 매년 지불해야 하는 iOS와 다르게 처음 한 번만 지불하면 된다. 또한 iOS는 인증서, 프로비저닝 파일 생성등, 앱 서명(Signing)이 복잡한 반면, 안드로이드는 명령어로 간단하게 서명 키를 생성하고 등록할 수 있었다. 구글 플레이 스토어에 등록하는 정보가 조금 많았지만, 처음 한 번만 등록하면 되는 정보들이 많기 때문에, 업데이트 때는 보다 간단하게 앱을 배포할 수 있다.

구글 플레이의 앱 심사는 애플 앱 심사보다는 조금 수월하게 진행된다. 애플 심사는 짧게는 2~3일, 길게는 일주일씩 걸리지만, 구글 앱 심사는 짧게는 몇 시간, 길게는 하루이면 결과가 나온다. 구글 앱 심사는 애플 앱 심사보다 까다롭지 않다. 따라서 구글 앱 심사는 통과하였지만, 애플 앱 심사는 통과하지 못하는 경우가 발생할 수 있다. 그러므로 두 마켓에 앱을 배포할 예정이라면, 애플 앱 심사를 먼저 진행하고, 통과한 경우 구글 앱 심사를 진행하는 것을 권장한다.

구글 플레이도 개발자 정책 및 가이드라인을 제공하고 있다. 앱을 배포하기 전에 한 번쯤 읽어보기를 권장한다.

- 구글 플레이 가이드라인: https://play.google.com/intl/ko/about/developer-content-policy/

찾아보기

스무디 한 잔 마시며 끝내는 React Native

React Native로 실전 스마트폰 앱 만들기

초판 1쇄 발행 ㅣ 2019년 11월 22일
2판 2쇄 발행 ㅣ 2021년 2월 26일

지은이 ㅣ 김정헌
펴낸이 ㅣ 김범준
기획/책임편집 ㅣ 김용기
교정교열 ㅣ 윤구영
편집디자인 ㅣ 한지혜
표지디자인 ㅣ 유재헌

발행처 ㅣ 비제이퍼블릭
출판신고 ㅣ 2009년 05월 01일 제300-2009-38호
주소 ㅣ 서울시 중구 청계천로 100 시그니쳐타워 서관 10층 PO1011호
주문/문의 ㅣ 02-739-0739   **팩스** ㅣ 02-6442-0739
홈페이지 ㅣ http://bjpublic.co.kr   **이메일** ㅣ bjpublic@bjpublic.co.kr

가격 ㅣ 30,000원
ISBN ㅣ 979-11-90014-62-5
한국어판 © 2021 비제이퍼블릭

소스코드 다운로드 ㅣ https://github.com/bjpublic/Reactnative